utb 5036

W0388289

Eine Arbeitsgemeinschaft der Verlage

Böhlau Verlag · Wien · Köln · Weimar
Verlag Barbara Budrich · Opladen · Toronto
facultas · Wien
Wilhelm Fink · Paderborn
Narr Francke Attempto Verlag · Tübingen
Haupt Verlag · Bern
Verlag Julius Klinkhardt · Bad Heilbrunn
Mohr Siebeck · Tübingen
Ernst Reinhardt Verlag · München
Ferdinand Schöningh · Paderborn
Eugen Ulmer Verlag · Stuttgart
UVK Verlag · München
Vandenhoeck & Ruprecht · Göttingen
Waxmann · Münster · New York
wbv Publikation · Bielefeld

Grundstudium Erziehungswissenschaft

herausgegeben von
Sabine Seichter

Bislang in der Reihe erschienen:

utb 4874 Jörg Zirfas: *Einführung in die Erziehungswissenschaft*

utb 4859 Roland Reichenbach: *Ethik der Bildung und Erziehung*

utb 5243 Winfried Böhm, Ernesto Schiefelbein, Sabine Seichter: *Projekt Erziehung – Eine Einführung in pädagogische Grundprobleme*

Marcelo Caruso

Geschichte der Bildung und Erziehung

Medienentwicklung und Medienwandel

Ferdinand Schöningh

Der Autor:
Marcelo Caruso ist Professor für Historische Bildungsforschung an der Humboldt-Universität zu Berlin. Forschungsschwerpunkte bilden die transnationale Geschichte schulischer Bildung, insbesondere der Primarschulen und die Entstehung sowie Transformation von Unterrichtsordnungen.

Die Herausgeberin:
Sabine Seichter ist Professorin für Allgemeine Erziehungswissenschaft an der Universität Salzburg. Ihre Arbeitsschwerpunkte sind Geschichte und Theorie von Erziehung und Bildung, Anthropologie und Pädagogik der Person.

Online-Angebote oder elektronische Ausgaben sind erhältlich unter **www.utb-shop.de**

Bibliografische Information der Deutschen Nationalbibliothek

Die Deutsche Nationalbibliothek verzeichnet diese Publikation in der Deutschen Nationalbibliografie; detaillierte bibliografische Daten sind im Internet über http://dnb.d-nb.de abrufbar.

Internet: www.schoeningh.de

Herstellung: Brill Deutschland GmbH, Paderborn
Einbandgestaltung: Atelier Reichert, Stuttgart

UTB-Band-Nr: 5036
ISBN 978-3-8252-5036-2

Vorwort der Herausgeberin

Thematisch und konzeptionell angelehnt an das für das universitäre Studienfach Erziehungswissenschaft definierte Kerncurriculum der Deutschen Gesellschaft für Erziehungswissenschaft wird mit dieser neuen Reihe von Lehr- und Lernbüchern eine umfassende und fundierte Orientierung für das gesamte Bachelor-Studium Erziehungswissenschaft vorgelegt.

Die für das Studium der Erziehungswissenschaft erforderlichen Basisthemen werden in den einzelnen Bänden systematisch und adressatenorientiert aufbereitet und geben jeweils den aktuellen Forschungsstand der Disziplin wieder. Alle Themen werden methodisch aus drei Perspektiven problembezogen aufgearbeitet: *historisch, systematisch* und *empirisch*. Jeder Band erhebt den Anspruch, sowohl die Heterogenität und Pluralität der Disziplin Erziehungswissenschaft als auch die sich daraus ergebende Vielfalt pädagogischen Handelns in erkenntnis- und wissenschaftstheoretischer sowie in problem- und professionsorientierter Perspektive anschaulich aufzuzeigen. Alle Bände eint – und das ist eine der Besonderheiten dieser Lehrbuchreihe – ein durchgängig geistes- bzw. kulturwissenschaftlicher Themenzugang.

Die Studienbücher zeichnen sich neben der fachlichen Expertise der AutorInnen vor allem dadurch aus, dass mit den Büchern auch selbstständig gearbeitet und gelernt werden kann. Das garantieren – über die gut verständliche Vermittlung von theoretischen, historischen, systematischen und empirischen Grundlagen hinaus – ein Glossar-Teil, ein Frage-Antwort-Teil und weiterführende Literaturhinweise.

Ziel der gesamten Buchreihe ist es, die Studierenden in die durch das Ineinander von Theorie und Praxis gegenstandsbedingte Komplexität ihrer Disziplin unterstützend einzuführen, sie orientierend zu begleiten sowie für den unabdingbaren Zusammenhang theoretisch-systematischen Denkens und konkret-praktischen Handelns im Kontext einer praxeologischen Wissenschaft zu sensibilisieren.

Sabine Seichter,
Salzburg

Inhalt

Einführung: Das Verhältnis von Bildung und Medien in der Diskussion[1]

Vor wenigen Jahren ging durch die deutschsprachige Öffentlichkeit ein Weckruf mit wissenschaftlichen Anklängen: Der Psychiater und Hirnforscher Manfred Spitzer fasste unterschiedliche Forschungsergebnisse zusammen und stellte eine durch den erhöhten Umgang mit digitalen Medien bedingte kognitive und soziale Verarmung fest. Mit dem dramatischen Begriff einer „digitalen Demenz" – so der Titel seines Buches – fasste er unterschiedliche Beobachtungen zusammen. Mit der erhöhten Durchdringung des Alltags durch digitale Medien seien negative soziale Folgen verbunden. Es gäbe weniger soziale Interaktion, die Partizipation in Gesellschaft und Politik gehe zurück, weniger Wohlbefinden, mehr Einsamkeit, natürlich weniger Bewegung und mehr Fettleibigkeit seien zu konstatieren. Dies werde noch durch den geforderten Einsatz digitaler Medien in den Schulen verstärkt, obwohl computerbasierte Lernspiele bspw. nicht besonders wirksam seien und auf Kosten anderer Kompetenzen, insbesondere der Beherrschung der Schriftsprache, mehr Raum einnehmen würden. In einem späteren Werk wird sogar behauptet, dass in neueren Studien ein niedrigerer Intelligenzquotient von Kindern und Jugendlichen mit intensivem Medienkonsum belegt worden sei (Spitzer 2012, 2018).

Diese durchaus negative Diagnose der Gegenwart und deren spezielle Ausprägung in Bildungsprozessen wurde kontrovers diskutiert. Manche unterstellten Spitzer eine fehlerhafte Interpretation verstreuter Forschungsergebnisse. Andere monierten hingegen die Dramatisierung, die den Begriff „Demenz" mit sich trägt; denn bei allen möglichen negativen Wirkungen auf Kognition und Intelligenz waren die Ergebnisse, die Spitzer zeigte, keineswegs mit „Demenz" gleichzusetzen. Das Sprachbild der Demenz – so ein Vorwurf – sei werbewirksam platziert worden.

---

1 Als nicht Muttersprachler ist man bei der Abfassung von Texten besonders auf die Assistenz von Personen angewiesen, die schlicht Falsches korrigieren und Formulierungen hinterfragen. Ich möchte mich bei Bettina Eweleit und Jan Uredat, beide aus meinem Team an der Humboldt-Universität zu Berlin, für ihre wertvolle Mitwirkung ganz herzlich bedanken.

Dies ist nur ein Beispiel kontroverser Diskussionen, die von der rasanten Medienentwicklung und -kombination der Gegenwart motiviert werden. Öfter werden diese öffentlich wirksamen Diskussionen mit sehr negativen Erwartungen verbunden. Studien, Berichte und Stellungnahmen warnen vor einer verkürzten Aufmerksamkeitsspanne der in der digitalen Welt herangewachsenen Kinder und Jugendlichen. Computerspiele verändern – so eine weitere Sicht – das Verhalten der Jugendlichen und machen sie einsam und aggressiv. Die kurzweilige Kommunikation insgesamt verändere Gesellschaft und Politik, werde unterkomplex, verändere einseitig Gehirnstrukturen, erschwere Momente der Konzentration und des Gemeinsamen unter Anwesenden – wie beim gemeinsamen Abendessen mit der Familie – und fordere ohnehin die Formen der Kulturvermittlung, der Schularbeit und der geregelten Unterrichtung heraus. Viele der sehr eindrücklichen Schlagzeilen werden zwar relativiert: Aufmerksamkeit sei kein einheitliches Phänomen und die Bestimmung einer „Spanne" wissenschaftlich sehr fragwürdig; Computerspiele seien bei Weitem nicht bestimmend in Fragen der Aggressivität; der angebliche Abfall des Intelligenzquotienten sei – sollte diese Messung Bestand haben – vermutlich auch auf andere Faktoren zurückzuführen und nicht eindimensional zu deuten. So schnell, wie Warnungen vor den neuen Entwicklungen erfolgen, so schnell werden auch Gegenargumente, Forschungsergebnisse und berechtigte Fragen formuliert.

Es gibt selbstverständlich auch eine starke Fraktion der Medienoptimisten, die in dem Wandel der Medienumwelten des Menschen Möglichkeiten der Partizipation, der Erleichterung des Lernens, der Enthierarchisierung, der Demokratisierung des Wissens und der erhöhten Autonomie des Einzelnen erahnen. In den letzten Jahren jedoch sind diese Optimisten in die Defensive geraten: Donald Trump, *fake news*, virale Empörungen, die Aggressivität von Internetforen prägen heute die Gesellschaft in einem beachtlichen Maß, und der damals hoffnungsvoll formulierte Entwurf einer „Piratenpartei" als Gruppierung, die mit diesem Wandel im positiven Sinne vielleicht umzugehen gewusst hätte, ist längst verhallt.

Sogar wenn einschlägige Forschungsarbeiten aus mehreren Disziplinen zur Zeit keine mehrheitsfähigen Urteile in diesen sehr schwierigen Fragen liefern können und auch die erwähnten Entwarnungen gut begründet sind, bleibt jedoch ein Unbehagen bestehen – und dies nicht nur bei jenen, die den *digital natives* nicht angehören. Man muss nicht für die Optimisten oder für die Kritiker

Partei nehmen, um zuzugeben, dass der beschleunigte Medienwandel gegenwärtiger Gesellschaften so durchdringend ist, dass auch andere Herausforderungen – Ökologie und Klimawandel, die Neuordnung der Geschlechterverhältnisse, die Zunahme sozialer Ungleichheit innerhalb der Gesellschaften, Rassismus und Ethnisierung – von dieser grundlegenden Transformation geprägt werden.

Selbstverständlich können Erziehung und Bildung nicht abseits dieser Diskussionen bleiben. Tief verwurzelt in größeren Kontexten sind Praktiken wie Unterrichten, Beraten, Erziehen und Lenken auch mit diesem Tatbestand konfrontiert. Jeder/e Unterrichtender/e, jeder/e Lehrende und jeder/e Sozialpädagoge/in beobachtet diese Transformation in ihren Verhältnissen mit den Schülern/innen, mit den Klienten/innen bzw. mit den Studierenden. Die Eindrücke und Stellungnahmen sind sehr disparat, ja, sie widersprechen sich. Gute und schlechte Erfahrungen mit dem Medienwandel gibt es überall. Forschungsergebnisse – wie so oft – geben kein einheitliches Bild der Lage: Die Fragen sind entweder zu neu oder zu komplex und ohnehin im Wandel.

Eine weitere Möglichkeit, über Fragen der Medien, der Bildung und der Erziehung nachzudenken, die aber einen etwas längeren Lauf nimmt, ist, diese Problemlage in ihrem historischen Zusammenhang zu betrachten. Menschen haben mit Medien und Medienwandel seit dem Beginn ihrer gattungsgeschichtlichen Entwicklung zu tun. Wenn Paläoanthropologen allererste Spuren kultureller Entwicklungen bei Hominiden suchen und diese bspw. in veränderten Steinen und Farbgebungen finden (Barnard 2012), sprechen sie gleichsam ältere Medien der Menschheit in dem Sinne an, dass Steine und gefärbte Objekte die Kommunikation der Menschen prägten und zwischen den Menschen (medium) standen. Menschen produzierten stets diese gegenständlichen Medien, entließen sie in die Welt, aber sie wurden auch von ihnen herausgefordert und ggf. verändert. Nicht zuletzt aufgrund dieser gattungsgeschichtlich konstanten gemeinsamen Geschichte mit Medien kann man heute eine zeitgenössisch thematisch angemessene Zuspitzung der Bildungsgeschichte im Kontext von Medienwandel mit besonderem Nachdruck vorschlagen. Wir sind nicht die Ersten und bestimmt nicht die Letzten, die von diesen Entwicklungen erfasst und herausgefordert werden. Es fragt sich, wie die ansonsten stabile Welt der Bildung und die etwas konservativere Welt der Erziehung auf diese Herausforderungen reagierten bzw. diese meisterten (oder nicht).

Übersicht der Kapitel

Auf der Grundlage dieser allgemeinen Problemlage der Gegenwart unternimmt dieses Buch eine Exploration in weit in der Vergangenheit liegende Gefilde. Um der Analyse und Darstellung eine Leitlinie zu geben und diese auch im Verhältnis zu anderen existierenden Analysen und Darstellungen zu sehen, sind jedoch einige allgemeine Festlegungen von großer Bedeutung. Zuerst wird kurz die Frage gestellt, seit wann es Bildungs- und Erziehungsgeschichte als spezifische Wissensform gibt und wie diese sich im Laufe der Zeit veränderte (Kapitel 1).

Des Weiteren sollen auch die Funktionen Historischer Bildungsforschung innerhalb einer forschenden Erziehungs- und Bildungswissenschaft skizziert werden, um Analysen der Geschichte nicht nur als kuriose Ergänzung zum eigentlichen Wissen der Bildung und der Erziehung, sondern als wesentlichen Bestandteil dieses Wissens (Kapitel 2) zu sehen.

Diesen Darstellungen folgt dann eine begriffliche Festlegung, was unter Medien – wobei nicht nur die gängigen Kommunikationsmedien der Gegenwart gemeint sind – in diesem Buch zu verstehen ist. Dort wird eine Klassifikation von Basis-, Grundlagen und spezifizierenden Medien der Bildung und der Erziehung vorgeschlagen und begründet, die die weitere Darstellung des Buches strukturieren (Kapitel 3). Alle diese drei Kapitel sind sehr knapp in ihrer Darstellung und geben nur einen ersten Einblick in die Diskussionen und Themen der Historischen Bildungsforschung.

Nach diesen Erörterungen und Festlegungen beginnt die eigentliche historische Analyse und Darstellung. Erstens wird das Aufkommen der Schrift dargelegt und dabei deren Auswirkung auf Bildung und Erziehung im Rahmen der Entstehung so genannter höherer Kulturen skizziert (Kapitel 4).

Danach werden sowohl Transformationen des Mediums Schrift hin zum Alphabet und die Herausbildung des gegenständlichen Mediums Buch als zentrale Transformationen in Bildung und Erziehung der klassischen Antike und der Konsolidierung von monotheistischen Religionen diskutiert (Kapitel 5).

Die nächsten beiden Kapitel widmen sich vollends den Veränderungen des Buches als zentrales Medium der institutionalisierten Bildung, und zwar im langen westlichen Mittelalter (Kapitel 6) und in der Zeit nach der Einführung des Buchdrucks (Kapitel 7).

Zwei weitere Kapitel behandeln Themen, die man zunächst nicht in Verbindung mit Medien der institutionalisierten Bildung bringt und die dennoch als solche definiert werden. Somit wird die Leitvorstellung einer öffentlichen Kindheit als Medium der Entstehung frühmoderner und moderner Bildungsprogramme und -institutionen sowie in der europäischen Aufklärung untersucht (Kapitel 8) und der Gegenstand der Schulbank als emergentes Leitmedium eines Jahrhunderts der Schule nach 1800 charakterisiert (Kapitel 9).

Schließlich sollen Medientransformationen des 20. Jahrhunderts durch eine Präsentation von Schulkino, Schulfunk und Bildungsfernsehen als reformerische Medienverschiebungen präsentiert werden, deren Wirkungen in der Gegenwart von Automatisierung und Digitalisierung verstärkt und fortgesetzt werden (Kapitel 10).

Mit diesem sehr breiten Programm sollen die Leser/innen dieser Einführung einen thematisch zugespitzten Überblick der Bildungsgeschichte erhalten. Diese, wie eigentliche jede, Darstellung muss selektiv vorgehen und sicherlich sehr viele Themen und Perspektiven zur Seite lassen. Die thematische Zuspitzung auf Medien und Medienwandel scheint angesichts der gegenwärtigen Herausforderungen für Bildung und Erziehung durchaus angebracht. Geschichte sei – so maßgebende Forscher – immer Geschichte der Gegenwart; eine Gegenwart, von der aus wir Fragen an die Vergangenheit richten.

Marcelo Caruso

1. Historische Bildungsforschung: Entstehung und Differenzierung der Erforschung der Geschichte von Bildung und Erziehung

Medienumbruch: Hoffnung und Angst

Die Aufklärungszeit im späten 18. Jahrhundert in Europa war für die Zeitgenossen nicht nur mit Hoffnung auf eine bessere, vernünftige Zukunft verbunden. Ängste um Gesellschaft und Kultur waren in dieser Zeit, die ansonsten Veränderungen registrierte und begrüßte, nicht weniger präsent:

> „Das Lesen, das sonst unter gewissen Volksklassen zu den Seltenheiten gehörte, ist jetzt ein so allgemein, und grösstentheils so zweckwidrig befriedigtes Bedürfnis, dass man nicht weiss, ob man einem grossen Theile von Menschen noch anrathen soll, lesen zu lernen“ (Bauer 1791, S. 184-185).

Das Lesen mit seiner „erzwungene(n) Lage“ „schwächt und zerrüttet“ den Körper so sehr, „dass es die Organe unmittelbar angreift, durch die der Verstand vorzüglich seine Wirksamkeit äussert, und also auch dadurch den Einfluss des letztern hemmet (...)“ (Bauer 1791, S. 190).

Sogenannte „panische Diskurse“ über den Medienwandel sind offensichtlich nichts Neues. Bei jeder Medienneuerung bzw. Verallgemeinerung eines Bildungsmediums sind regelmäßig Angst und eine besondere Vorsicht dabei gewesen. Der Umgang mit solchen Reaktionen habe sich im Laufe der Zeit verändert. Während in älterer Zeit der Ruf nach Zensur und Regulierung laut wurde, war bei Medien des 20. Jahrhunderts öfter die Einstellung vorherrschend, dass Verbote nichts bringen, sodass gute Inhalte verstärkt durch die neuen medialen Möglichkeiten der Bildung und der Erziehung präsentiert werden sollten (Drotner 1999, S. 609).

Bildungsgeschichte in der Aufklärung

Es ist daher keineswegs unerwartet, dass sich in dieser Zeit der Reform und des Fortschritts, in der so viele alte Gewissheiten im Bereich der Bildung und der Erziehung – bspw., dass die unteren Volksklassen nicht lesen – ins Wanken geraten sind, die gelehrte Aufmerksamkeit sich erstmalig auf die Vergangenheit von Bildung und Erziehung richtete. Gewiss, es hatte immer wieder einzelne Betrachtungen der Vergangenheit von Lernen und Lehren gegeben, bspw. eine Geschichte der Universität in Paris aus dem Jahr 1665. Aber eine systematische, umfassende Darstellung von Bildungs- und Erziehungsgeschichte erblickte erst in der Zeit der Aufklärung das Licht der Welt: Mit der *Geschichte des Schul- und Erziehungswesens in Deutschland von der Einführung des Christentums bis auf die neuesten Zeiten* des Stadtschullehrers Friedrich Ernst Ruhkopf (1760-1821), publiziert in Bremen im Jahr 1794, verfügen wir über eine erste umfassende Darstellung der Vergangenheit von Bildung und Erziehung. Es zeigen sich bereits hier zwei besondere Charakteristika der frühen Bildungsgeschichtsschreibung: Erstens wurde sie zunächst von Lehrern betrieben, nicht auf Universitätsebene. Zweitens wurde sie in ihrer frühesten Phase besonders intensiv in den deutschsprachigen Ländern betrieben: Als der Schulinspektor Theodor Fritz in Straßburg die erste umfassende Bildungsgeschichte auf Französisch 1843 publizierte, konnte er auf mindestens sieben Gesamtdarstellungen in deutscher, aber nur auf eine in französischer Sprache (wiederum nur über Universitäten) zurückgreifen. Spezielle Literatur über konkrete Epochen oder Themen der Bildungsgeschichte fand er auch zahlreich im Deutschen vor (Fritz 1843, S. 5-10). Insgesamt bedeutend für die Entstehung der Bildungsgeschichte war ein Aufschwung der Geschichtsschreibung. Denn während der Aufklärungszeit war die Idee allgemein akzeptiert, man verstehe erst dann ein Phänomen, eine Person, eine Nation oder eine Institution, wenn man seine/ihre Geschichte kennt.

19. Jahrhundert: Lehrerbildung, Professionalisierung der Forschung

Die Gestalt dieser frühen Arbeiten war jedoch eine ganz andere, als das, was heute unter Historischer Bildungsforschung verstanden wird. Nicht umsonst hieß damals diese Wissensform „Historische Pädagogik“: Man wähnte sich beim Aufbau einer neuen Disziplin und die Geschichte handelte hierbei im Dienste der Systematik. Man versuchte, aus der Betrachtung der Vergangenheit Einsichten zu verallgemeinern bzw. aus der Erzählung über die historische Entwicklung einen „Sinn“ zu gewinnen, der auch theoretisch verarbeitet werden musste. Enorm wichtig wurde die Lehre der Historischen Pädagogik im Bereich der erst im 19. Jahrhundert konsistent institutionalisierten Lehrer(aus)bildung. Die Betrachtung der Bildungsgeschichte sollte den angehenden Lehrern/innen eine moralische und praktische Orientierung geben, die auch betont nationalistisch war (Tröhler 2006). So entstanden zahlreiche Handbücher mit pädagogischen „Klassikern“ sowie Sammlungen von staatlichen Gesetzen, Erlässen und Verordnungen.

Einen weiteren Schub erhielt die Wissensform, die wir heute Historische Bildungsforschung nennen, mit einer Ausdifferenzierung von Themen, Quellen und Problemen im späten 19. Jahrhundert. Seit 1883 gab es mit der Buchreihe *Monumenta Germaniae paedagogica: Schulordnungen, Schulbücher und pädagogische Miscellanen aus den Landen deutscher Zunge* eine prestigeträchtige Quellenedition, die auch später eigene stark empirisch gesättigte Monographien publizierte. Aus dem gleichen Gelehrtenkreis entstand die *Gesellschaft für Erziehungs- und Schulgeschichte* im Jahr 1890, ein Verein Forschender, die eher selten als Lehrpersonal an Universitäten arbeiteten. Unter den Autoren gab es Lehrer höherer Schulen und sogar Volksschullehrer, die Archive und Bibliotheken besucht haben und für eine sehr breite thematische Auffächerung dieses Wissens sorgten (Horn 1996). Beide Projekte wurden bis zum Ausbruch des Zweiten Weltkrieges fortgeführt, die Monumenta wurden aber später in der DDR mit stark ideologischem Akzent fortgesetzt. Bis heute stellen sowohl die Monumenta als auch die Mitteilungen der Gesellschaft für Erziehungs- und Schulgeschichte (letztere digital verfügbar) unverzichtbare Materialgrundlagen für die Forschung dar.

20. Jahrhundert: Kontinuität und Innovation

Kennzeichnend für die weitere Entwicklung war die breite Akzeptanz historischen Wissens in der Anfangsphase der Pädagogik als Universitätsdisziplin. Meistens hat die dominante Fraktion der Universitätsprofessoren zwischen 1920 und 1960 nicht in modernem Sinne historisch geforscht; die damals vorherrschenden geisteswissenschaftlichen Pädagogen haben jedoch der Geschichte einen besonderen Stellenwert innerhalb des Faches beigemessen. Aber der Blick auf die Klassiker der Pädagogik (darunter Comenius, Pestalozzi, Herbart, später um einige modernere Reformer erweitert, vgl. Zymek 2015) bedingte, dass zum guten Ethos des Universitätsgelehrten ein breites historisches und bildungshistorisches Wissen gehörte. Gewiss war dieses Wissen lange Zeit wie versteinert. Es formierte sich ein Wissenskern aus der Historischen Pädagogik heraus, der erstaunlich stabil blieb: Sozialdemokraten, Liberale, Konservative, sogar Nationalsozialisten griffen u.a. auf Comenius, Pestalozzi und Herbart zurück, natürlich mit unterschiedlichen Schwerpunktsetzungen (Oelkers 1999). Dieser aus dem Handbuchwissen für die Lehrerbildung aus dem 19. Jahrhundert stammende Zug blieb mit Variationen und Aktualisierungen dominant.

Nach dem Zweiten Weltkrieg gab es durchaus fokussierte historische Abhandlungen – zum Beispiel zum *Lehrplan des Abendlandes* (Dolch 1965) –, die sich für einen Ausbruch aus der Enge der Klassiker und der alleinigen Fokussierung auf die staatliche Bildungspolitik stark machten. Eine entscheidende Wende erfolgte jedoch erst mit dem Aufstieg der Sozialgeschichte in den 1960er und 1970er Jahren. Fragen der Kontextualisierung von Klassikern und staatlicher Bildungspolitik, aber auch neue Themen wie soziale Schichtung, Ungleichheit und politische Herrschaft durch Bildung wurden nun bevorzugt. Man griff auf Theorien, Methoden und Diskussionen aus den Sozialwissenschaften zurück und war durchaus kritisch – ganz dem Zeitgeist entsprechend – gegenüber den bis dahin als reine Erfolgsgeschichte verkauften Versionen der Vergangenheit von Bildung und Erziehung. Prozesse der Institutionalisierung, der Massifizierung des Systems und seiner Differenzierung standen im Vordergrund. Wenn diese Betrachtung nicht nur die Ebene des Systems, sondern die einzelne Institution und sogar das Klassenzimmer erreichte, sprach man oft von Realgeschichte, als Gegensatz zu Ideengeschichte. Aber auch die alte Ideengeschichte der Pädagogik wurde nun kontextueller behandelt und Ideen häufig auf Interessenslagen innerhalb gesellschaftlicher Spannungen und Konflikte zurückgeführt. In diesem Sinne verbreitete sich ein regelrechter ideologiekritischer Ansatz im Umgang mit den Klassikern der Pädagogik und ihrem Wirken.

Neue Richtungen seit den 1980ern

Eine zusätzliche Auffächerung von Themen, Theorien und Perspektiven fand verstärkt unter dem Banner einer „neuen Kulturgeschichte" seit den 1980er Jahren statt. Darunter ist ein durchaus disparates Bündel theoretischer und thematischer Impulse zusammenzufassen, in denen nicht so sehr die strukturellen Fragen der Sozialgeschichte, sondern eher Handlungen/Praktiken und Sinngebungen/Konstruktionen im Vordergrund standen. Mit diesem neueren Strang historischer Forschung wurden die unterschiedlichen Wenden (im Englischen: *turns*) verbunden: *visual turn* (Bildforschung), *spatial turn* (Raumforschung), *postcolonial turn* etc. Diese Forschungen haben weitere theoretische Rahmungen bemüht. Während in der Sozialgeschichte besonders Karl Marx und die Marxisten sowie die Soziologie Max Webers hoch im Kurs standen, waren bei dieser Generation von Kulturhistoriker/innen andere Richtungen im Vordergrund, wobei das Forschungsprogramm von Michel Foucault besonders anschlussfähig war. Es gibt darüber hinaus Theorierahmen, die sowohl für Sozial- wie Kulturhistoriker der Bildung und Erziehung aus unterschiedlichen Gründen gleichermaßen von Interesse sind, allen voran Pierre Bourdieu und Niklas Luhmann. Während die verschiedenen Denkschulen der Kulturgeschichte sehr schwer auf einen gemeinsamen Nenner zu bringen sind, gilt das nunmehr auch für die Historische Bildungsforschung insgesamt. Parallel zur Geschichtswissenschaft wurden in den letzten Jahrzehnten neue Forschungsrichtungen wie die neue Ideengeschichte oder die Wissens- und Wissenschaftsgeschichte konturiert (Überblick in Kluchert et al. 2019).

Transnationale und Globalgeschichte

Eine weitere Entwicklung, die all diese Richtungen in unterschiedlichem Maße geprägt hat, ist die transnationale, vergleichende und Globalgeschichte. Alle Themen und Forschungsrichtungen, die lange Zeit im lokalen und nationalen Bezugsraum verharrten, wurden von Fragen der kulturellen Differenz, des Transfers von Fortschrittsmodellen, der grenzüberschreitenden Verbreitung von Ideen und Programmen sowie der Entstehung transnationaler Verflechtungen und Organisationen ergänzt bzw. überlagert (Caruso 2012). Auch in diesem Zusammenhang wurde das Thema der Migration in der Geschichte und deren bildungs- und erziehungsrelevanten Folgen aufgeworfen. Insgesamt nahm die Bedeutung solcher Ansätze auch für diejenigen Forscher/innen, die sich lokalen Kontexten widmeten, zu. Sogar die Zukunft der Bildungsgeschichte als Fach wurde von einer stärkeren Thematisierung vergleichender und transnationaler Themen programmatisch abhängig gemacht (Tröhler 2011).

Die Historische Bildungsforschung hat einen langen Weg seit ihren ersten Formulierungen und seit der Etablierung der Historischen Pädagogik zurückgelegt. Nun sind nicht nur die großen Namen der altehrwürdigen Pädagogik ein Thema, sondern auch andere, subalterne Figuren, wie Jugendliche in sozialpädagogischen Einrichtungen, Lehrerinnen in der Provinz oder nicht-westliche missionierte Gruppen. Die Bildungsgeschichte hat ebenfalls ihre frühere Prägung als Heimatgeschichte abgelegt und sich anspruchsvollen Fragestellungen mit theoretischer Rahmung und zunehmend raffinierteren Methoden gewidmet. Auch die Gründung zahlreicher Fachgesellschaften und die zunehmende Zahl von Fachzeitschriften in und außerhalb der ‚entwickelten' Länder zeigt, dass die systematische Betrachtung der Vergangenheit von Bildung und Erziehung keineswegs länger die deutschsprachige Dominanz aufweist, die noch Mitte des 19. Jahrhunderts zu spüren war.

Fragen

1. Seit wann gibt es Betrachtungen der Vergangenheit von Erziehung und Bildung und warum entstanden diese?
2. Unterscheiden Sie zwischen Ideen-, Sozial- und Kulturgeschichte der Bildung und der Erziehung.

Weiterführende Literatur

Kluchert, G., Horn, K.-P., Groppe, C. & Caruso, M. (2019) (Hrsg.). *Historische Bildungsforschung. Konzepte, Methoden, Forschungsfelder.* Bad Heilbrunn/Obb.: Klinkhardt.
Umfassendes und neues Werk über Grundlagen, Geschichte, Konzepte, Richtungen, Themen und Methodologie der Historischen Bildungsforschung.

2. Distanzierung, Falsifizierung, Theoriebildung, Narrativisierung: Die Historische Bildungsforschung innerhalb der Erziehungswissenschaft

Vergangenes und Gedächtnis

Stellen Sie sich einen Zustand der Amnesie vor. Sie haben jegliche Erinnerung an Ihre Lebensgeschichte verloren, einschließlich Ihres Namens. Es ist wahrlich nicht nur eine unangenehme Situation, sie ist geradezu bedrohlich. Sie können sich weiterhin durch ein „Ich" bestimmen – anders als bei anderen ich-auflösenden psychischen Störungen – aber sie können dieses „Ich" nicht weiter definieren, geschweige denn, dass Sie in gesellschaftlichen Zusammenhängen routiniert wirken könnten. Nehmen wir weiter an, dass dieser Zustand nicht nachlässt und Sie weiterleben und langsam ins neue Leben finden. Das funktioniert nur, weil sie sich im Laufe der Zeit eine weitere Geschichte erarbeitet haben. Sie haben bspw. neue Freunde gefunden, einen neuen Namen angenommen, neue Verbindungen zu Arbeit und Gesellschaft aufgebaut. Sie haben nun eine neue persönliche Geschichte zu erzählen, einschließlich des Einschnittes durch die Amnesie. Aber immerhin, Sie haben nun eine Geschichte, aus der heraus Sie handeln.

Wenn eine Geschichte – diesmal eine persönliche, die über das durchaus unzuverlässige Gedächtnis funktioniert – für ein psychisches System lebensnotwendig ist, würde man das gleiche auch für soziale Systeme annehmen. ‚Soziale Systeme' – das schließt auch Institutionen, Organisationen, soziale Gruppen mit unterschiedlichem Status und sogar transnationale Zusammenhänge ein. Geschichte ist nicht eine der vielen *add-ons* des Lebens, die durchaus ‚interessant' oder gleich ‚spannend', aber nicht ‚praktisch' oder ‚wirksam' sind. Geschichte ist eine Voraussetzung für die Existenz, Stimmigkeit und Funktionstüchtigkeit von Menschen, Gesellschaften und Kulturen. Aber das Gedächtnis, das hier angesprochen wird, ist nicht gleich Geschichte. Denn im Gedächtnis – individuell und kollektiv – können Elemente gespeichert sein, die so gar nicht stimmen bzw. die aus den Weiten des Gedächtnisses, bestimmten Themen, Elementen und Zeiten ‚aktiviert' werden. Geschichte als forschende Tätigkeit ist gleichzeitig weniger und mehr als Gedächtnis. Es gibt Themen der Geschichtsforschung, die eventuell für das kollektive Gedächtnis in einer bestimmten Zeit unwichtig sind, genauso wie es kollektive Erinnerungen gibt, die (noch) nicht Gegenstand historischer Forschung geworden sind. In jedem Fall – bei allen Unterschieden – stehen Gedächtnis und Geschichte als forschendes Fach für die lebensnotwendige Thematisierung vergangener Prozesse.

Bildungsforschung und Spuren der Vergangenheit

Die Vergangenheit begegnet uns tagtäglich in Form des Gewordenen und ohne Vorankündigung. Als Gebäude (nicht nur in den Alt-Städten), als zu schmaler Fahrradweg oder auf Familienfotos, um nur wenige alltagstaugliche Beispiele zu nennen, sind Ergebnisse und Spuren vergangener Prozesse und Entscheidungen festgehalten. So gesehen haben wir mit den Spuren der Geschichte jeden Tag zu tun, und zwar sowohl in den Begegnungen mit anderen Menschen als auch in unserer materiellen Umgebung. Ähnlich stellt sich die Lage im Bereich der Bildung dar. Man muss nicht erst unbedingt ins Schulmuseum gehen, um die Geschichte von Erziehung und Bildung zu erfahren. Diese begegnet uns bspw. in der Form von wuchtigen Gebäuden älterer Gymnasien oder in zu Restaurants oder Privathäusern umgebauten ehemaligen Dorfschulen. Solche sind unvermittelte, nicht reflektierte, zuweilen nur am Rande wahrgenommene Begegnungen mit den Spuren der Vergangenheit von Bildung und Erziehung.

So, wie viele Menschen meist zufällige Begegnungen mit Bildungsgeschichte, teils ohne weiter darüber nachzudenken, teils aber auch interessiert und bewusst fragend, bewältigen, treffen auch Bildungsforscher in ihrer Arbeit stets auf die Spuren der Bildungsgeschichte. Historische Bildungsforschung hat die Aufgabe, die „Historizität", das historisch gewachsene Gefüge von Erziehung, Bildung und Sozialisation durch die Analyse ihrer maßgeblichen Ideen, rahmenden Institutionen und durchgeführten Praktiken zu erforschen. Weil die Ideen der Bildung und der Sozialisation – bei Erziehung geht man eher davon aus, dass sie irgendwann zu Ende geht – so umfassend und nicht an ein bestimmtes Alter gekoppelt sind, sind die Themen der Historischen Bildungsforschung äußerst vielfältig. Es geht nicht nur um Schule oder um Kindheit (zu Hause, auf der Straße, in Freundesgruppen), sondern es könnte auch um das Lernen von Erwachsenen in einem Verein gehen, um eine Schule der kommunistischen Partei, in der Kader ausgebildet wurden, oder um Lehrlinge in einer mittelalterlichen Zunft. Die thematische Breite der Historischen Bildungsforschung ist erheblich und ihre Grenzen sind keineswegs eindeutig.

Methodologie, Quellen

Historische Bildungsforschung wird nicht nur von Erziehungs- und Bildungswissenschaftlern/innen betrieben. Historiker/innen, Kulturwissenschaftler/innen, Soziologen/innen und andere stellen auch Fragen über die Vergangenheit von Bildung, Erziehung und Sozialisation. Als integraler Bestandteil der Erziehungs- und Bildungswissenschaften analysiert Historische Bildungsforschung Spuren der Vergangenheit mit Hilfe eines Spektrums theoretischer und methodischer Ansätze, das im Lauf der Zeit immer vielfältiger und komplexer geworden ist. Dazu gehören Text- und Bildanalysen, quantitative und qualitative Verfahren sowie Netzwerk- und Diskursuntersuchungen, um nur einige wenige Beispiele zu nennen. Lange Zeit standen eher Texte – und dazu eine engere Auswahl wie offizielle Dokumente oder große Werke berühmter Pädagogen – im Zentrum der Untersuchungen. Aber spätestens seit der sozialgeschichtlichen Forschung, die größere Strukturentwicklungen rekonstruiert, werden vermehrt auch quantitative Verfahren angewendet (Schulstatistiken, Daten aus Volkszählungen, Wahlergebnisse, statistisch erfasste Zusammenhänge von Bildungs- mit Wirtschafts- und Sozialdaten). Eine zusätzliche Erweiterung fand mit der zunehmenden Aufmerksamkeit für bildliche Darstellungen statt. Manchmal in Kombination mit Textanalysen, manchmal als eigenständiges Verfahren ohne starken Rückgriff auf Text, wurden u.a. Photographien, Schulbuchillustrationen, Malerei, Kino in den Blick genommen. Schließlich ist in letzter Zeit ein großes Interesse an Gegenständen als historische Quellen entstanden. Archäologische Funde, Bestände in Schulmuseen, die noch existierenden Schulgebäude, Schulmaterialien, die eventuell auf dem Dachboden eines Hauses lagern, können in ihrer materiellen Struktur und als weitere Spuren der Bildungsgeschichte untersucht werden. Wichtig ist, dass jede neue Quellenart weitere methodische Überlegungen und Strategien erfordert und somit auch die reflektierten Zugänge zum Material (Methodologie) sowie die konkrete Analyse derselben (Methoden) an Komplexität gewonnen haben (Schuch, Welter & Tenorth 2008).

Distanzierung

Wozu der Aufwand? Jede Analyse, die uns die Historizität, und damit die Veränderbarkeit von Erziehungs- und Bildungspraktiken und -institutionen, vor Augen führt, schult unsere kritische Distanz gegenüber vorhandenen Erziehungs- und Bildungsverhältnissen. Sicher wirkt Historische Bildungsforschung nicht immer so, wie es sich etwa ein bekannter US-amerikanischer Bildungshistoriker wünscht, nämlich dass sie „die Entwicklung bestimmter Denkgewohnheiten [begünstigt], von denen die Reflexion, das abwägende Urteilen, die wichtigste ist" (Klierbard 2004, S. 90). Doch selbst, wenn dies so sein sollte: In jedem Fall stellt die Historische Bildungsforschung das vermeintlich Selbstverständliche aus der distanzierten Betrachtung seiner Entstehungsbedingungen in Frage. Ein gutes Beispiel ist die empirisch begründete These der größeren Schulvergleichsstudien der Gegenwart (wie PISA, TIMSS, etc.), die besagt, dass kleinere Klassen keineswegs bessere Ergebnisse in Leistungstests bringen. Es ist ein relativ konsistentes Ergebnis, das diese Forschungen zeigen. In mehreren Studien quer durch unterschiedliche Länder scheint die einfache Gleichsetzung von kleineren Klassen und besseren Lernergebnissen keineswegs aufzugehen. Sogar eine Rückkehr zu größeren Schülergruppen wurde auf der Grundlage dieser Daten in einigen Ländern des globalen Südens gefordert. Die historische Betrachtung erlaubt einen distanzierten Blick auf diese Thesen und Behauptungen. Obwohl wir nicht über eine umfassende Geschichte der Klassengrößen verfügen, gibt es viele Hinweise und Teilanalysen (z.B. Caruso 2003, S. 240-252) über die durchaus großen Wirkungen von Klassenverkleinerungen in der Vergangenheit. Lehrerbeschwerden, Disziplinprobleme, mangelnde Aufmerksamkeit, sogar die strapazierte Stimme der Lehrkraft sind Hinweise darauf, dass es nicht gleichgültig ist, ob eine Lerngruppe aus 20 oder 40 Personen besteht. In diesem Fall verneint die Historische Bildungsforschung keineswegs die aktuellen Ergebnisse dieser großen Studien. Aber sie erinnert aufgrund der größeren zeitlichen und analytischen Distanz zum historischen Material an weitere Aspekte des Themas. In Themenkomplexen, die gewöhnlich in einem dramatischen und dringlichen Ton angesprochen werden, gibt es mit diesen Übungen in *Distanzierungen* eine erste Aufgabe der Historischen Bildungsforschung innerhalb der Erziehungs- und Bildungswissenschaft.

Zweifel, Falsifizierung

Einen Schritt weiter kann die Historische Bildungsforschung gehen, wenn es nicht nur um eine Distanzierung geht, die andere Forschungsergebnisse bzw. dominante Ansichten nicht dementiert, sondern darüber hinaus um eine grundlegende Diskussion bestimmter Aussagen. In einem faszinierenden Beispiel haben Christian Baudelot und Roger Establet (1989) – beide Bildungssoziologen aus Frankreich – eine hartnäckige Idee historisch untersucht: die Klage von der abfallenden Qualität der Sekundarschulen. Sie zeigen in ihrem Buch *Das Niveau steigt* (1989), dass die mind. 200 Jahre alte Klage, dass die Qualität traditioneller Sekundarschulen in Frankreich absteige, nicht der Wahrheit entsprechen kann. Dann – wenn dies zuträfe – hätte Frankreich in den letzten beiden Jahrhunderten nicht so eine beeindruckende Modernisierung und Entwicklung hinlegen können. Baudelot und Establet zeigen, dass diese alte Klage einfach einen Abwehrmechanismus der (durch den Schulbesuch immer weniger exklusiv werdenden) Eliten ist, um die Bildungsbeteiligung der Gruppen, die im Zuge der Bildungsexpansion neu in den Sekundarschulen hinzukommen, zu diskreditieren. Ähnlich haben André Chervel und Danièle Manesse überlieferte Diktate aus französischen Primarschulen der Jahre 1873/77 im Jahr 1987 erneut von Schülern/innen schreiben lassen, um Niveaudifferenzen zwischen den 1870er und den 1980er Jahren festzustellen. Bekannt ist ja auch die Klage, und zwar seit Generationen, dass die Rechtschreibung im Argen liege und zunehmend verkomme. Nach der Korrektur der neuen Diktate fanden die beiden Forscher das neuere Rechtschreibniveau „fraglos überlegen", und dies, obwohl es französische Primarschulen bereits Ende der 1980er Jahren mit zunehmender kultureller Heterogenität zu tun hatten (Chervel & Manesse 1989, S. 164). In diesen Fällen kann Historische Bildungsforschung Annahmen über die Entwicklung von Bildung und Erziehung grundsätzlich in Zweifel ziehen. Im Falle angezweifelter Forschungsergebnisse spricht man von *Falsifizierung*. Hier wird mehr als eine Distanzierungsübung geleistet, die bspw. unbeachtete Aspekte eines Themas erhellt. In solchen Fällen ergänzt Historische Bildungsforschung nicht, sondern bestreitet herrschende Ansichten.

Theoriebildung

Wenn die negative Funktion der Falsifizierung – zu zeigen, dass etwas nicht stimmt – ins Positive umgemünzt werden soll, gibt es zwei Hauptformen, in denen Historische Bildungsforschung einen spezifischen Beitrag zur Entwicklung einer Erziehungs- und Bildungswissenschaft leistet. Erstens geht es um *Theoriebildung* bzw. um Einsichten, die als Bausteine von Theoriearbeit fungieren können. Heinz-Elmar Tenorth argumentiert wiederholt, dass die Geschichte von Bildungsreformen eine auffallende Kluft zwischen Intention und Wirkung zeigt, die in den unterschiedlichsten Kontexten, historischen Zeiten und Machtkonstellationen feststellbar ist. Ergebnisse der Historischen Bildungsforschung können stark die Theorie einer relativen Autonomie des Bildungswesens unterstreichen. Sogar die mächtigsten Diktaturen konnten ihre Absichten nicht eins zu eins in den komplexen Bildungssystemen umsetzen. Bildung, Erziehung und Schule sind ja eher träge Praktiken und Felder, die sich nicht auf Kommando ändern (Tenorth 1988/2000). Die transnational bzw. global angelegte historische Analyse von Bildung hat ebenfalls gezeigt, dass sich viele Entwicklungen, die man gewöhnlich mit spezifischen, öfter nationalen, Kontexten verbindet, beim näheren Hinsehen als globale, isomorphe (relativ gleichförmig) Entwicklungen darstellen lassen (zuletzt, um- und zusammenfassend, Baker 2014). Diese Art von Befunden war auch für die Theoriebildung insofern von Bedeutung, als Bildung und Erziehung somit als Bestandteile eines weltweit institutionalisierten Gefüges charakterisiert werden konnten, und nicht allein als Ausdruck einer spezifischen Kultur oder einer eng definierten Nation. Reformer in allen Ländern mögen glauben, sie reformierten Strukturen im Sinne lokaler Begebenheiten und in Anpassung an die Möglichkeiten und Begrenzungen vor Ort. Aber in einer makrostrukturellen Betrachtung – wie es die transnationale und globale ist – ist dies nicht der Fall. Unterschiede in der Finanzierung, in der Akzeptanz bestimmter Leitideen u.v.m. können nicht erklären, warum Bildungsstrukturen weltweit so ähnlich geworden sind. Dies hat Konsequenzen für die theoretische Erfassung von Schulsystemen.

Narrative

Die zweite Form, die in der Historischen Bildungsforschung nicht nur innerhalb des Faches, sondern auch für ein breiteres Publikum wirkt, ist die Bereitstellung historischer *Narrative*. Bildungshistoriker/innen sammeln, ordnen, analysieren, vergleichen und verschriftlichen. Am Ende steht aber sehr oft eine Erzählung über Entwicklungen, über Stabilität und Wandel im Laufe der Zeit. In einer Erzählung werden Fragmente – man kann nicht alles wissen, die Spuren aus der Vergangenheit, auf deren Grundlagen Historische Bildungsforschung erfolgt, sind stets ein Ausschnitt alles Dagewesenen – zusammengestellt und narrativ, d.h. im Modus einer Erzählung, verarbeitet. Narrative sind unvermeidlich, man kann nie reine Ergebnisse präsentieren ohne einen Rahmen, eine Leitvorstellung von Entwicklung, Wandel, Persistenz etc. Narrative fügen die unterschiedlichen Fragmente zusammen, aber sie machen es keineswegs ‚neutral', weil Narrative immer Gesichtspunkte darstellen. Wenn ich fest der Überzeugung bin, dass die Hauptfrage von Bildung, Erziehung und Sozialisation diejenige der Chancengleichheit ist, werde ich ein Narrativ einsetzen, in dem diese Frage die leitende sein wird. Jedes Narrativ ist in diesem Sinne auch eine theoretische, weltanschauliche, ja (im weitesten Sinne) politische Stellungnahme des Erzählers. Ein Mittel, mit der unvermeidlichen Perspektivität von Analysen und Narrativen umzugehen, besteht darin, die begrifflichen und theoretischen Grundlagen dieser Narrative, d.h. die leitenden Kategorien und Annahmen, offenzulegen. Früher dachten historisch arbeitende Forscher/innen, man komme ohne theoretische Diskurse gut aus, schließlich zeige Geschichte „wie es eigentlich gewesen ist" (Leopold von Ranke, 1795-1886). Nun weiß man, dass man eher einen Vorschlag zur *Deutung* der Vergangenheit macht; das „eigentlich" im Zitat gilt nicht länger, zumindest nicht uneingeschränkt und naiv. Für das hier vorliegende Buch gilt natürlich all das auch: Im Folgenden wird eine Narration, eine Erzählung, von den Zusammenhängen von Medien- und Bildungsentwicklung vorgeschlagen, die nicht die einzig mögliche ist. Zwar erfolgt diese Narration forschungsbasiert, aber Forschung schreitet bekanntlich voran, und nicht nur die Schwächen jeden Autors/jeder Autorin lassen Raum für weitere, auch widersprüchliche Interpretationen. Auch andere Definitionen von Medien, Bildung und Erziehung können weitere Aspekte dieser Zusammenhänge in den Fokus rücken. Höchste Zeit, sich mit dem Begriff der Medien, als Annahme des folgenden Narrativs, zu befassen, bevor das eigentliche Narrativ beginnt.

Fragen

1. Unterscheiden Sie Geschichte als Gegenstand und als forschendes Fach.
2. Benennen und charakterisieren Sie die vier Formen, durch welche die Historische Bildungsforschung zum Fortgang des Wissens über Bildung und Erziehung und der Bildungs- und Erziehungswissenschaft beiträgt.

Weiterführende Literatur

Benner, D. (1989). Systematische Pädagogik und historische Rekonstruktion. Zur Bedeutung der Strukturprinzipien pädagogischen Denkens und Handelns für die Verständigung über pädagogische Fragen und die Geschichtsschreibung der Pädagogik. In P. Zedler & E. König (Hrsg.), *Rekonstruktionen pädagogischer Wissenschaftsgeschichte* (S. 363-387). Weinheim: Beltz.
Diskussion über die systematischen Potenziale der historischen Bildungsforschung von einem der führenden Theoretiker der Erziehungswissenschaft.

Caruso, M., Kemnitz, H. & Link, J.-W. (Hrsg.) (2009). *Orte der Bildungsgeschichte.* Bad Heilbrunn: Klinkhardt.
Sammelband über Kontexte und Funktionen der Historischen Bildungsforschung, in dem nicht nur wissenschaftliche, sondern auch politisch-gesellschaftliche Aspekte des Faches analysieirt werden.

Herrlitz, H.-G. (2001). Aus Geschichte lernen? In *Auf dem Weg zur Historischen Bildungsforschung* (S. 257-267). Weinheim & München: Juventa.
Diskussion einer der häufig unterstellten Funktionen der Geschichte für die Gesellschaft. Der Autor ist ein führender Sozialhistoriker der Bildung und der Erziehung.

Tenorth, H.-E. (1988). Das historische Argument und die Identität pädagogischer Berufe. In *Pädagogik und Schule in Ost und West* 36(2), 58-65. *Erörterung des Verhältnisses von historischem Wissen und Berufsidentitäten von einem der führenden Vertreter des Faches. Angesichts der nennenswerten Rolle von Pädagogen in der Geschichte der Historischen Bildungsforschung handelt es sich um ein zentrales Thema der Selbverständigung der Disziplin.*

3. Die Medien von Erziehung und Bildung: Einführende Begriffe und Begründung der Kapitelstruktur

Jede historische Narration folgt Annahmen und Voraussetzungen. Die Entscheidung, Erziehungs- und Bildungsgeschichte anhand eines spezifischen Entwicklungsstrangs zu organisieren, ist nicht selbstverständlich. Bereits die ersten Bücher zur Bildungsgeschichte, die in Europa geschrieben wurden, hatten enzyklopädische, also allumfassende Ambitionen. Man wollte ja den ganzen Entwicklungsgang der Bildung und der Erziehung seit den ersten Zivilisationen darstellen. Wie ein Blick auf das Inhaltsverzeichnis dieses Lehrbuchs zeigt, ist hier eine weit in die Vergangenheit hineinreichende Darstellung der Zusammenhänge von Bildungswandel und Medienwandel vorgesehen. Dieser lange Zeitraum der Analyse wird jedoch nur dadurch möglich, dass ein begrenzter Phänomenenbereich in den Blick genommen wird. In diesem Sinne sollen im Folgenden die Entscheidung für Medien erläutert und einige der leitenden Annahmen, Definitionen und Diskussion präsentiert werden.

Warum eine Mediengeschichte der Bildung

In unserer Gegenwart lässt sich ein gewaltiger Medienumbruch bezeugen, dessen Konsequenzen sich allmählich zeigen. Unter dem Stichwort „Digitalisierung" findet eine komplette Umorganisierung der Medienlandschaft statt, die als unaufhaltsam und nicht ganz risikolos empfunden wird. Mit der digitalen Wende kam nämlich nicht nur ein neues Medium zu den bereits vorhandenen hinzu. Mit der Digitalisierung kann man eine erneute Erfassung, Kombination und Distribution bisheriger Medien verbinden. Alte Bücher verschwinden nicht in der Digitalisierung, sie werden jetzt eingescannt und der Weltöffentlichkeit online zur Verfügung gestellt. Auch Musik wird digitalisiert sowie Gemälde, Radiosendungen und Photographien. Mit der Digitalisierung entstehen neue Optionen der Speicherung, der Distribution und der Verknüpfung, die alle Medien in unterschiedlichem Maße betreffen. Insofern ist eine Beschäftigung mit den Medien in der Bildungsgeschichte unter Einbezug von Fragestellungen und Herausforderungen unserer Gegenwart naheliegend. Dies ist jedoch nicht die einzige Möglichkeit, eine besonders relevante Perspektive für die Analyse der Bildungsgeschichte zu definieren. Fragen der Bildungsgerechtigkeit, der Verschulung des Lebens – einschließlich Hochschulen, immer mehr Menschen verbringen zunehmend längere Zeiten in Bildungsinstitutionen –, der Veränderungen des Lehrerberufs, der Bildungsfinanzierung, u.v.m: All diese Perspektiven könnten auch für eine thematisch zugespitzte Einführung in die Erziehungs- und Bildungsgeschichte eingesetzt werden.

Medienbegriff: Kontaktorganisation und Technik

Wenn man aber den Begriff der Medien auf den Punkt bringen möchte, fangen sofort die Schwierigkeiten an. Es gibt keine allgemein anerkannte Theorie der Medien (Jörissen 2014, S. 503). Darüber hinaus werden Medien aus verschiedenen Perspektiven analysiert, was auch zu unterschiedlichen Schwerpunktsetzungen führt. Alle Medienbegriffe und Medientheorien teilen jedoch die Ansicht, dass sie überhaupt Kommunikation ermöglichen und dadurch Kommunikation etwas ist, das nicht direkt und unvermittelt zwischen Menschen ausgehandelt wird. Medien seien eher Kontaktorganisatoren. In Kommunikationsprozessen gibt es immer etwas „dazwischen", sei es die gesprochene Sprache, der geschriebene Brief oder die Wiedergabe von Aufnahmen in *youtube*.

Zunächst wird hier eine Basisdefinition präsentiert, die in einem anderen Handbuch, nämlich über Medien, eingeführt wurde. Demnach sind Medien Mittel der gesellschaftlichen Vernetzung mit symbolischem (d.h. zeichengebundenem) Charakter und einer technischen Dimension, die der Kommunikation eine Form geben, Raum und Zeit überwinden, mit Codes arbeiten und häufig wie selbstverständlich und ohne Überlegungen eingesetzt werden (in Anlehnung an: Winkler 2008, S. 11). Allgemein werden drei Funktionen von Medien definiert. Demnach ermöglichen Medien die Speicherung, Verarbeitung und Übertragung von Nachrichten oder Inhalten (Kittler 1997, S. 649). Besonders wichtig für die Auseinandersetzung mit der technischen Dimension von Medien ist ein weiter Technikbegriff, der sich nicht nur mit Geräten beschreiben lässt. Vielmehr ist mit Technik auch ein geordnetes, programmiertes Tun bezeichnet, wie im Begriff der Körpertechniken, die – bspw. beim Yoga – ohne jegliche Apparate (vielleicht doch: die Yogamatte) auskommen (Winkler 2008, S. 91). Es ist eindeutig, dass der apparative Teil der Medien in der modernen Gesellschaft, besonders in den letzten Jahrzehnten, stark zugenommen hat.

Medien und Lernen

Die Medienwissenschaft konzentriert sich stärker auf die Eigenlogik, die Funktionsweise und die Formung von Kommunikation durch Medien. Man könnte, um die Logik und Prägung der Medien von Bildung und Erziehung zu formulieren, folgendes Gedankenexperiment anstellen. Definieren wir eine beliebige inhaltliche Lehreinheit, hier beispielsweise die Unterscheidung zwischen direktem und indirektem Objekt in der syntaktischen Analyse eines Satzes. Man kann diese Unterscheidung mündlich erklären; man kann diese aber auch in einem Lehrfilm ‚zeigen' oder auch anhand mehrerer Beispiele am Computer einüben und auf dieser Grundlage weitere klärende Ausführungen darstellen. Es geht zunächst um denselben Inhalt der Unterweisung, denn die syntaktische Analyse der Satzteile variiert ja nicht deshalb, weil man sie hört, sie liest oder sie am Bildschirm sieht. Und dennoch ist die Erfahrung des Lernens, welche Sinne beim Lernen im Vordergrund stehen bzw. welche Erfahrung man dabei macht, sehr unterschiedlich. Beim Zuhören einer Erklärung ist das Gehör im Vordergrund; eigentlich könnte man der Erklärung mit geschlossenen Augen zuhören, wenn wir nicht wüssten, dass Gesten beim Verstehen des Erklärten eine bedeutende Rolle spielen (Cook et al. 2016). Bei einem Computerbildschirm steht eindeutig das Sehen im Vordergrund. Gewiss, die meisten Unterweisungs-, Lern- und Bildungssituationen sind multisensoriell und gleichzeitig durch unterschiedliche Gegenstände und Sinneswahrnehmungen organisiert. Das Gedankenexperiment zeigt jedoch, dass die Erfahrung bzw. der Prozess des Lernens nicht nur vom Inhalt abhängt, der in diesem Beispiel identisch bleibt, sondern auch von der Art der Vermittlung. Das Wie des Lernens, der Bildung und der Erziehung ist nicht gleichgültig. Und dieses Wie wird größtenteils durch die Mitwirkung von Medien bestimmt.

Die Bedeutung der Frage der Medien entfaltet sich entlang dieser Argumentationslinie: Die Prozeduren, die Modi, das Wie und nicht allein das Was, sind für Erziehung und Bildung entscheidend. Andere Handbücher der Bildungsgeschichte können ja auf die Inhalte der Bildung und der Erziehung fokussieren. Gewiss, die Frage des Wie ist nicht ganz zu trennen von den jeweiligen Inhalten (vgl. Dolch 1965). Aber die Medialität von Erziehung und Bildung lenkt die Aufmerksamkeit stärker auf diese Modi und Stile. Diese Frage ist schließlich eine der wichtigsten, die in den gegenwärtigen Diskussionen über die Auswirkungen digitaler Medien im Zentrum steht. Denn es geht nicht nur darum, ob man bspw. gute Inhalte in *youtube* – didaktische Videos, Interviews mit interessanten Partnern – abruft oder nicht. Viel mehr kreist die Diskussion über neue Medien auch um Wirkungen, die mit unserem Stil des Lernens, mit unseren Erwartungen und unseren Aufmerksamkeitsspannen zusammenhängen.

Lange Zeit galten Medien als Apparate oder Mittel, die den Menschen einfach zur Verfügung standen, um ihre Kommunikationsabsichten umzusetzen. Menschen verfügen demnach bewusst über Medien und organisieren somit ihre zwischenmenschliche Kommunikation. Aus dieser Sicht wirken primär Menschen auf Medien. Medien werden bloß als Werkzeuge (Instrumente) unserer kommunikativen Absichten definiert. Sogar eine in den 1960er Jahren sehr verbreitete Sicht auf Medien, die Wirkungen von Medien auf Menschen durchaus thematisierte, definierte Medien als Ausweitungen des Menschen. Alle Medien würden Erweiterungen menschlicher Tätigkeit ermöglichen; sie wären Verlängerungen unserer Augen, Ohren und Hände. Auch die Kommunikationsmedien und die technisierten Medien seien komplexere Formen dieser Ausweitungen des Menschen (McLuhann 1962).

Eigendynamik der Medien und ihre Wirkung auf Menschen

Aber genau die Diskussionen um den Wandel unserer Subjektivität und unserer Kognition legen eine andere Sicht auf Medien nahe. Medien wirken auf Menschen; diese verfügen nicht einfach über leblose Medien. Vielmehr seien Menschen „an neue Medientechniken ausgeliefert“ (Hoffmann 2002, S. 152). Dabei bestimmten Medien durch ihre Einwirkung auf Wahrnehmung und Kognition mit, wie Menschen Informationen überhaupt speichern, verarbeiten und übertragen. Der Mensch, obwohl er selbst Medien produziert und in die Welt setzt, wird demnach von seinen eigenen medialen Erfindungen abhängig bzw. von diesen an bestimmten kritischen Eigenschaften geprägt. Hier ist die Eigenart eines bestimmten Mediums bzw. einer bestimmten Medienkonstellation für das Verhältnis „Mensch – Welt“ entscheidend. In dieser Hinsicht haben Medien eine Eigenlogik bzw. eine Eigenwirkung. Somit erfordert eine alphabetische Schrift eine eigene Form der Informationsverarbeitung, anders als die Hieroglyphen im alten Ägypten, die ja auf der Basis von Bildern (auch Ideogramme genannt) funktionierten. Auch die Aufmerksamkeit, die man bei fixen (Photographie) und bewegten Bildern (Kino und Fernsehen) aufwendet, ist unterschiedlich in ihrer Dauer und Intensität. Diese Eigenlogik der Medien wirkt auf die Menschen und – unbewusst und schweigsam – formt sie sie. In dieser Sicht der Dinge wurden Medien zwar von Menschen gemacht, aber in ihrer Eigendynamik verändern sie uns.

Ko-Evolution von Menschen und Medien

Zwischen der menschenzentrierten – Menschen machen von Medien Gebrauch nach ihren Bedürfnissen und Absichten – und der medienzentrierten Sicht – Medien verändern uns und bestimmen zumindest teilweise mit, was wir als Bedürfnis und Absicht definieren – hat sich die These einer Ko-Evolution von Menschen und Medien etabliert. Diese vermittelnde These besagt, dass genauso wie Menschen Medien schaffen und verändern, diese auch Menschen umformen und beeinflussen: „Unsere Konzepte von ‚Wissen' und ‚Lernen' sind in Koevolution mit den Medien entstanden, in denen unsere Kultur ihr Wissen gespeichert und verbreitet hat" (Giesecke 2006, S. 485). Obwohl diese These als die ‚goldene Mitte' in den Theorien der Medienentwicklung und des Medienwandels erscheint, muss man daran erinnern, dass zahlreichere, ‚technischere' und kompliziertere Medien existieren als früher, so dass diese Ko-Evolution vermutlich zunehmend von der technischer werdenden Beschaffenheit der Medien bestimmt wird. Die Darstellung in diesem Handbuch wird an vielen Stellen die Spannung zwischen menschenzentrierten und medienzentrierten Interpretationen in den Blick rücken.

Menschen als Medien?

Diese Hauptdiskussion wird jedoch an einem entscheidenden Punkt relativiert. Ein Blick auf die Geschichte des Medienbegriffs zeigt, dass Apparate und Dinge keineswegs die einzige Existenzform von Medien sind. Das Bedeutungsfeld des Begriffes „Medium", das ja im Allgemeinen das *Vermittelnde* ins Zentrum rückt, kann sowohl Apparate und Dinge als auch Menschen umfassen. Das Wort „Medium" ist im Deutschen seit dem 17. Jahrhundert belegt und wurde zuerst in der wissenschaftlichen Sprache eingesetzt (Hoffmann 2002, S. 24-25). Obwohl von Anfang an bestimmte Mittel, zum Beispiel Arzneimittel, mit dem Wort „Medium" belegt waren, bezeichnete der Begriff spätestens im 19. Jahrhundert auch vermittelnde Personen (Hoffmann 2002, S. 27). Dass Menschen bzw. menschliche Gebilde auch als Medien betrachtet werden können, erweitert den Begriff auf entscheidende Weise. Michael Giesecke führt in seinen medienhistorischen Untersuchungen aus, dass zunächst „Dinge" als Medien gelten, aber auch Menschen und soziale Institutionen ebenfalls eine „Medienfunktion" wahrnehmen können (Giesecke 1991, S. 48). Und auch Friedrich Kittler, der bahnbrechende Arbeiten über die Eigenlogik und Eigenwirkung von Medien vorlegt und dabei die Menschenzentrierung traditioneller Medientheorien kritisiert, beschreibt „das Netzwerk von Techniken und Institutionen", „die einer gegebenen Kultur die Adressierung, Speicherung und Verarbeitung relevanter Daten erlauben" (Kittler 1985/1995, S. 519).

In einer pragmatischen Herangehensweise soll hier die Geschichte von Bildungswandel und Medienwandel anhand einer Auswahl von Medien und Medienfunktionen erzählt werden. Die Darstellung wird zwar zentrale Medien, die Dinge und Gegenstände sind, in den Fokus rücken. Aber an einigen Stellen werden Gegenstände – wie die Schulbank – im Zentrum stehen, die in der Regel nicht als Medium fungieren, die jedoch auf ihre eigentümliche Art Informationen speichern und weitergeben. Ebenso werden im Folgenden menschliche Gebilde wie Identitätskonstruktionen und Institutionen, die ja nicht rein apparativ sind und dennoch eine Medienfunktion erlangen, wie im Falle von öffentlicher Kindheit zum Thema gemacht.

Schrift als basales Medium

Die Darstellung unterscheidet zwischen drei Medienschichten in der Geschichte der Bildung. Zunächst geht es um die *basalen Medien* der Bildung, insbesondere die Schrift. Mit „basalen Medien" bezeichnet man insgesamt diejenigen Medien, die die Basis allgemeiner Kulturtechniken darstellen. Helmut Schanze unterscheidet sinnliche – wie Ton und Bild – von den unsinnlichen Basismedien – wie Zahlen und Buchstaben (Schanze 2001, S. 207-210). Obwohl hier immer wieder der Bereich der Zahl angesprochen wird, steht in dieser Darstellung das Basismedium Buchstabe im Zentrum. Dass die hier vorgelegte Bildungsgeschichte mit der Entstehung der Schrift ansetzt, ist medientheoretisch alles andere als unproblematisch. Der Medienhistoriker Werner Faulstich sieht die Schrift nicht als Medium, sondern als „übergreifendes Zeichensystem". Schrift sei an sich kein Medium, weil eine Vermittlung erst stattfindet, wenn Schrift sich in einem richtigen Medium materialisiert, beispielsweise auf einem Stein. Die Vermittlung wird erst durch Medien geleistet, und die Schrift erreiche per se diesen Status nicht (Faulstich 2006a, S. 36). Auch Stephan Sting, der im Bereich der Erziehungswissenschaft grundlegende Beiträge über Medien und Bildung vorgelegt hat, sieht in der Schrift eine „graphische Symbolisierung von Wahrnehmungen, Vorstellungen und Wissen", die sich „in unterschiedlichen Medien wie Grabsteinen, Tafeln, Büchern, Plakaten oder Bildschirmen" materialisiert (Sting 1997, S. 631). In diesen Darstellungen wird – so eine prominente Kritik – ein seltsamer idealistischer Begriff der Schrift vertreten. Als ob Schrift abstrakt, unabhängig von ihrer Materialität, existieren könnte. Die Schrift existiert nicht ohne irgendeine Vergegenständlichung (Kittler 1997, S. 651). D.h., es gibt nicht zuerst die abstrakte Schrift als Zeichen, die sich dann irgendwo materialisiert, wie das Faulstich und Sting formulieren. Schrift ist immer auf Materie angewiesen und somit ist ihr Status als Medium für das vorliegende Buch unstrittig.

Buch als Grundlagemedium

In einer zweiten Schicht soll – und zwar durch mehrere Kapitel hindurch – ein *Grundlagemedium* der Bildung und der Erziehung intensiv untersucht werden: das Buch. Mit „Grundlagemedium" werden hier Medien bezeichnet, die für einen institutionalisierten Bereich grundlegend sind. Wie wir sehen werden, stehen Bücher – und nicht etwa Einkaufszettel – von Anfang an als Grundlage von Bildungsinstitutionen. Gewiss hat die historische Bildungsforschung in den letzten Jahrzehnten gezeigt, dass auch Bilder, Sammlungen von Naturalien, Musikinstrumente etc. Bildungs- und Erziehungsvorgänge entscheidend prägen können. Aber nicht nur Schule – als Ort institutionalisierter Bildung –, sondern auch die familiäre Erziehung wurde zunehmend vom Gegenstand Buch beeinflusst. Das Medium Buch verdeutlicht Segen und Fluch, Möglichkeiten und Grenzen institutionalisierter Bildung. Aufgrund der bis heute grundlegenden und strukturierenden Funktion vom Schul-, Lehr- und Selbstlernbuch wird die Darstellung hierbei einen Schwerpunkt haben.

Spezifizierungsmedien der Bildung

Letztlich werden *Spezifizierungsmedien* eingeführt, die die Entstehung und Ausdifferenzierung moderner Bildungssysteme begleitet haben. Während das Grundlagemedium Buch nicht nur für Schule, sondern auch für andere Institutionen grundlegend ist, wirken Leitvorstellungen und Apparate, die die Bildungs- und Erziehungsentwicklung der letzten Jahrhunderte bestimmten, auf das Grundlagemedium Buch spezifizierend. Man kann in der Schule die Bibel lesen, also aus diesem Grundlagemedium lernen. Man kann aber auch aus einer Kinderbibel oder aus einem Buch mit biblischen Geschichten lernen, und somit aus einem spezifisch für Bildung und Erziehung gedachten Medium. In diesem Handbuch wird mit der Konstruktion einer öffentlichen Kindheit eine Institution, aber auch mit der Schulbank als Leitmedium des 19. Jahrhunderts ein Gegenstand angesprochen, deren mediale Charaktere nicht allgemein selbstverständlich sind. In diesen Fällen werden in den jeweiligen Kapiteln kurze Begründungen von Kindheit und Schulbank als Medien eingefügt und dargelegt, warum in diesen Fällen öffentliche Kindheit und Schulbank als Medien zu betrachten sind. Schließlich werden weitere apparative Spezifizierungsmedien behandelt, und zwar mit Schulkino, Schulrundfunk und Bildungsfernsehen zentrale Herausforderungen des 20. Jahrhunderts thematisiert.

Grenzen dieses Lehrbuchs

Zwei Einschränkungen zur Anlage und Breite dieses Lehrbuches sollen hier explizit genannt werden. Erstens: Sowohl die Analyse des Basismediums Schrift als auch die Darstellung der Geschichte des Grundlagenmediums Buch sowie die Untersuchung der Spezifizierungsmedien moderner Bildung werden nicht vollständig sein. Musikinstrumente als Vergegenständlichung eines

Basismediums (Ton) und viele Buchtypen sowie weitere Spezifizierungsmedien der modernen Bildung – wie beispielsweise Zeugnisse – werden hier nicht behandelt. Die Darstellung konzentriert sich auf *emergente* bzw. *aufkommende* Leitmedien. Beispielsweise wird das Buch als Schul- und Lehrbuch in den Kapiteln zum 19. und 20. Jahrhundert nur am Rande behandelt. Dies bedeutet natürlich nicht, dass es keine Schulbücher in dieser Zeit gab. Ganz im Gegenteil. Es bedeutet lediglich, dass Schulbücher bereits in unterschiedlichem Maße etabliert waren und deshalb nicht mehr als emergente bzw. aufkommende Medien des 19. und 20. Jahrhunderts gelten. Zweitens: Obwohl der Titel dieser Einführung Bildung und Erziehung umfasst, wird das größere Gewicht der institutionalisierten Bildung in der Darstellung unverkennbar sein. Somit wird, zum einen, der Bereich der Familienerziehung immer wieder tangiert, aber nicht systematisch ausgearbeitet. Wenn man daran denkt, welche wichtige Rolle beispielsweise Kinder- und Jugendbücher sowohl für die familiäre Erziehung als auch für nicht institutionalisierte Bildungspraktiken spielen, die in diesem Buch nur am Rande Erwähnung finden, wird diese Begrenzung evident. Aber auch andere, größtenteils nicht institutionalisierte Bildungspraktiken, wie beispielsweise Museumsbesuche, finden hier keine Berücksichtigung. Jede Darstellung muss abwägen, was erwähnenswert ist und was nicht. Eine allumfassende Bildungs- und Erziehungsgeschichte scheint unmöglich zu sein. Diese Einführung bildet hier keine Ausnahme. Es soll vor der Illusion gewarnt werden, hier seien alle Aspekte der Geschichte der Bildungsmedien abzudecken. Nicht zuletzt aufgrund der dargelegten Perspektiven und Hauptfragen ist dies definitiv nicht der Fall.

Fragen

1. Welche Funktionen erfüllen Medien im Bereich menschlicher Kommunikation?
2. Diskutieren Sie folgenden Satz: „Bei Medien handelt es sich um technische Apparate."
3. Welche sind die Hauptthesen von menschenzentrierten, medienzentrierten und koevolutiven Positionen bei der Diskussion über Medienwirksamkeit?
4. Unterscheiden Sie zwischen Basis-, Grundlage- und Spezifizierungsmedien der Bildung.

Weiterführende Literatur

Beiträge zur historischen und systematischen Schulbuch- und Bildungsmedienforschung (Buchreihe), herausgegeben von Bente Aamotsbakken, Marc Depaepe, Carsten Heinze, Eva Matthes, Sylvia Schütze und Werner Wiater.
Buchreihe mit einem (bisherigen) Schwerpunkt in der historischen Erforschung von Schulbüchern.

Bösch, F. (2011). *Mediengeschichte. Vom asiatischen Buchdruck zum Fernsehen.* Frankfurt/M. & New York: Campus.
Umfassende allgemeine Mediengeschichte, die anschaulich und kenntnisreich die Medientwicklung rekonstruiert.

Journal of Educational Media, Memory and Society (seit 2009) / *Internationale Schulbuchforschung – International Textbook Research* (1978-2008).
Fachzeitschrift, die ursprünglich sich auf die Geschichte und Gestalt des Schulbuches konzentrierte, und seit einiger Zeit einen erweiterten Fokus auf Medien der Bildung und der Erziehung pflegt.

Stein, P. (2010). *Schriftkultur. Eine Geschichte des Schreibens und Lesens.* Darmstadt: WBG.
Kenntnisreiche Gesamtgeschichte der Schriftkultur mit vielen Überschneidungen zur Bildungsgeschichte.

Sting, S. (1998). *Schrift, Bildung und Selbst. Eine pädagogische Geschichte der Schriftlichkeit.* Weinheim: Deutscher Studien Verlag.
Theoretisch nicht ganz einfache, dennoch substantielle Analyse des Verhältnisses zwischen Bildung und Selbst in der Moderne aus einer medientheoretisch informierten Perspektive.

4. Schrift: Die erste ‚Bildungsrevolution' und die Ausdifferenzierung von Bildungsinstitutionen

Der Starphilosoph der deutschsprachigen Aufklärung, Immanuel Kant (1724-1804), begann seine überlieferte Vorlesung zur Pädagogik mit einem Diktum, das bis heute breite Zustimmung genießt: „Der Mensch ist das einzige Geschöpf das erzogen werden muss. (…) Disziplin oder Zucht ändert die Tierheit in die Menschheit um. Ein Tier ist schon alles durch seinen Instinkt; eine fremde Vernunft hat bereits alles für dasselbe besorgt. Der Mensch aber braucht eigene Vernunft. Er hat keinen Instinkt und muß sich selbst den Plan seines Verhaltens machen. Weil er aber nicht sogleich imstande ist, dieses zu tun, sondern roh auf die Welt kommt: so müssen es andere für ihn tun" (Kant 1803, S. 7). Während das Tier durch die fremde Vernunft Gottes vollständig sei, gelte dies nicht für die Menschen, deren besonderer Platz innerhalb der Schöpfung darin besteht, nicht nur durch die fremde, sondern durch die eigene Vernunft bestimmt zu sein. Die Handlungen, die man mit Erziehung benennt, seien damit charakteristisch für die Menschheit. Wenn man diese Bestimmung zuspitzt, könnte man Menschheit und Erziehung gleichsetzen: keine Menschen ohne Erziehung; keine Erziehung ohne Menschen. Erziehung sei somit zutiefst und unverwechselbar menschlich.

Mensch und Erziehung

Heutzutage ist man sich nicht mehr sicher, ob diese Gleichsetzung von erzogen sein und menschlich sein weiter so bestehen kann. Das Kommunikationsrepertoire von Affen und anderen Primaten – aber auch von anderen, als nicht so komplex wahrgenommenen Tieren wie Meerschweinchen – ist breiter als angenommen und – das ist entscheidend – nicht durch die bloße Geburt gegeben. Das Lernen einer Zeichensprache, der Gebrauch von Werkzeugen oder der Sozialintelligenz: Viele Phänomene, die lange als eigentümlich für Menschen galten, teilen wir mit anderen Tieren, und zwar nicht nur mit uns eng verwandten Affenarten, wie zahlreiche Forschungsergebnisse zeigen. Erziehung als Unterscheidungsmerkmal zwischen uns und anderen Tieren wackelt kräftig. Wenn schon bei Tieren auf materialer Ebene „das Lehren in einem Generationenverhältnis stattfindet und Inhalte übermittelt werden, die das Junge zu einem funktionierenden

Mitglied der Gesellschaft machen", also Erziehung vorhanden ist (zahlreiche Beispiele in Böx 2012, S. 275), ist die Annahme, dass es erst seit es Menschen gibt, die ja auch Tiere sind, Erziehung besteht, nicht länger naheliegend.

4.1 Begründete Vermutungen: Über Erziehung in den Urgesellschaften

Wenn es um die Geschichte von Erziehung und Bildung vor der Zeit von schriftlichen und bildlichen Zeugnissen geht, sind wir auf unsichere Indizien und bestenfalls begründete Vermutungen angewiesen. Alle Überreste aus der Urzeit sind – so lange wir keine sprachliche Darlegung haben – in ihrer erzieherischen Funktion nicht eindeutig zu charakterisieren. Etwas, was uns als eine figürliche Puppe vorkommt, mag ein Kultobjekt und somit nicht ein Spielzeug für Kinder sein; andererseits kann jeder Alltagsgegenstand selbst zu einem Spielzeug werden und somit erziehungsrelevant sein, wie wir dies bis heute beim kindlichen Verhalten beobachten. Klar ist, dass die Überlieferung der Gewohnheiten, Riten und Fertigkeiten einer bestimmten Gruppe mindestens teilweise durch absichtliche Erziehung sicherzustellen war. Beschreibungen und Erklärungen über diese ersten Formen der Erziehung und der Sozialisation werden sehr oft über den Umweg der Übertragung von ethnologischen Beobachtungen noch existierender Ethnien und Gruppen, die größtenteils bar jeglicher schriftbasierter Kultur leben, auf die sog. Urgesellschaften möglich.

Nachahmen in der Urgesellschaft

Nicht zuletzt aus Beobachtungen aus diesem Feld wird das *Nachahmen* als der zentrale Vorgang beim Hineinwachsen der nachkommenden Generation in eine gegebene Gesellschaft charakterisiert. Wissen ist hier tief verwurzelt in den Routinen des gesellschaftlichen Lebens und zeigt sich nicht primär als besondere Form, als etwas, was gesondert vom Alltagsleben gesammelt und weitergegeben wird. Das Wissen ist materialisiert in Gegenständen und Techniken, aber auch in Einstellungen und Vorstellungen. Hier wird in erster Linie durch die Teilnahme am gesellschaftlichen Leben gelernt, zumal alle am Gesamtleben dieser Gesellschaft teilnehmen und eine eigenständige, abgesonderte Kinderwelt – wie ein Kinderzimmer oder ein als solcher eingerichteter und gekennzeichneter Kinderspielplatz – nicht besteht. Routinen, Techniken und Gewohnheiten werden ohne formalisierte Anleitung eingeübt und einverleibt. Es handelt sich um Lernprozesse, die größtenteils nicht bemerkt werden, bzw. um ein Lernen, das nicht an ein explizites und ausdifferenziertes Lehren gebunden ist, sondern an ein unspezifisches Zeigen. Sicherlich werden Objekte gezeigt, Ermahnungen erteilt und Verbote ausgesprochen, aber eine eigenständige Lehre, ein systematisches Unterweisen durch spezifische Einweiser, kann man in Urgesellschaften nicht voraussetzen. Diese Hauptkonstellation von Erziehung und Bildung umfasste alle Kinder einer bestimmten Ethnie oder Gruppe. Es bestand keine Absonderung, wie diese zum Beispiel in den Ständen bzw. sozialen Klassen späterer Gesellschaften bekannt ist. Gewiss spielt jedoch eine Differenzierung der Geschlechter eine gewisse Rolle (vgl. Alt 1956).

Absichtliche Erziehung: Körper

Über diese eher beiläufige Erziehung hinaus, die im Vollzug des Alltags geschieht, bestehen jedoch spezifische Situationen, in denen ein Übergang zu einer bewussteren Leitung sichtbar wird. Es handelt sich um Erfahrungen, die nicht alltäglich sind und den Charakter des Besonderen vorweisen. Zuallererst sind Maßnahmen der Kinderpflege zu nennen, in denen bereits ‚formende' Körpereingriffe an den Heranwachsenden vorgenommen werden wie Tätowierungen, absichtliche Schädelverbildungen und Beschneidungen. Darüber hinaus ist im Rahmen von Festen und Feiern ein bewusstes Zeigen von Tanzbewegungen charakteristisch. Schließlich wird mit der in allen Ethnien vorgefundenen mündlichen Überlieferung ein zentraler Vorgang angesprochen, bei dem die erziehende Absicht dieser ritualisierten, wiederholten, von Erwachsenen an die Jüngeren weitergegebenen Erzählungen nicht anzuzweifeln ist.

Absichtliche Erziehung: Höhlenmalereien

Für ein bestimmtes Phänomen, der Höhlen- und Felskunst, wird eine Interpretation vorgeschlagen, die über das reine Lernen durch Nachahmung hinausgeht und Spuren eines bewussteren Lehrens postuliert. Höhlen- und Felsmalereien setzen an sich komplexe Handlungen und ein Sonderwissen voraus. Die Farbherstellung, Techniken fürs Auftragen, die Vielfalt von Motiven müssen sicherlich ab einem bestimmten Punkt gelehrt – zumindest bewusst gezeigt – und gelernt werden. Die bis heute beeindruckenden Bilder – breit auf den verschiedenen Kontinenten verteilt – entstanden vermutlich nicht auf zufällige oder kapriziöse Art; es handelt sich ja nicht einfach um zufällig gemalte Farbflecke. Aber in der nötigen Unterweisung für heranwachsende Höhlenmaler (oder Malerinnen?) endet der Erziehungscharakter dieser Kunst nicht, so einige Autoren. Die Malereien selbst könnten unter Umständen als Lehrmittel interpretiert werden. Sie seien nicht nur Symbole von etwas anderem oder bloß eine magische Handlung in praktischer Hinsicht, sondern auch Bilder, die etwas

Abb. 4.1: Replik einer Höhlenmalerei aus Chauvet, dargestellt ist eine Gruppe von Löwinnen, Anthropos Pavilion Brno/Tschechische Republik.

stellvertretend einfach ‚zeigen' und damit als Speicher Information fixieren (Pfeiffer 1982). Dies wird insbesondere für die Jagdszenen vorgeschlagen. Dass in verschiedenen Malereien die tödlichsten Trefferstellen der Tiere gezeigt werden, könnte darauf hinweisen, dass nicht nur ein einfaches Nachahmen des Jagens bei der Jagd selbst praktiziert wurde, eine durchaus riskante Unternehmung, sondern ein geschützter Bereich entstand, in dem die zu lernenden Handlungen unter herabgesetztem Risiko gezeigt bzw. gelehrt wurden. Dieser geschützte, vorbereitende Bereich seien die bemalten Höhlen. Aber nicht nur diese äußerst praktische Funktion wurde von Forschern bei der Analyse europäischer Wandmalereien vorgeschlagen. Höhlenbilder – so eine weitere Interpretation auf der Grundlage ihrer Komposition – zeigten vermutlich auch die Geschichte von Clans, was ihre Entstehung über eine längere Zeit erklären könnte (Raphael 1993). Diese Interpretation legt nahe, dass die Aufbereitung von Wissen über die Clangeschichte in Bildform nicht nur der Speicherung, sondern auch der Weitergabe dieses Wissens diente. Mehr noch: Wandmalereien seien ein Mittel, um Wissen zu bewahren. Beispielsweise könnten bestimmte Tiere für eine Zeit lang aus der Region verschwinden, was die Darstellung einiger seltener Spezies erklären würde. In diesem Zusammenhang wird dieses Medium explizit als Lernmittel charakterisiert, und zwar im Übergang von spontanem Explorieren zu einem planmäßigeren Suchen (Mithen 1988).

Absichtliche Erziehung: Initiationsrituale

In einem weiteren Bereich wurde eine bewusste Kulturtransmission mit lehrhaftem Charakter mit stärkerer Plausibilität ausgemacht: bei den so genannten *Initiationsritualen*. Unterschiedliche Kulturen verfügen über Techniken, mit denen sie die Zulassung eines Außenstehenden in die Gemeinschaft bzw. den Aufstieg in einen höheren Status innerhalb der Gemeinschaft markieren und organisieren. Es handelt sich um „einen Seinswechselprozeß wie etwa bei Geburt, Hochzeit oder Tod“ (Müller 1996, S. 69), bei dem besondere vorgeschriebene und geplante Handlungen, Riten genannt, durchgeführt werden. Heute noch bildet beispielsweise die Taufe genauso ein Initiationsritual, das die Aufnahme in eine christliche Kirche markiert, wie das obligatorische Trinkgelage bei der Aufnahme eines Neulings in eine studentische „Bruderschaft“ an amerikanischen Universitäten. Es wird hierbei zwischen zwei Formen der Initiation unterschieden (vgl. Stollberg-Rilinger 2013, S. 70-73). Zum einen geht es um das Ritual beim Übergang von der Kindheit zur Geschlechterreife, was in Urgesellschaften nahezu einen kompletten Erwachsenenstatus bedeutete. Diese Variante wird Pubertätsinitiation genannt. Dabei wurden die betroffenen Kinder aus ihrer bislang bekannten Umwelt entfernt und abgesondert. An einem besonderen Ort wurden Riten unterschiedlicher Art durchgeführt. Dazu zählten rituelle Reinigungen, aber insbesondere sog. Prüfungen, bei denen Mutproben, Verstümmelungen, Tätowierungen und andere Markierungen des Körpers eingesetzt wurden. Durch diese Handlungen erfolgte eine Umwandlung des Status der betroffenen Kinder weg von der Gemeinschaft. Nach diesen sehr unterschiedlich gehandhabten Transformationsriten wurden die nunmehr voll anerkannten Gesellschaftsmitglieder in den Alltag als Erwachsene wiedereingegliedert. Trennung, Transformation, Angliederung sind bei aller Unterschiedlichkeit einzelner Riten bleibende Momente der Initiation. Sexualität insbesondere wird hier ausgehandelt bzw. praktiziert. Zum anderen gibt es Initiationsrituale, die eher eine Aufnahme in eine spezifische Gruppe markieren, wie bspw. die Priesterweihe oder auch das erwähnte Trinkgelage an US-amerikanischen Universitäten. Für die Frage der frühesten Formen von kollektiver Erziehung und Bildung bleibt jedoch die erste Kategorie der Pubertätsriten ausschlaggebend. In einzelnen Kulturen wurde und wird noch eine explizite Gruppenunterweisung im Zusammenhang mit diesem Übergang praktiziert, besonders als Teil der Transformationsriten. Dabei werden moralische Vorstellungen in Erinnerung gebracht, und Fragen der kulturellen und religiösen Überlieferung spielen eine zentrale Rolle. Aufgrund ihrer Allgegenwärtigkeit wird vermutet, dass diese Initiationsrituale auch zentral für die Gesellschaften vor der Jungsteinzeit (Neolithikum, ca. 10.000 Jahre v. Chr.) waren (Überblick in: Müller 1996).

Erzieher: Bauer oder Handwerker

Wenn man eine begründete Vermutung über den Zeitpunkt der Entstehung einer gesonderten Erziehungs- und Bildungspraxis sucht, wird man sich der zunehmenden Gliederung von menschlichen Gesellschaften im Neolithikum widmen müssen. Alfred Treml hat diese These formuliert und greift dabei auf die zwei Grundverständnisse von Erziehung zurück, die bei aller Unterschiedlichkeit von Erziehungskonzepten in der Bildsprache zahlreicher Kulturen gegeben ist. Das erste Grundverständnis betrifft Erziehung als ein „herstellendes Machen", das an das Bild eines Handwerkers angelehnt ist. Das zweite ist die Vorstellung, dass Erziehung grundsätzlich ein Wachsenlassen bedeutete, das allenfalls Pflege und Begleitung, aber nicht aktive Formung des Zu-Erziehenden beinhaltet und mit dem Bild eines Gärtners belegt wird. „Der Erzieher betritt phylogenetisch [gattungsgeschichtlich, MC] gesehen offenbar erst nach dem Bauern und dem Handwerker das Theater der Weltgeschichte. Erziehung wird als relativ eindeutiges Phänomen erst zu einem Zeitpunkt kulturell ausdifferenziert, als es Landwirtschaft und Handwerk als eigene Kulturformen schon lange gibt." (Treml 1992, S. 347) Obwohl dies auch eine Vermutung ist, ist es jedoch plausibel, dass neolithische Gesellschaften aufgrund von Agrarüberschüssen – Viehzucht und Agrikultur, zusammen mit der Entstehung größerer Siedlungen, bilden zentrale Merkmale dieser Zeit in einigen Regionen – neue soziale Rollen kannten, darunter Spezialisten für Religion, die durchaus zentrale Elemente der legitimen „sittlichen Überlieferung" (R. Alt) übernommen hatten.

4.2 Das Aufkommen der Schrift, die Transformationen der Kultur und die Entstehung der Schule

Polygenese der Schrift

Erst mit der Entstehung von Schrift und Schriftsystemen ist ein Wissensbereich entstanden, der offenbar nicht mehr durch häusliche Nachahmung oder gelegentliche Unterweisung zu meistern war und zur Entstehung regelrecht organisierter Erziehungs- und Bildungsräume führte. Selbstverständlich gilt für die Entstehung der Schrift als Basismedium der kulturellen Entwicklung und der Bildung, was für die brüchige Materialbasis bei der Präsentation der paläolithischen und neolithischen Bildung und Erziehung angeführt wurde: Aufgrund der überaus fragmentarischen Beweislage ist hier auch von begründeten Vermutungen die Rede, obgleich mehr Zeichen, Kritzeleien und Materialien für die Analyse dieses Themas existieren. Wie bei vielen Erfindungen denkt man bei der Schrift des Öfteren unüberlegt an einen individuellen Erfinder (meist männlich) oder ein einzelnes ‚Volk', das diese Erfindung etabliert und verbreitet hat. Dies war aber nicht für die Schrift an sich der Fall. Schriftarten bzw. Aufzeichnungen, die einen Schriftcharakter aufweisen, sind in sehr unterschiedlichen Kontexten entstanden. Während in der westlichen Kulturüberlieferung die ältesten Schriftkulturen eher mit Altägypten oder Mesopotamien gleichgesetzt werden, sind mit der altbalkanischen Vinca-Kultur in Südosteuropa um 5000 v. Chr. und mit der Indus-Kultur im heutigen Pakistan um 2500 v. Chr. mindestens zwei Fälle genannt, bei denen es sich jeweils um eine Protoschrift (Hartmann 2002/2009, S. 23-29) bzw. ein hochwahrscheinlich ausgebautes Schriftsystem (Rao et al. 2009) handelt. Mit diesen und anderen Beispielen aus China und nicht zuletzt vom amerikanischen Kontinent (Mayas und Azteken) ist die These der ‚Monogenese' der Schrift – nur ein Erfinder an einem Ort – stark kritisiert und anstatt dessen die These einer Polygenese der Schrift – mehrere Entstehungsorte in unterschiedlichen Kulturen – begründet worden.

Zwecke der Schrift

Mit Hilfe von Material aus dem heutigen Irak wurde eine Theorie der archaischen Schrift für Mesopotamien vorgelegt, die durchaus große Erklärungskraft entfaltet. Demnach soll sich nach 8000 v. Chr. allmählich ein System von Tonmarken entwickelt haben, um bestimmte Wirtschaftsgüter für den Handel oder die Festsetzung der Steuerlast identifizierbar zu machen. Beispielsweise konnte man auf einer Amphore ein Zeichen für den Inhalt – Wein oder Öl – abdrucken, um den Inhalt der Tongefäße festzuhalten. Die Zeichen wurden wiederum im Laufe der Zeit abstrakter, und ihre Bildlichkeit – also ihr bildlicher Hinweis auf den bezeichneten Gegenstand – nahm ab. Hier finden Elemente zusammen, die später auf Tontafeln mit komplexeren Zeichen weiterentwickelt wurden (Schmandt-Besserat 1997). Bis zu einem kompletten Schriftsystem mit mehr als bloßen Buchhaltungs- und Aufzeichnungsmöglichkeiten vergingen ca. 5000 Jahren, was für die sehr lange Dauer der Evolution solcher Systeme spricht. Von den Piktogrammen – die den Gegenstand ‚naturnah' abbildeten – bis zum ausgebauten System der Keilschrift kumulierten sich mehrere kleine und kleinste Veränderungen und Hinzufügungen.

Ob alle frühen Schriftsysteme aus solchen pragmatischen Zusammenhängen – Handel, Besteuerung – hervorgegangen sind, bleibt jedoch umstritten. Für den berühmten Fall von Altägypten ist festzustellen, dass zwei Schriftsysteme nebeneinander existierten und unterschiedliche Funktionen erfüllten. Die bekannten Hieroglyphen bildeten eine sog. Zeremonialschrift, die für religiöse Zwecke eingesetzt wurde. Schrift war in diesem Sinne ein Medium des Überdauerns: „Man bildete nicht nur deshalb etwas ab und man schrieb nicht nur deshalb etwas auf, damit jemand es sehen und lesen konnte, sondern man benützte Bild und Schrift, insbesondere die hieroglyphische, auch dazu, etwas buchstäblich ‚festzuhalten', zu ‚verewigen'" (Schlott 1989, S. 111). Hinzu kam mit der hieratischen Schrift ein weiteres, obgleich eng verwandtes System der Aufzeichnung, das für Verwaltung, Buchführung, Gesetzestexte, Briefe und gelehrte Texte benutzt wurde. Während die Göttlichkeit von Pharao und Kosmos in den spektakulären Hieroglyphen festzuhalten war, war die hieratische Variante eine Gebrauchsschrift, die mit der Hand zügiger (kursiv) zu meistern war und auf Papyrus (nicht Steinen) aufgezeichnet wurde. Trotzdem war diese zweite Schrift auch weiterhin sehr eng mit hoheitlichen und exklusiven Tätigkeiten verbunden. Die besondere Verbindung zwischen einem zentralisierten Staat und dem Schriftsystem zeigt sich auch in dem Befund, dass diese Systeme sich nicht einfach weiterentwickelten. Die datierte Gleichzeitigkeit bei einer großen Zahl von Normierungen und Änderungen in der Schrift selbst dürfte auf eine vom Staat zumindest beaufsichtigte Schreibreform hinweisen (Baines 2007, S. 137). Vermutlich aus diesem Grund entstand im ersten Jahrtausend v. Chr. eine dritte Variante, eine „Volksschrift", demotisch genannt, die einfacher als die anderen Systeme war und für profane Zwecke eingesetzt wurde. Insgesamt sei die Alphabetisierungsrate in Altägypten in optimistischen und sehr spekulativen Einschätzungen bei ca. 1% der Bevölkerung geblieben. Dennoch gäbe es „keine Beweise dafür, dass diese Zahlen absichtlich klein gehalten worden sind" (Baines 2007, S. 52). Die Möglichkeit, dass auch Frauen alphabetisiert waren, ist durchaus aufgrund von andeutenden Ehrentiteln und der Überlieferung einer Schreibgöttin (Seshat) denkbar, aber einschlägige Beweise dafür gibt es nicht (Baines 2007, S. 83-89).

Schrift und kulturelles Gedächtnis

Die Verfügbarkeit von schriftlichen Aufzeichnungen hatte nicht nur praktische Auswirkungen auf Staatenbildung und Verwaltungsentwicklung. Auch auf symbolischer Ebene wirkte das Medium Schrift im Gewebe der Kultur. Wie der Ägyptologe Jan Assmann in brillanten Analysen dargelegt hat, wurde durch Schrift eine andere Verschränkung von kollektiver Erinnerung und Identität durch die nun verschärfte Traditionsbildung möglich. Bis zur Verfügbarkeit von Schrift wurde die Kontinuität von Kulturen eher durch wiederholte Rituale sichergestellt. Nun wurde die Wiederholung von Texten für die Traditionsstiftung ausschlaggebend. Nicht so sehr Nachahmung und Bewahrung von Ritualen, sondern eher Auslegung und Erinnerung binden die Kräfte einer Schriftkultur (Assmann 1992/2002, S. 18). Assmann interpretiert diese Entwicklung als den Aufbau einer weiteren Stufe des kollektiven Gedächtnisses. Während bis dahin menschliche Gruppen ein Gedächtnis über Nachahmung („mimetisches Gedächtnis"), über die Überlieferung von Dingen („Gedächtnis der Dinge") und schließlich über die Interaktion und den Austausch der Gesellschaftsmitglieder („kommunikatives Gedächtnis") herstellten, kam mit der Schrift eine weitere, mächtige Überlieferungsmöglichkeit hinzu. Diese neue Form des über die Schrift festgehaltenen kollektiven Gedächtnisses wird „kulturell" genannt. Das kulturelle Gedächtnis organisiert die Weitergabe von Sinn über ein „externalisiertes Gedächtnis", das „eine ungeahnte Ausdehnung zur Wiederaufnahme gespeicherter Mitteilungen und Informationen" ermöglicht, „aber gleichzeitig zu einer Verkümmerung der natürlichen Gedächtniskapazität" führen könnte (Assmann 1992/2002, S. 23). Ob man hier gleich mit einer unmittelbaren ‚Verkümmerung' der menschlichen Gedächtniskapazität zu tun hat, ist sicherlich zu bezweifeln. Denn Gedächtnisleistungen blieben sehr lange, trotz schriftlicher Speicherung, *hochgeschätzt*. Nur längerfristig ist die Annahme plausibel, dass Menschen nicht mehr auf sehr hohe Gedächtnisleistungen *angewiesen* sind. Und trotzdem prämiieren die Speichermöglichkeiten der Schrift nicht allein Gedächtnis und interne menschliche Speicherungskapazität – schließlich gibt es nun ‚mehr' zu erinnern –, sondern viel stärker auch Codierung, Decodierung und Interpretation.

Während erzählte Mythen in schriftlosen Kulturen eher allen Mitgliedern der Gruppe zugänglich gemacht worden waren, kam mit der Schrift eine Verengung des Zugangs zum kollektiven Gedächtnis zustande. Mit „Verengung" wird die Tatsache beschrieben, dass „die Teilhabe am kulturellen Gedächtnis immer differenziert", also selektiv und nicht für alle, erfolgte. Zwar bestünden mit Mythenerzählern, Schamanen oder den Stammesältesten auch in den schriftlosen Kulturen sog. Wissensbevollmächtigte, aber nun ist die Vorbereitung für diese Position eine andere: „Im Gegensatz zum kommunikativen Gedächtnis spricht sich das kulturelle Gedächtnis nicht von selbst herum, sondern bedarf sorgfältiger Einweisungen" (Assmann 1992/2002, S. 54-55). Hier wird radikaler differenziert als in nicht gegliederten, schriftlosen Gesellschaften. Um als Träger des kulturellen Gedächtnisses zu wirken, muss man nun mindestens lesen können bzw. Zugang zu den vorgelesenen Inhalten haben.

Schrift und Schule

Die Existenz von Schreiberschulen spielte bei der Zugangssicherung zum kulturellen Gedächtnis eine außerordentliche Rolle: „Das mesopotamische ‚Tafelhaus' und das ägyptische ‚Lebenshaus' sind die Träger dieser schon weitestgehend textgestützten Form des kulturellen Gedächtnisses" (Assmann 1992/2002, S. 93). Zumindest für Altägypten gilt, dass das Schreiben innerhalb dieser Schulen den zentralen und wichtigsten Gegenstand der neuen Vermittlungsräume bildete (Burkard 1995; Peust 2006), in denen die ‚Schreiber' – gemeint sind in erster Linie die Beamten, einschließlich der Priester, die auch Beamte waren – ausgebildet wurden (hierzu kritisch: Pinarello 2015).

Somit ist die Entstehung erster spezifischer, dauerhafter und auf langwierige kulturelle Überlieferung vorbereiteter Räume der Bildungsvermittlung in zentralen Transformationen gesellschaftlicher Struktur eingebettet. Zunächst waren diese Räume nicht komplett abgetrennt von anderen Funktionen. Bereits die ägyptische Bezeichnung „Unterrichtsraum", erst ca. 2100 v. Chr. bezeugt (Brunner 1957/1991, S. 13), zeigt zwar in eine Richtung, wo ein spezifischer Raum für die Wissensvermittlung besteht; aber die ebenfalls gebräuchlichen Bezeichnungen „Schreibbüro" oder „Schreibwerkstatt" weisen auf eine noch nicht vollzogene Trennung zwischen Lehr-Lern- und Arbeitsplatz hin (Brunner 1957/1991, S. 19). Des Öfteren waren diese Räume – neben Schreib- und Lernort – auch ein Versammlungsort für gelehrte Diskussionen (van der Toorn 2007, S. 69). ‚Schule' – wenn wir diese Räume nun so benennen – war nicht nur eingerichtet, um einfach pragmatisch vorhandenes Wissen weiterzugeben. Sie entstand als Ort der Selektion. In diesen Räumen wurde einerseits das ‚Bildungsgut' – Lesen, Schreiben, aber auch das damit verbundene Spezialwissen für Verwaltung, Kult und Kommerz – verbreitet; aber gleichzeitig verknappten diese Räume die Zahl derjenigen, die Kontakt mit diesem Sonderwissen hatten. Bereits die Stellung der Schreiber als eine herausragende Gruppe – die

Forschung sprach des Öfteren von einer eigenen, fest umrissenen sozialen Schicht – zeigt die Exklusivität dieses Zugangs zum Wissen, das nun über diese spezifischen Räume und Praktiken entstand. Man sollte sich diese Schulen jedoch so vorstellen, dass sie – anders als heute – kleine Räumlichkeiten darstellten, in denen kleine Gruppen oder eine kleine Anzahl von Individuen unterwiesen wurden. Durchgängig organisierte schulische, staatlich kontrollierte und durchweg rationalisierte Vermittlung von Wissen war unbekannt.

Erste Erziehungsschriften

Nicht nur aufgrund der Möglichkeit, schriftliche Zeugnisse zu produzieren, sondern auch wegen dieser ansatzweisen Ausdifferenzierung von Bildungs- und Erziehungsrollen in diesen komplex werdenden Gesellschaften, gibt es ebenfalls explizitere (und überlieferte) Überlegungen zu Bildung und Erziehung. Der Prozess einer Spezifizierung kultureller Übermittlung begünstigte die Entstehung einer weiteren Sparte des Wissens: das Wissen über gute Erziehung und Bildung selbst. Mit Ptahhotep, einem Stadtverwalter und Regionalbeamten aus der Zeit der 5. Dynastie (ca. 2400 v. Chr.), gab es den ältesten überlieferten Autor von einer Sammlung moralischer Maximen, die auch die Erziehung selbst zum Thema machte. Im Unterschied zu anderen Weisheitslehren, die beispielsweise von einem Pharao für seinen Nachfolger geschrieben bzw. diktiert wurden, wendet sich Ptahhotep an einen größeren Leserkreis, die „Unwissenden", nicht nur an seine Söhne und Schüler. Er „blickt bereits auf andere Lehrer, die seine Sprüche ihrem Unterricht zugrunde legen werden" (Brunner 1957/1991, S. 82). Die Sammlung ist vielfach auf verschiedenen Papyri, Holztafeln und Ostrakas (Scherben von Tongefäßen) aus unterschiedlichen Zeitabschnitten belegt, was dafür spricht, dass dieser Text – vermutlich mit anderen – sich als allgemeine Referenz in Erziehungsfragen etabliert hatte. In diesen Erziehungsmaximen geht es in erster Linie um das Verhältnis zwischen Lehrer und Schüler, das – ganz klassisch – auf unbedingte Gefolgschaft und Kontinuität ausgelegt und als Vater-Sohn-Verhältnis benannt wird (Brunner 1957/1991, S. 10). Ptahhotep zählt sehr viel auf das Hören auf das Gesagte: „Wenn der ‚Sohn eines Mannes' annimmt, was sein Vater sagt, dann wird keines seiner Vorhaben fehlgehen". Man sollte deshalb bei dem eigenen Sohn „einen Hörenden heranziehen" (Zeilen 564-566, in Burkhard 1991, S. 218), und „wenn er alt geworden ist und Ehrwürdigkeit erreicht hat, wird er in gleicher Weise zu seinen Kindern sprechen, in Erneuerung der Lehre seines Vaters" (Zeilen 590-591, in Burkhard 1991, S. 219). Hier wird unbedingte Kontinuität als Vorbild gefordert, denn bei der „Erneuerung der Lehre" handelt es sich um eine Wiederholung. Diese läuft über Hören und Sagen. Auch für Mesopotamien gibt es Schuldialoge und Schulsatiren, die erste Spuren einer Beobachtung und Reflexion von Bildung und Erziehung enthalten, obgleich ein regelrechtes Erziehungsideal nur in Umrissen zu erkennen ist (Volk 1996).

Man kann sich kaum vorstellen, dass dieser intergenerationelle Traditionalismus erst in Altägypten entstand. Eine Elternherrschaft ist ja in unterschiedlichen Formen auch für schriftlose Kulturen bekannt. Nicht alles im Bereich von Erziehung und Bildung ändert sich mit dem Siegeszug der Schrift. Der Einschnitt der Schrift innerhalb der Geschichte der Bildung und der Erziehung zeigt sich besonders in zwei Aspekten. Erstens werden solche reflektierenden Maximen mit Hilfe der Schrift vervielfältigt und zum Kanon gemacht, also zum unabdingbaren Kern einer Kultur, die sich über große Räume und Zeiten hinweg als Einheit sieht. Zweitens erfolgt die Betonung von Schrift und beschrifteten Medien für die Zeit nach 3000 v. Chr. hier im Hinblick auf die Ausdifferenzierung von Praktiken und Techniken, die nun eine langwierige Unterweisung und Anleitung benötigen. In dieser verlängerten Unterweisung und in der begleitenden Etablierung von dauerhaften Meister-Schüler-Verhältnissen erkennen wir deutlich die Konturen schulischer Bildung.

Azteken: Schule ohne Schrift?

Die enge Verbindung zwischen Schrift und der Institution Schule bedeutet nicht automatisch eine Gleichursprünglichkeit. Wenn in allen Schriftkulturen Formen der Schularbeit bekannt sind, bedeutet dies nicht, dass schulähnliche Verhältnisse nur auf die Vermittlung der Schrift als Hauptgegenstand bauten. Der Fall der Azteken, einer Schriftkultur, die einen Staat im heutigen Zentralmexiko vom 14. Jahrhundert n. Chr. bis zur Ankunft der spanischen Eroberer ca. 200 Jahre später etablierte und seine Vorherrschaft expandierte, zeigt eine sehr eigentümliche Konstellation von Schule und Bildung. Zwar gibt es in dieser Schriftkultur eine Priesterschule, die u.a. die Unterweisung in der Schriftkunst betrieb. Aber darüber hinaus kannte die aztekische Kultur für alle freien Mitglieder der Gesellschaft – also Sklaven und Tributvölker ausgenommen – zwei weitere Formen von ‚Schule': eine Jungenschule für das Kriegshandwerk und die körperliche Ertüchtigung und die andere für Mädchen, in denen die Schrift, das Schreiben und das Lesen ebenfalls keine Rolle spielten (vgl. Spieker 2014). Wenn sich ‚Schule' in der Regel besonders mit der Erlernung der Schrift beschäftigte, zeigt das Beispiel der Azteken eine bemerkenswerte Ausnahme: codierte und im Prinzip systematisierte Lehrverhältnisse (die verpflichtend waren!) ohne Schrift als allgemeiner Lehrinhalt.

4.3 Alles nur Schrift? Lehr- und Herrschaftsverhältnisse

Lehrverträge

Jedoch betraf das hier entstehende Medium der Schrift nicht die Breite der erziehenden und bildenden Praktiken. Insbesondere die allgegenwärtigen Lehrverträge für die Erlernung handwerklicher Berufe sind hier zu nennen. Die wichtige Rolle dieser Lehr-Lern-Verhältnisse ist uns über die schriftliche Fixierung mancher dieser Verträge bekannt. Es sind kurze Texte, welche die Bedingungen des Austausches zwischen Eltern und Lehrmeistern regelten. Der Vertrag legte fest, welche Person für wie lange und bei welchem Lehrmeister in ein Lehrverhältnis aufgenommen wurde. Selbstverständlich wurde auch die Art der zu erlernenden Tätigkeit erwähnt. Schließlich wurde eine Bezahlung für den Lehrmeister bzw. für einen Zeitraum definiert, in dem der bereits ausgebildete Lehrling für den Meister arbeitete, und die Frage des Unterhalts des Lehrlings während der Lehrzeit geregelt. Als Textgattung sind solche Verträge über die Zeit stabil geblieben. Ähnliche Texte finden sich bis ins europäische Mittelalter hinein. Selten sind auch Lehrverträge für Mädchen zu finden, wie im Fall des blinden Mädchens Sinunutum in Alt-Babylon, die das Musizieren lernen sollte (Cohen & Kedar 2011, S. 240). Eigentümer zahlten auch für die Ausbildung ausgewählter Sklaven, besonders reichere Familien und Clans. Obwohl diese Verträge zwischen zwei ‚Parteien' geschlossen wurden, ist das Interesse antiker Staaten an guten Regelungen dokumentiert. In der berühmten Sammlung von Rechtssprüchen des Codex Hammurabi (Alt-Babylon, ca. 1750 Jahre v. Chr.) wurde sogar das Meister-Lehrlings-Verhältnis in seinen Beziehungen zum Vater-Sohn-Verhältnis geregelt: „§188 Wenn ein Handwerker ein Kind als Ziehkind angenommen und ihn sein Handwerk gelehrt hat, darf es nicht reklamiert werden; §189 Wenn er sein Handwerk nicht gelehrt hat, dann wird das Ziehkind in das Haus seines Vaters zurückkehren" (zit. in Scheil 1902, S. 92-93, Übersetzung MC). Insgesamt haben wir es hier mit einem quantitativ sicherlich breiteren Phänomen zu tun als bei den kleinen Gruppen von Schriftkundigen.

Überschneidungen von Schule und Lehre

An mehreren Punkten jedoch treffen sich die Welten der Schreiberschulen und der Lehrverträge mit ihrem Meister-Schüler-Verhältnis. Schreiberschulen – so die Vermutung – entstanden aus der Praxis, dass einzelne Schreiber ihre eigenen Söhne unterwiesen und eventuell nach und nach auch einzelne Kinder von Verwandten und Fremden aufnahmen. Hier zeigt sich die typische Berufsweitergabe vom Vater zum Sohn, analog zu dem Meister-Schüler-Verhältnis. Genau die Bestimmungen des Codex Hammurabis, in denen die Beziehungen zwischen Meister und Vater geregelt wurden, zeigen, dass hier mit familienähnlichen Verhältnissen gearbeitet wurde. Schule war zunächst eine andere Variation der Elternherrschaft, die nun aber aufgrund der spezifischen Inhalte des Schreibens und des Schriftverkehrs etwas anders organisiert wurde. Dies wird von archäologischen Funden bestätigt, denen zufolge viele der Schulen relativ klein und einem Hausstand ähnlich waren (Robson 2001).

Hier enden die Parallelen zwischen Lehrzeit und Schulzeit nicht. Denn zu einer Ausbildung als Schreiber gehörten nicht nur intellektuelle oder geistige Inhalte. Angesichts der Schwierigkeit der Herstellung von Schreibflächen, Schreibzeug und Tinte (Froschauer 2002; Taylor 2011) musste ein Schreiber auch diese handwerklichen Aspekte seiner Arbeit gut kennen, wenn nicht gar meistern. Ein Schreiber war sehr oft jemand, der selbst Schreibgegenstände herstellte. Nicht zu vergessen ist der Umstand, dass Schreiben auch körperliche Arbeit war. Das gilt heute noch – wenn man lange mit der Hand schreibt und nicht mit der Tastatur wird dieser Charakter des Schreibens auch schmerzlich präsent. Damals, angesichts der schwierigeren Beschreibstoffe, galt das umso mehr. Schließlich sei hier auch die Vermutung erwähnt, dass nicht alle, die Lesen und Schreiben konnten, diese Fertigkeiten in einer Schreiberschule gelernt hatten. Für Mesopotamien wurde herausgearbeitet, dass es drei Ausprägungen von Alphabetisierung gab: Eine funktionale Alphabetisierung, die stark mit Handels- und privaten Aktivitäten zusammenhing; eine technische Alphabetisierung, die besonders Fachsprachen und technische Aspekte von Berufen bediente; und schließlich die gelehrte Alphabetisierung der Berufsschreiber, die eng mit der Gruppe der Beamten und der Priester zusammenhing. Einige Forscher gehen davon aus, dass sowohl die funktionale als auch die technische Alphabetisierung nicht in einer Schreiberschule erworben wurde, sondern des Öfteren in einem Lehrlingsverhältnis (Veldhuis 2011).

Ausdifferenzierung von Bildungsinstitutionen

Insgesamt scheint hier die mediale Innovation der Schrift eine erhebliche Veränderung der bis dahin gängigen Hauptformen der Bildung und der Erziehung gebracht zu haben. Aufgrund ihrer Komplexität und parallel zur stärkeren Hierarchisierung und Gliederung von sesshaften Gesellschaften und Reichen stand die Schrift im Zentrum des Prozesses der allmählichen Ausdifferen-

Abb. 4.2: Schreiber führen Buch über Ernte und Abgaben. Grab des Menna (ca. 1400 v. Chr.). Es sind mehrere Schreiber im Einsatz, um die relevanten Informationen speichern zu können.

zierung von Institutionen und Praktiken, die wir heute mit Schule bzw. mit der systematisierteren Form von *schooling* im Englischen, das eher ein Tun denn einen Raum bezeichnet, in Verbindung bringen. Man kann hier und da die gelegentliche Unterweisung bei den Initiationsritualen in einigen Völkern als Vorformen der Schularbeit charakterisieren. Aber diesen Formen fehlt die lange Dauer, die stärkere Spezialisierung des Personals und die selektierende und ausschließende Wirkung, die mit der Entstehung von Schulen in den frühen Hochkulturen verbunden ist. Gewiss bleiben die allermeisten Mitglieder komplexerer Gesellschaften von dieser ersten Bildungsrevolution unberührt. Familiäre Erziehung und väterliche Autorität bleiben in Clans und Dörfern sicherlich die zentrale Größe der Erziehungswelt. Nichtsdestoweniger tritt mit der Schule auch eine weitere Form von absichtlicher, aktiver und bewusster Formung von Heranwachsenden zu Tage, die man kurz Schulerziehung nennen kann, und die auf der Grundlage der familiären bzw. gemeinschaftlichen Früherziehung weitere erzieherische Maßnahmen und Vorstellungen betreibt, die spezifisch für den Schulkontext sind. Wie bei

Ptahhotep gesehen, wird dieses differenzierte Erziehungsverhältnis weiterhin die Vater-Sohn-Beziehung als Orientierung und Referenz haben. Und dennoch ist hier der Samen für eine Art von Beziehung gesät, die sich aufgrund vieler spezifischer Merkmale, wie dem kollektiven Charakter, der besonderen Zuwendung zu Sonderformen des Wissens und der stärkeren Routinisierung, vom Alltagsverhältnis familiärer Verhältnisse absetzt.

Schrift als Hierarchisierung und Herrschaft

Bereits bei Eltern, Lehrmeistern und Schreiblehrern war von Autoritäts- und Herrschaftsverhältnissen die Rede. Was keine Ausnahme in dieser Hinsicht war, nicht einmal im Falle der oben erwähnten Azteken, ist die enge Verknüpfung von Schrift und Herrschaft bzw. von Schrift und Staatlichkeit. Ohne Zweifel begünstigte das Schreiben durch die Führung von Steuerbüchern, die Niederschrift von Gesetzen und die Erstarrung von Tradition den Zugriff auf Menschen in herrschaftlicher Hinsicht. Nicht zuletzt hat der Anthropologe Claude Lévi-Strauss (1908-2009) diese Verknüpfung sogar in nicht staatlich verfassten Gesellschaften aufgespürt. Als er in den 1930er Jahren das Volk der Nambikwara im Amazonasgebiet besuchte, kannte dieses Volk nicht nur das Schreiben, sondern das Zeichnen – bis auf Punktierungen und Zickzacklinien auf Behältern – nicht. Einige Nambikwara hatten im Kontakt mit Brasilianern angefangen, auf Papier und mit Bleistift Linien zu malen. Konsequenter ging der Häuptling vor. Er zeichnete nicht nur verschnörkelte Linien, sondern er täuschte vor, dass er, vor der versammelten Gruppe seiner Sippe, diese lesen konnte: „Diese Komödie zog sich zwei Stunden hin. Was versprach er sich davon?“ (Lévi-Strauss 1955/2002, S. 292) Lévi-Strauss fuhr fort: „Die Schrift hatte also bei den Nambikwara ihren Einzug gehalten; aber nicht, wie man hätte annehmen können, am Ende eines mühsamen Lehrgangs. Sie hatten ihr Symbol entlehnt, während ihre Realität ihnen fremd blieb.“ (Lévi-Strauss 1955/2002, S. 293) Es ging dem angeblich lesenden Häuptling um Prestige und Autorität bzw. um die Veranschaulichung von Macht über andere. Nicht Fortschritt, Aufklärung und Befreiung habe das Basismedium Schrift den Menschen gebracht: „Die einzige historische Erscheinung, die mit dem Aufkommen der Schrift zusammenfiel, ist die Gründung von Städten und Reichen, mit anderen Worten die Integration einer großen Zahl von Individuen in ein politisches System und ihre Aufteilung in Kasten und Klassen. Dies gilt jedenfalls für die Entwicklung, die sich damals von Ägypten bis China anbahnte. Es scheint somit, daß die Schrift zunächst der Ausbeutung des Menschen diente, bevor sie seinen Geist erleuchtete“ (Claude Lévi-Strauss, 1995/2002, S. 294).

Einiges spricht für dieses Diktum Lévi-Strauss'. Dass Schrift Verwaltung, Bürokratie, Korrespondenz, Buchführung, Besteuerung, Kontrolle u.v.m. auf eine ganz andere, mächtigere Basis stellte, steht außer Frage (Goody 1986, S. 87-112). Wenn seine Annahme zutrifft, haben wir es bei der Entstehung von Bildungsinstitutionen, die wir heute Schulen nennen, zunächst mit einem Phänomen der Herrschaft und der Ausbeutung zu tun. Schule war tief verstrickt in die Herausbildung hierarchisierter Gesellschaften, nicht nur mit der Produktion und Vermittlung von Wissen, was heute noch bewundert wird. Diese Verstrickung – darauf hat Lévi-Strauss trotz seines Pessimismus hingewiesen – ist viel älter als die neueren Erwartungen, die wir mit Schulen und ihren Medien in Verbindung bringen, wie Reflexion, kognitive Flexibilität und Selbstbestimmung. Dennoch bleibt festzuhalten: Die Zivilisationen, in denen Schriftsysteme erfunden und benutzt wurden, waren auch vor dem Einsatz der Schrift dabei, mehr Differenzierung und Hierarchisierung, durch die Überschüsse aus Agrikultur und Tierhaltung, zuzulassen.

Fragen

1. Beschreiben Sie, auf welcher Grundlage das Wissen über Urgesellschaften und ihre Bildungs- und Erziehungspraktiken baut.
2. Erläutern Sie, inwieweit Erziehung in Urgesellschaften unabsichtlich und beiläufig stattfand.
3. In welchem Verhältnis stehen Schrift und Schule zueinander?
4. Diskutieren Sie die These, dass Schrift alle Bildungs- und Erziehungsverhältnisse verändert hat.
5. Führte die Entstehung von Schrift und Schule zu gegliederten und hierarchischen Gesellschaften, oder umgekehrt?

Weiterführende Literatur

Alt, R. (1956). *Vorlesungen über die Erziehung auf frühen Stufen der Menschheitsentwicklung*. Berlin: Volk und Wissen.
Umfassende Darstellung von Erziehungsverhältnissen auf der Grundlage archäologischer und anthropologischer Forschung von dem bekanntesten Vertreter des Faches in der DDR. Aus diesem Grund ist die marxistische Prägung dieser Vorlesungen nicht zu verkennen.

Assmann, J. (1992). *Das kulturelle Gedächtnis. Schrift, Erinnerung und politische Identität in frühen Hochkulturen*. München: Beck.

Eingehende Analyse der Auswirkungen der Schrift auf das Selbstbild von Kultur und Gesellschaft, in der Bildungs- und Schulzusammenhänge ihren Platz finden.

Brunner, H. (1957). *Altägyptische Erziehung*. Wiesbaden: Harrassowitz.

Älterer Versuch einer umfassenden Darstellung von Bildung und Erziehung im Altägypten. Im Einzelnen sind nicht alle Aussagen heute unbedingt Konsens in der Forschung und trotzdem bietet das Buch einen nützlichen Überblick.

Cohen, Y. (2009). *The Scribes and Scholars of the City of Emar in the Late Bronze Age*. Winona Lake/IN: Eisenbrauns.

Archäologisch orientierte Untersuchung über die Akteure der Schriftkultur in der Peripherie von Mesopotamien. Der Text zeigt, wie man mit einer fragmentarischen Quellenlage und begründeten Vermutungen arbeiten kann.

Krebs, U. (2001). *Erziehung in traditionalen Kulturen. Quellen und Befunde aus Afrika, America, Asien und Australien, 1898-1983*. Berlin: Reimer.

Umfassende Analyse ethnologischer Aufzeichnungen zu Erziehung in wenig gegliederten Gesellschaften. Solche Beobachtungen stellen auch eine Grundlage dar, um Hypothesen über Erziehung in der frühesten Geschichte der Menschheit aufstellen zu können.

5. Alphabet und Buch: Entstehung eines Grundlagemediums der Bildung in der Antike

Die neue Schriftkultur der klassischen Antike

Die Geschichte der Schrift und der ausdifferenzierten Bildungsinstitutionen in Altägypten begann mit Piktogrammen auf Steinen und Papyrusrollen. Die Schriftkultur der klassischen Antike – somit bezeichnen wir einen Zeitraum, der sich von ersten Zeugnissen griechischer Kultur bis zum Untergang des römischen Reiches, also von ca. 800 v. Chr. bis 400 n. Chr., erstreckt – wird aber mit diesen charakteristischen Zügen altägyptischer Kultur brechen. Sowohl Piktogramme als auch Papyrusrollen werden in einem langen Prozess marginalisiert, ersetzt bzw. aufgegeben. Am Ende der Antike im 5. Jahrhundert n. Chr. wurden verschriftete Texte nicht mehr aufgerollt, sondern „durchgeblättert". Sie wurden auch nicht in einer schwierigen Kodierung von mehreren tausend Zeichen verfasst, sondern mit einem neuen System von wenigen Buchstaben. Es entstanden Bücher, die mit unterschiedlichen Versionen der alphabetischen Schrift verfasst wurden. Einige dieser Bücher wurden zudem für „heilig" erklärt und auf dieser Grundlage expandierten einige Religionen. Wie stellt sich das Verhältnis von Bildung und Medien in dieser neuen Medienkonstellation innerhalb der Schriftkultur dar? Im Folgenden soll auf diese Frage eingegangen werden, indem sowohl die Transformation des Basismediums Schrift als auch die Entstehung des Grundlagemediums Buch sowie ihre Auswirkungen auf zentrale Bildungskonstellationen der damaligen Zeit präsentiert werden. Erneut muss man für diese Reise durch eine tausendjährige Vergangenheit Verkürzungen und Auslassungen hinnehmen, beispielsweise bei der Rekonstruktion der reichen Bildungsgeschichte von Griechen und Römern. Themen aus der Bildungsgeschichte dieser Völker, die aus der Perspektive einer Ideengeschichte der Bildung und Erziehung zentral sind, beispielsweise die antike Philosophie, müssen jedoch aus der Perspektive der Medien von Bildung und Erziehung nicht unbedingt den gleichen Stellenwert besitzen.

5.1 Medienwandel, Kulturwandel, Bildungswandel? Alphabetische Schrift im klassischen Altgriechenland

Verbreitung der alphabetischen Schrift durch die Phönizier

Dass das Alphabet mit dem uns gängigen Schriftbild eine phönizische Erfindung ist, steht außer Zweifel. Frühere Alphabete – wie die ugaritische Schrift an der Küste des heutigen Syriens – waren noch Weiterentwicklungen der alten Keilschrift in Mesopotamien und setzten sich nicht durch. Das Seevolk der Phönizier mit Basis im heutigen Syrien und Libanon brachte alphabetische Aufzeichnungen einerseits nach Griechenland, Nordafrika – wo die Phönizier die berühmte Stadt Karthago gründeten –, Italien, Sardinien, Malta und zu den Balearen (Haarmann 2002, S. 83-84), andererseits verbreiteten sie es auch in Richtung des Nahen Ostens und des Irans in der Form des Aramäischen und ersetzten somit die ältere Keilschrift (Stein 2010, S. 60-61). Das phönizische Alphabet aus 22 Buchstaben wurde dann mit den Vokalen und anderen Zeichen ergänzt, vermutlich – so eine Facheinschätzung – auf der Insel Kreta. Traditionellerweise wurden Handelskontakte als ausschlaggebend für die Verbreitung der alphabetischen Schrift erachtet, d.h. die Verbreitung des Alphabets sei aus rein praktischen Überlegungen erfolgt. Für diese These fehlen einschlägige Quellen bzw. Dokumente aus dem Handelsleben. Hinzu kommt der Umstand, dass die Vielfalt von Handelskontakten im Mittelmeerraum mit sehr unterschiedlichen Völkern eine unerwartete Einheitlichkeit der Buchstabenformen ergab, die bei rein praktischen Kontexten unwahrscheinlich ist. Gegen diese Erklärung der rein praktischen und handelsbezogenen Verbreitung des Alphabets wurde eine alternative Hypothese aufgestellt. Wenn man seine Einheitlichkeit bei diesen ausgedehnten Kontakten erklären möchte, muss man – ohne richtig Beweise dafür zu haben – die Möglichkeit zulassen, dass hier Schreiber und Schreiberschulen eine entscheidende, stabilisierende und normsetzende Rolle gespielt haben müssen. Dass das Alphabet der Monumentalschrift der Phönizier, die nur für Inschriften auf Stein benutzt wurde, sehr ähnlich war und diese Monumentalschrift im Orient in der Regel in Schulen gelehrt und geübt wurde, spricht genauso für eine schulgestützte Verbreitung des Alphabets wie die Reihenfolge der Buchstaben und deren Namen, die über lange Zeiten und weite Entfernungen erstaunlich einheitlich blieben, was für eine geregelte bzw. institutionalisierte Weitergabe spräche (Röllig 1998).

Weltweite Präsenz alphabetischer Schrift

Die Expansion des phönizischen Alphabets war bemerkenswert und kannte mehrere Folgealphabete. Beispielsweise sind uns die Buchstaben des bis heute nicht entzifferten Etruskischen aus Zentralitalien vertraut, obwohl diese spiegelverkehrt, von rechts nach links, geschrieben wurden. Innerhalb dieser Variationen waren diejenigen aus Griechenland von herausragender Bedeutung. Während die phönizische Schrift eine reine Konsonantenschrift war, haben die griechischen Alphabete auch Vokale mit Buchstaben dargestellt und somit für eine große Innovation gesorgt. Zunächst bildeten sich in Griechenland lokale Alphabete mit unterschiedlicher Form und Zahl von Buchstaben. Erst mit der Annahme des aus der Stadt Milet kommenden Alphabets in Athen im Jahr 403 v. Chr. entstand aufgrund der wichtigen kulturellen Stellung dieser Stadt im System der griechischen Städte eine für alle griechischen politischen Einheiten gemeinsame Schriftgrundlage (Überblick in Willi 2005). Das Alphabet, mit oder ohne eigenen Zeichen für die Vokale, wurde in der langen Perspektive sehr erfolgreich. Wenn man das lateinische, das arabische, das kyrillische, das koreanische, das tibetische, das hebräische, das griechische, das armenische und das georgische Alphabet zusammennimmt, sind alphabetische Schriftsysteme weltweit am verbreitetsten und bilden die schriftliche Kommunikationsbasis der Mehrheit der Menschheit.

Alphabetische Schrift und kulturelle Entwicklung

Das Aufkommen des Alphabets und sein Einsatz für wichtige Kommunikationsakte in einer Gesellschaft wurden in der Mediengeschichte nicht nur als eine zwar nützliche, aber in ihrer Wirkung begrenzte Erscheinung behandelt. Die Entstehung alphabetischer Schrift wurde mitunter als einschneidende Entwicklung betrachtet, deren Wirkungen weit über den Vorteil, schriftliche Aufzeichnungen und deren Erlernen zu erleichtern, hinausgingen. Der kanadische Altphilologe und Medientheoretiker Alfred Havelock (1903-1988) schlug vor, diese besondere Form des Basismediums Schrift in ihren weitreichenden Auswirkungen auf kulturelle Inhalte und Bewusstseinsprägung zu betrachten. Obwohl er in seinen Analysen besonders den Übergang von mündlicher zu schriftlicher Aufzeichnung zum Thema machte, also nicht den Übergang von älteren Schriftsystemen zu neueren, alphabetisch verfassten, ging er auch von grundlegenden kulturellen Verschiebungen durch diese Medieninnovation aus. Für Havelock sind „Sinnlichkeit und Verstand miteinander verbunden" (Havelock 1986/2007, S. 100), also dürfte eine Transformation der Gestalt der Schrift auch das Denken selbst verändern. Insgesamt bedeutete die schriftliche Kommunikation für Altgriechenland eine Aufwertung der visuellen Wahrnehmung; nicht nur das Hören von Gesagtem blieb unverzichtbar, sondern zunehmend auch das Lesen des Geschriebenen. Er glaubte nicht, dass „das Lesen automatisch und problemlos, ohne tiefgreifende und künstliche Anpassungen des menschlichen Organismus an die Stelle des Hörens treten könnte" (Havelock 1986/2007, S. 102).

Alphabet, Veränderung von Aufzeichnungen und Veränderungen des Denkens

Obwohl diese Änderungen auch ältere Schriftkulturen betrafen, sieht er diese „Krise" (im Sinne von Transformation) erst im Griechischen aufkommen, und dies hinge „mit der überlegenen Effizienz des Alphabets zusammen" (Havelock 1986/2007, S. 102). Der Fluss oraler Kommunikation kann erst mit der visuellen Flüssigkeit des alphabetischen Schreibens herausgefordert werden; die älteren piktographischen und syllabischen oder gemischten Schreibsysteme konnten keine richtige Konkurrenz zur mündlichen Überlieferung darstellen. Dank des alphabetischen Schreibens sei der Druck, Inhalte zu memorieren, endgültig fortgefallen. Man muss nicht länger – wie in rein mündlich strukturierten Kulturen – alle bewahrungswerten Inhalte einer Kultur in eine rhythmisierte, gereimte Erzählform bringen, damit diese Inhalte einfacher zu memorieren sind. Dies habe eine neue Konzentration auf abstrakte Themen und nicht einfach auf Handlungen von Subjekten (wie Helden und Gottheiten) ermöglicht. Beispielsweise tauchte der abstrakte Terminus *dike* (Gerechtigkeit) in der Dichtung Griechenlands sehr wohl auf, aber zunächst nicht als abstrakter Begriff, eher war er die personifizierte Gerechtigkeit. Erst mit der Schrift wird dieser Terminus zum Thema eines Textes gemacht und abstrakt reflektiert. Themen nehmen die Stelle der Personen ein: „Die ersten Anfänge der alphabetischen Revolution lagen also in der Schaffung eines Themas als Subjekt eines ‚Diskurses', ermöglicht durch die Umwandlung einer akustisch aufbewahrten memorierten Rede in material aufbewahrte sichtbare Artefakte (...)" (Havelock 1986/2007, S. 106). Somit sei die Grundlage für logische, nicht nur erzählerische Ausdrucksformen gegeben. Die Lockerung, wenn auch nicht gleich die Aufhebung, des „rhythmischen Zwangs" älterer Kommunikation machte Platz für Prosa, Fakten und Theorie (Havelock 1986/2007, S. 113). Mehr noch: Eine Hinwendung zum Neuen, nicht nur zum Bekannten, Philosophie, ja Wissenschaft insgesamt, seien in der Folge entstanden. Die Sprache setzte sich somit visuell vom konkreten Sprecher ab, das Schriftstück erlangte definitiv eine unabhängige Existenz, und auch der Sprecher selbst wurde unabhängig als „Selbst" bzw. als „Mensch", also abstrakt, und fand Eingang in die Philosophie. Es seien so weitreichende Änderungen des Wissens und der Kultur mit der Durchsetzung der alphabetischen Schrift verbunden, dass man von einer „griechischen Aufklärung" gesprochen hat (Halverson 1992, S. 148). Obwohl Havelocks Position als Spezialist für das alte Griechenland ein großes Echo fand, war er nicht der einzige, der danach fragte, „wie die Schrift ins Gehirn eingreift". Diese allgemeine Frage bezog auch „die kausale Beziehung zwischen dem Aufkommen des Alphabets und der außergewöhnlich schnellen intellektuellen Entwicklung der Griechen zwischen dem 7. und dem 3. Jahrhundert vor unserer Zeitrechnung" ein (de Kerchove 1995, jeweils S. 10 und 11).

Verdeutlichung des Lesens

Havelocks These zeigt insgesamt ein faszinierendes Beispiel dafür, wie eine besondere Betrachtung der Beschaffenheit von Medien und deren Funktionsweise innovative Interpretationsansätze für die Kultur- und Bildungsgeschichte liefern kann. Insbesondere die Entstehung neuer Wissensbestände wie Philosophie und Wissenschaft insgesamt kann bildungsgeschichtlich als zentraler Vorgang in der Entstehung neuer Bildungsinstitutionen interpretiert werden, wie im Falle der Philosophenschulen in den griechischen Städten. Aber auch Transformationen des Lesen- und Schreiblernens waren davon berührt: „Anders als bei anderen Systemen, dieses verlangte vergleichsweise wenig Übung bis zur Meisterung und eröffnete die Möglichkeit, alphabetisiert zu werden, praktisch für alle sowie den einfacheren Ausdruck von neuen Erklärungen" (Halverson 1992, S. 152, Übersetzung MC). Darüber hinaus sei auch die Schrift durch das Alphabet „entsinnlicht" und abstrakter, weil die Zeichen nicht mehr Ähnlichkeiten mit Objekten, wie bei den Hieroglyphen, aufwiesen. Zusätzlich sei die soziale Situation der De-Kodierung der Schrift eine andere geworden. Hierbei sei insbesondere der Umstand wichtig, dass bei nicht voll alphabetisierten Schreibweisen – wie im Arabischen – das Fehlen von Vokalen beim Schreiben Wörter nicht immer ganz klar unterscheidet. Man kann eine Folge von Konsonanten haben, die je nach Kontext das eine oder das andere Wort präsentieren. Beim Lesen brauche man des Öfteren eine andere Person, die den Text bereits kennt oder über mehr Wissen über den Kontext verfügt, um zu entscheiden, welche der Möglichkeiten zutrifft. Bei alphabetischen Schriften brauche man diese andere, erfahrene Person nicht, um mit dem Text umzugehen. Damit ist die alphabetische Schrift eine, die nicht die Anwesenheit einer weiteren Person benötigt, um als komplett oder zumindest als weitgehend eindeutig zu gelten (de Kerckhove 1995, S. 96).

Diskussion der These

Kurz nach der Publikation dieser Thesen über die breiten kulturellen und mentalen Auswirkungen der alphabetischen Schrift diskutierten andere Forscher die Tragweite von Havelocks Perspektive. Allgemein muss festgestellt werden, das Havellock zwei verschiedene Wirkungen in seinen Analysen vermengt: die Wirkung des Übergangs von Mündlichkeit zu Schriftlichkeit einerseits und die spezifische Wirkung vom Alphabet auf Denken und Kommunikation andererseits. Darüber hinaus plädiert der norwegische Altphilologe Oivind Andersen dafür, Schriftlichkeit nicht abstrakt, sondern im Zusammenhang mit der gesellschaftlichen Praxis zu analysieren. Er sieht zentrale Bereiche der griechischen Gesellschaft als weiterhin mündlich strukturiert. Beispielsweise sei die berühmte Demokratie in Athen durchaus mündlich, wie bspw. durch Reden, verfasst. Es ginge ja um Hauptversammlungen, in denen rhetorische Fähigkeiten, um andere von dem eigenen Standpunkt zu überzeugen, im Zentrum standen: „Im Gespräch mußte sich jeder rechtfertigen. Man wurde unaufhörlich in einen Dialog hineingezogen und mußte auf Kritik und Selbstbehauptung gefaßt sein. Für die Vitalität und Radikalität der geistigen Entwicklung im frühen Griechentum ist eben dies der springende Punkt. Gerade in der Mündlichkeit liegt der Schlüssel zur Dynamik der Entwicklung“ (Andersen 1987, S. 42).

Sogar die Philosophie wurde damals noch weitgehend in Dialogform verfasst, so eine weitere Kritik. Im Dialog Phaidros behauptete Sokrates: „Denn wer dies lernt, dem pflanzt es durch Vernachlässigung des Gedächtnisses Vergeßlichkeit in die Seele, weil er im Vertrauen auf die Schrift von außen her durch fremde Zeichen, nicht von innen her aus sich selbst die Erinnerung schöpft.“ (Plato ca. 370 v. Chr./2016, 274c S. 86) Das Hilfsmittel der Schrift könne niemals Verstehen und Weisheit ersetzen: „Von der Weisheit aber verleihst du deinen Schülern den Schein, nicht die Wahrheit“ (Plato ca. 370 v. Chr./2016, 274c S. 86-87). „Wer also glaubt, seine Kunst in Buchstaben zu hinterlassen, und wer sie wieder aufnimmt, ob etwas Klares und Festes aus Buchstaben zu gewinnen sei, der strotzte vor Einfalt und kennte in Wirklichkeit nicht den Wahrspruch Ammons, da er sich einbildete, die geschriebenen Reden bedeuteten irgend etwas mehr, als den schon Wissenden an dazu erinnern, wovon das Geschriebene handelt“ (Plato ca. 370 v. Chr./2016, 275a S. 87). Sokrates warnte Phaidros vor den geschriebenen Reden: „Du könntest glauben, sie sprächen, also ob sie etwas verstünden, wenn du sie aber fragst, um das Gesagte zu begreifen, so zeigen sie immer nur ein und dasselbe an“ (Plato ca. 370 v. Chr./2016, 274c S. 87-88).

Alternative These: Die Rolle der Schule

Vielleicht muss man die hier angesprochenen Transformationen in der griechischen Kultur nicht allein und monokausal in der

Veränderung des Basismediums Schrift suchen. Die Einbettung dieses Basismediums in institutionelle Kontexte der Unterweisung – hier allen voran die Schulen – mag auch eine spezifische Wirkung gezeigt haben. Die altgriechische Kultur vor der klassischen Epoche der ‚demokratischen' Städte und der Philosophie im 5. Jahrhundert v. Chr. war vom Kriegerethos geprägt gewesen. Es ging um ritterliche Erziehung und Heldenkult. Spuren dieser altgriechischen Kultur waren in der Stadt Sparta zu sehen, immer als Kontrast zur gebildeten Stadt Athen erwähnt. Dort bestand ein breites System der körperlichen Ertüchtigung, der Verstärkung des Körpers durch Sport und der militärischen Unterweisung. Auch in den anderen Städten blieb die zentrale Stellung der körperlichen Erziehung zentral, und für diese gab es auch mit der Kampfschule (*palestra*) einen spezifischen Ort (Marrou 1948/1956, S. 40-41). Erst mit dem Aufkommen von Sophisten und Philosophen ca. im 5. Jahrhundert v. Chr. änderte sich die Bildungsszene nennenswert. Die Philosophenschulen – die eher Gemeinschaften von Denkenden denn richtige Schulen für die nachwachsende Generation waren – boten einen neuen Lern- und Bildungsort für kleine Gruppen von Gelehrten und Wissenshungrige. In dieser Zeit kommen auch Schulen in einer für uns wiedererkennbaren Gestalt verstärkt ins Spiel. Erst die Verfügbarkeit eines Schriftsystems scheint auch in Altgriechenland zur Innovation der Schule als spezifischen Unterweisungsraum geführt zu haben. Die organisierte Unterweisung von mehreren Jungen soll bereits im 6. Jahrhundert v. Chr. bekannt gewesen sein (Harris 1989, S. 58). William Harris hat für das 5. und 4. Jahrhundert v. Chr. den wachsenden Einsatz schriftlicher Texte im Leben Athens dokumentiert. Während die erste Belobigung des Schreibens erst ca. 460 v. Chr. auftauchte, folgte die Verschriftung von Testamenten, politischen Pamphleten, Streitigkeiten, Verträgen und die Einrichtung von Archiven in dem Jahrhundert danach; sogar der Buchhandel entwickelte sich (Harris 1989, S. 92-93).

Erst in diesem Kontext wurde die nicht unbekannte, aber bis dahin in der griechischen Tradition keineswegs wichtige Schule zu einem mächtigeren Faktor der Kulturentwicklung. Die ersten Zeugnisse von Schulen in Altgriechenland begleiteten insgesamt diese wachsende Bedeutung schriftlicher Aufzeichnungen. Wir erfahren dies über tragische Vorkommnisse: Herodotus berichtet für das Jahr 490 v. Chr., dass 119 Schulkinder durch einen Dachsturz auf Chios starben, „während sie ihre Buchstaben lernten"; im Jahr 492 v. Chr. soll ein „Boxer" 60 Kinder in einem Wahnanfall in einer Schule am ägäischem Meer getötet haben (Burns 1981,

S. 375). Bereits die hier erwähnten Schülerzahlen stellen aber auch ein Novum dar. Quer durch die Altertumskulturen waren die Schreiberschulen insgesamt sehr kleine Einrichtungen, in denen eine Handvoll Schüler unterwiesen wurden. Diese Nachricht über größere Schulen zeigt eine Weiterentwicklung und somit eine endgültige Spezialisierung der Unterrichtsräume als solche. Man hätte sicherlich auch eine kleine Gruppe von Schülern in der eigenen Schreibwerkstatt unterrichten können, und somit hatte dieser Raum eine gewisse Multifunktionalität. Hier zeigt die schiere Zahl von Schulkindern, dass man vermutlich spezielle Unterweisungsräume brauchte, zumindest größere Räume, die nicht in jedem Fall mit einer professionellen Schreiberwerkstatt zu vereinbaren waren. Die Institutionalisierung des Lernens schien sich in allen wichtigen Richtungen des Lernens durchgesetzt zu haben. Während Sokrates (469-399) noch eine Art selbstständiger Denker mit Gefolgschaft war, gründete sein Hauptschüler Platon 387 eine Akademie, die eindeutige Züge einer höheren Schule trug. Und auch der Sophist Isokrates (436-338) öffnete 393 eine eigene Schule, entgegen der Tradition der in praktischen Kenntnissen versierten Sophisten, die eher Tutoren als Schullehrer waren (Marrou 1948/1956, S. 49). Sogar Aktivitäten wie das Philosophieren und die rhetorische Ausbildung, die sich lange Zeit der schulischen Institutionalisierung widersetzten, wurden zunehmend schulisch organisiert. Mit den Philosophen und den Sophisten haben sich die wichtigsten gegnerischen Gruppen von Lehrenden im 4. Jahrhundert v. Chr. für eine systematischere Institutionalisierung ihrer Tätigkeit entschieden.

Kulturelle Entwicklung: Schrift oder Schule?

Vielleicht erklären sich einige der kulturellen Transformationen im Denken, in der Abstraktion, der Philosophie und der Kultur teilweise aus der Perspektive des zunehmenden Gewichts des institutionalisierten Lernens in Schulen. Denn die zunehmende Verschulung des Lernens wurde in der empirischen transkulturellen psychologischen Forschung als eine treibende Kraft bei der Herausbildung einer abstrakteren Denkart charakterisiert. Feldforschungen mit dem Vai-Volk in Liberia, das über zwei Schreibsysteme, eines von diesen als alphabetisches Schreibsystem, verfügte, zeigen konsistente Ergebnisse, die nicht so sehr für die These der kognitiven Auswirkungen des Alphabets, sondern für eine weitere These, die der Wirkung der schulischen Lehre, sprechen. Die Psychologen Sylvia Scribner und Michael Cole stellten nach Tests in den Bereichen der Abstraktion, der Kategorisierung, des Gedächtnisses und der Logik durchaus Unterschiede innerhalb der Vai-Bevölkerung fest. Diese Unterschiede waren jedoch nicht davon abhängig, ob man die alphabetische oder die syllabische Schrift der Vai lesen und schreiben konnte. Die Unterschiede waren – so die Autoren – auf den Schulbesuch zurückzuführen. Informelles Lernen in einem eher privaten Raum oder strukturiertes und organisiertes Lernen in einem schulischen Kontext wurden konsistent in allen getesteten Bereichen als der Faktor identifiziert, der die festgestellten Unterschiede erklärte (Scribner & Cole 1981). Später hat Cole selbst die Ergebnisse relativiert und argumentiert: Die Vai, die eine Schule besucht hatten, hatten in den Tests einen Vorteil, nämlich den, dass das Testformat an sich sehr schulisch war. Dennoch bleibt die Forschung über die unterschiedliche ‚Formatierung' des Geistes durch schulisches und nicht schulisches Lernen in ihrer Aussage ziemlich eindeutig (Cole 2005).

Vielleicht ist nicht das Alphabet selbst die wichtigste Ursache – und schon gar nicht die alleinige – für die von Havelock festgestellte griechische Aufklärung. Es ist durchaus denkbar, dass die Kombination breiterer Alphabetisierung gegenüber älteren Schriftkulturen und neuerer Abstrahierungsmöglichkeiten, die dem Schulkontext eigen sind, einen nicht zu unterschätzenden Bedingungsfaktor für die kulturelle Blüte klassischer griechischer Städte darstellte. Gewiss wird die alphabetische Codierung der Schriftsprache Auswirkungen auf Schularbeit und Alphabetisierungsgrad haben: Länge und Schwierigkeit des Lernens von alphabetischen und nicht alphabetischen Schriftsystemen unterscheiden sich doch. Aber eine monokausale, nicht vermittelte Verbindung zwischen Medien- und kognitivem sowie kulturellem Wandel scheint nicht plausibel zu sein.

5.2 Verdichtung des Wissenswerten: Das Buch und die Buchreligionen

Buch und kulturelle Verbindlichkeit

Eine weitere Medientransformation scheint aber von sehr großer Bedeutung für Kultur, Bildung und Lernen gewesen zu sein: die Entstehung des Buches. Nicht umsonst wird das Medium Buch im Zentrum mehrerer Kapitel dieses Bandes stehen. Vor wenigen Jahren stand sogar ein Buch auf den Bestsellerlisten in Deutschland, das mit dem einfachen Namen „Bildung" versprach, „alles was man wissen muss" zusammenzuführen (Schwanitz 1999). Wohl gemerkt, es ging nicht um alles, was man wissen kann, denn dies wäre im Umfang eines Buches unmöglich. Aber dieser Band versprach, Verbindliches, Wichtiges und Nötiges kompakt und reflektiert wiederzugeben. Es war aber nicht das erste Mal, dass man das Verbindende, Wichtige und Nötige in einem Buch zusammenfassen wollte und dies als Grundlage der Bildung definierte. Im Folgenden wird die Frage, was wissenswert ist, durch die Idee einer kulturellen Verbindlichkeit behandelt, die sehr lange Zeit in der Geschichte der Menschheit hauptsächlich religiös definiert war. Dafür wird zunächst die Frage der Buchreligionen angeschnitten. Religionen, die auf als heilig definierten Büchern basieren, lösen das Problem der Verbindlichkeit mit Hinweis eben auf das eine Buch. In Schriftkulturen, in denen die Produktion, Speicherung und Zirkulation von Wissen zu einer Multiplikation des Wissens führte, war die Definition des Wissenswerten in ihrer Verbindlichkeit keine leichte Aufgabe.

Buchreligion, Monotheismus

Wenn hier von Buchreligionen die Rede ist, muss man eine zweifache Charakterisierung – Textualisierung der Religion und spezifische Buchform – stets einzeln würdigen. Buchreligionen sind monotheistische Religionen, was einen starken Kontrast zu früheren Glaubensformen und -traditionen darstellt. Mit dem Aufkommen des Monotheismus durfte man nicht länger viele Götter und Gottheiten nebeneinander haben: „Diese exklusive Wahrheit ist das eigentlich Neue, und ihr neuartiger, exklusiver, ausgrenzender Charakter tritt auch in der Art ihrer Mitteilung und Kodifizierung deutlich hervor“ (Assmann 2003, S. 14). Die neuen monotheistischen, zunehmend textualisierten Religionen erforderten „vor allem anderen das unablässige, weltabgewandte Studium der Schrift, in der der Wille und die Wahrheit Gottes niedergelegt sind“ (Assmann 2003, S. 20). Jan Assmann assoziiert die erste, langsame Durchsetzung des Monotheismus mit einem Medienwandel: „Die monotheistische Idee läßt sich nur als Textkorpus (...) auf Dauer stellen“ (Assmann 2003, S. 54).

Im Folgenden soll diese medienhistorisch interessante Gestalt einer Religion, deren Verbindlichkeiten auf schriftlichen Zeugnissen fußen, in bildungsgeschichtlicher Perspektive untersucht werden. Wie Jack Goody angemerkt hat, sind diese Schriftreligionen des Alphabets im Grunde Bekehrungsreligionen, d.h., man wird nicht allein durch die Geburt in diese Religion hineingeboren, sondern es muss zu einem Moment des Bekennens (wie bei der Kommunion oder bei dem Eintritt von Konvertiten) kommen. Diese Religionen sind somit auf eine breite Tätigkeit des Verkündens, des Lehrens bzw. Predigens und Überzeugens angewiesen (Goody 1986, S. 5). Mehr noch: Die universalistische Kraft im Christentum und im Islam öffnet ein weites Feld für die Missionierung von Ungläubigen. Missionierung muss ja unweigerlich

Verkündigungsstrategien und einen Lehrcharakter besitzen, denn die Einführung in die neue, anzunehmende Religion bedarf solcher Vorbereitungen. Insgesamt seien diese monotheistischen Schriftreligionen fördernde Akteure im Prozess der Verbreitung von Literalität und einer lehrorientierten Form von Bildung (Goody 1986, S. 35-44).

Folgen der Textualisierung

Buchreligionen legen in einem Text bzw. in einer Gruppe von Texten ihre grundlegenden Doktrinen und Glaubensätze dar. Diese unanfechtbaren Texte gelten als offenbarte Wahrheiten, die einer Glaubensrichtung Identität und Einheit verleihen. Haben diese Religionen einen besonderen Schub der institutionalisierten Bildung mit sich gebracht, und zwar, weil die Kenntnis der heiligen Schriften für die Identität dieser Religionen eine zentrale Rolle spielte? Angesichts des Aufstiegs der Textualisierung ergeben sich Fragen nach den Konsequenzen dieser Verdichtung von kultureller und religiöser Autorität in Textform. Ob die mündliche Überlieferung sich der Schrift unterordnen muss; ob der Text als verbindlich gilt und buchstäblich zu lesen ist; ob der Text nur für Spezialisten gedacht ist oder für breitere Gruppen zugänglich gemacht werden muss; ob der Text vorgelesen oder stumm und individuell gelesen werden muss; ob der Text übersetzt, zusammengefasst und didaktisiert werden kann: All diese Aspekte zeigen mögliche bildungshistorische Konsequenzen der Entstehung von Buchreligionen (in Anlehnung an: Stein 2010, S. 111).

Für die Diskussion der Konsequenzen dieser monotheistischen ‚Buchreligionen' für Erziehung und Bildung muss man den Begriff der Buchreligion jedoch vorsichtig verwenden. Denn so eine Bezeichnung legt nahe, zuerst einmal die Existenz des jeweiligen heiligen Buches anzunehmen, das als Grundlage der Religion dient. Aber Jesus, Moses, oder Mohamed haben selbst keine Bücher geschrieben. Das bedeutet, dass Buchreligionen solche sind, die sich auf ein Buch berufen, das sie selbst erst relativ lange nach ihrer jeweiligen Gründung zusammengestellt haben (Schaper 2009a). Dies gilt zunächst für das Alte Testament in Altisrael. Die jüdische Religion gilt ja als die älteste monotheistische und modellbildende Buchreligion. Diese modellbildende Funktion kann man nicht nur aufgrund der offensichtlichen Anleihen aus der Textüberlieferung des Judentums in der Bibel (gleich das ganze Alte Testament) oder dem Koran (durch Bezüge und Referenzen) annehmen. Diese modellbildende Funktion kann man ebenso auch medienhistorisch nachweisen. Denn im Buch Exodus wird für das Judentum das Bilderverbot eingeführt, eine Verfügung, die teilweise im Christentum, aber auf jedem Fall im Islam übernommen wurde. Die Passagen über das Bilderverbot waren unten der Darlegung der zehn Gebote zu finden; Gebote, die ja von Gott selbst verschriftet und Moses gegeben worden seien: „Du sollst dir kein Bildnis noch irgendein Gleichnis machen, weder von dem, was oben im Himmel, noch von dem, was unter auf Erden, noch von dem, was im Wasser unter der Erde ist“ (2. Mose 20, 4). Wenn nicht gleich eine Festlegung auf die Textualisierung von Religion, war im Judentum doch die Ausschaltung von Bildern aus dem Religionsleben, und somit die Medienkonkurrenz zwischen Bild und Schrift, stilbildend.

Schreiberschulen

Nach einschlägigen Forschungen wird heute die Entstehung des Judaismus als Buchreligion für die Zeit der persischen Herrschaft (ca. 530-336 v. Chr.) und somit wesentlich später als die Entstehung des Judentums selbst datiert. Die langsame Verschriftung von Prophetien und Erzählungen, die bis dahin nur mündlich verkündet worden waren, ging vermutlich auf das Konto von Schreibergruppen, die auch – wie in Mesopotamien und Ägypten (siehe Kapitel 4) – eigene Schulen unterhielten (vgl. Lohmann 2006, S. 209-212). In dieser Zeit, in der einschlägige Teile der alttestamentarischen Überlieferung entstanden, stieg eine Gruppe von Schriftkundigen mit eigenen Schreibwerkstätten und Schreiberschulen auf. Der Religionshistoriker Karl van der Toorn sieht in dem Aufstieg dieses Milieus eine Verschiebung von mündlicher zu schriftlicher Überlieferung. Für lange Zeit lernten Schüler das Schreiben in diesen Schreiberschulen durch eine starke mündliche Vermittlung, insbesondere in Form des Diktats. Zu einer nicht einfach zu bestimmenden Zeit gab es genug Texte bzw. waren die verschiedenen Versionen dieser Texte soweit stabilisiert, dass Schreibschüler vielfach das Schreiben durch das Kopieren von Vorlagen lernten. Somit nahm die geschriebene Kopie einer Vorlage den Platz des diktierenden Meisters ein (van der Toorn 2007, S. 218). In Jerusalem wurde im Kontext der Kultreform von König Joschija im Jahr 622 v. Chr. zum ersten Mal erwähnt, dass das im Haupttempel aufbewahrte „Buch“ die Grundlage für eben diese Reform sei (van der Toorn 2007, S. 221). Texte ersetzten zunehmend die Autorität der mündlichen Tradition. Van der Toorn macht sich für die Idee stark, dass die Entscheidung, welche Bücher in welcher Reihenfolge als Altes Testament am Ende akzeptiert wurden, dem Curriculum dieser Schreibergruppen entsprang: „Berücksichtigung in einem Curriculum erklärt die Überlegenheit eines geschriebenen Textes gegenüber anderen Texten. In diesem Sinne kann das Curriculum der Schreiberschulen als das Labor gesehen werden, aus dem der Kanon herausgegeben wurde" (van der Toorn, 2007, S. 245, Übersetzung MC).

Bildungsgeschichtlich ist diese Feststellung von höchster Bedeutung. Schulen und Bildungseinrichtungen waren hier nicht nur Orte der Weitergabe bereits textlich festgehaltener Wahrheiten. Was als feste Wahrheit im Sinne des Kanons und des Buchs galt, sei selbst ein Produkt eines Bildungs-, ja Schulkontextes. In dieser Deutung ist Schule nicht lediglich eine Institution für die Reproduktion der Kultur, sondern sie gestaltete diese Kultur an entscheidenden Stellen mit. Im Judentum ersetzte im Laufe der Zeit das Buch den Kult; insbesondere die tierischen und anderen Opfer, die man Gott im Tempel gebracht hatte, wurden abgewertet: „Wo die Tora gelernt wird, ist kein Tempel notwendig" (Schmid 2012, S. 303). Eine Umverteilung von Macht fand somit längerfristig statt: Nicht der Priester im Tempel, sondern der Rabbi (Lehrer, Meister) in einem Haus, in dem das Buch – die Schriftrollen – aufbewahrt und selbst zu einem Kultobjekt wurden, verkörperte zunehmend die religiöse Autorität, und diese Autorität gründete sich in der Fähigkeit, die Schrift zu lesen und auszulegen.

Zunehmende Rolle des Textes fürs Lehren und Lernen

Die Religion der Juden mag zunehmend textbasiert gewesen sein; dennoch zeigen die Praktiken religiösen Lernens deutlich und für eine lange Zeit eine Präferenz für die Unterweisung durch das Hören des Lehrers (Ego 2009, S. 82). Beate Ego hat unterschiedliche Konstellationen von mündlicher und schriftlicher Kommunikation im Altem Testament untersucht und dabei eine langsame Veränderung festgestellt. In den ersten Büchern des Alten Testaments, die auch als die älteren gelten, zeige sich „die Schrift als Medium der Vergegenwärtigung der Lerninhalte". In dieser ‚Vergegenwärtigung', als bloßer Gedächtnishilfe, kommt „dem Geschriebenen im eigentlichen Lernprozess nur sekundäre Bedeutung zu (...)" (Ego 2009, jeweils S. 84 und S. 90). In späteren Büchern findet sie den „Lehrvortrag auf der Basis der Schrift". Bei diesem Vortrag werden die geschriebenen Worte von Priestern und Ältesten vor dem versammelten Volk verlesen (Ego 2009, S. 91f). Zusätzlich fand sie die „rituell gestaltete Verlesung der Tora". Hierbei wird sowohl etwas vorgelesen wie auch eventuell die Inhalte erläutert, wobei während dieses Vorgangs eine Reihe von Riten beachtet werden sollte (Ego 2009, S. 94f). In den späteren Büchern des Alten Testaments gab es schließlich Hinweise auf „die verschriftete Tora als Meditationsgrundlage", bei der eine Person die Lektüre als Vorbereitung und Anlass für Erinnerung und Reflexion einsetzte (Ego 2009, S. 98f.). Diese Praktiken, in unterschiedlichen, nacheinander geschriebenen Büchern des Alten Testaments zu finden, zeigen eine zunehmende Rolle für den Text in Situationen des Lehrens und Lernens. Während bei der Benutzung der Schrift als Vergegenwärtigung der Text nur eine stützende Rolle spielt, wird er bei den Praktiken des Lehrvortrags, der Verlesung und der individuellen Meditation zunehmend tragender.

Alphabetisierung als religiöse Pflicht

In der hellenistischen Zeit nach 336 v. Chr. setzt eine stärker schriftlich fixierte Unterweisung in vielen Feldern ein. Nicht nur werden in der Synagoge in dieser Zeit zumindest einige Teile der Schrift vorgelesen (Leipoldt & Morenz 1953, S. 103). Auch im schulischen Lernen nimmt die Bedeutung von Texten für die Gestaltung des Unterrichts zu. Die zweite Zerstörung des Jerusalemer Tempels durch die Römer im Jahr 70 n. Chr. verschärfte den Niedergang der alten Opferreligion zugunsten des schriftbasierten Kultes. Unter den schwierigen Bedingungen der jüdischen Diaspora (Zerstreuung) wurde diese Religion umgebaut. Ohne ein religiöses Zentrum, in dem man die klassischen Opferrituale organisieren konnte, stieg die Präferenz dafür, religiöse Handlungen stärker an die Schrift und Schriftauslegung anzulehnen. In dieser Zeit wurde ein „Dekret" von Joshua ben Gamla (ca. 63-65 n. Chr.) erlassen, in dem der Schulbesuch zum Erlernen des Toralesens als religiöse Pflicht deklariert wurde. Es ging bei dieser Äußerung nicht um eine Pflicht zur allgemeinen Bildung oder zum allgemeinen Unterricht: „Unterweisung bedeutete Religionsunterricht, um die Jungen für die Zeit vorzubereiten, in der sie, als Erwachsene, in der Synagoge lesen würden; die Synagogen wurden zu Zentren für das Lesen und Lernen der Tora" (Botticini & Eckstein 2012, S. 74, Übersetzung MC). Neuere Forschungen gehen davon aus, dass das Judentum nach dieser Zeit große Umbrüche erlebte. Wenn nun die Texte die Identität dieser im ganzen Mittelmeerraum zerstreuten Gemeinden garantierte und so etwas wie eine Art Lernpflicht für alle Jungen als religiöse Pflicht eingeführt wurde, standen viele Juden, besonders auf dem Land, vor der Frage, ob ein längerer Besuch von Synagogen für sie überhaupt in Frage kommt. Schließlich war die Landwirtschaft, insbesondere in der kurzen und intensiven Zeit der Ernte, auf Kinderarbeit angewiesen. Maristella Botticini und Evi Eckstein haben aus einer wirtschaftswissenschaftlichen Perspektive die Auswirkungen dieser neuen Konstellation untersucht und behaupten – freilich auf der Grundlage von begründeten Vermutungen – , dass ein Teil der jüdischen Bevölkerung sich dem Christentum und später dem Islam aus Kostengründen zuwandte. Dies geschah, weil diese beiden Religionen eine Lernzeit oder Schulzeit in der Synagoge, die ja den partiellen Verzicht auf die Arbeit der Kinder implizierte, nicht verlangten (Botticini & Eckstein 2012, S. 30-33). Wiederum seien die verbliebenen Juden dann vermutlich des Lesens und eventuell des Schreibens überdurchschnittlich mächtig.

Die spezifische Entwicklung der jüdischen Religion und des Judentums gibt dem Interpretationsansatz von Goody – monotheistische Schriftreligionen seien wichtige Agenten im Prozess der Verschriftlichung – zunächst Recht. Die Textzentrierung der Religion nimmt eindeutig zu. Der Umbau der Religion in Richtung eines Textkanons, der gedeutet werden muss, vollzog sich für die jüdische Religion in dem ersten Jahrtausend vor Christus. Die heilige Schrift und ihre Kommentierung wurden häufiger als Grundlage der Unterweisung genommen. Nun sind die Hauptakteure dieser Religion lehrhafte Figuren wie die Rabbis. Schließlich setzte sich, zumindest partiell, die Norm einer Lernzeit/Schulzeit für alle Jungen, die das Lesen und den Umgang mit der Schrift lernen sollten, als religiöse Pflicht durch. Dennoch ergaben sich diese Transformationen ausgerechnet in derjenigen monotheistischen textualisierten Religion, die eine Missionsaufgabe zur Konversion der anderen nicht kannte, ein Merkmal, das Judentum und Christentum scharf unterscheiden sollte. Es wird im Folgenden zu zeigen sein, dass unterschiedliche Buchreligionen auch unterschiedliche Bezüge zur Bildung und zum Lernen brachten, die nicht ganz der sehr allgemeinen Hypothese Goodys entsprechen.

5.3 Christentum und Islam als Buchreligionen: Textbasierte Unterweisung?

Übergang zum Buch: das Pergament

Aus der Perspektive der Materialität der Medien ist das Christentum eigentlich die erste „Buchreligion". Wenn wir mit „Buch" nicht nur einen langen Text, sondern eine konkrete Form des Textes bestimmen, waren diejenigen Texte, die hier bisher „Bücher" genannt wurden, eigentlich Schriftrollen, die aus Papyrus, einem Exportartikel aus Ägypten, hergestellt wurden. Kurz vor der Zeitwende entstand mit dem Pergament ein Konkurrenzstoff für die Herstellung von Schreiboberflächen. Pergament, aus Tierhäuten gewonnen, wurde aufwändig hergestellt. Man musste diese Haut in eine Kalklösung einlegen, Reste von Fleisch und Haaren mussten abgeschabt und die restliche Haut weiter behandelt werden (Glättung, Weißfarbe). Der Aufwand lohnte sich. Die Oberfläche war glatter, die Fehler beim Schreiben waren einfacher zu til-

Abb. 5.1: Fiktives Portrait der Dichterin Sappho, gefunden in Herkulaneum, heute aufbewahrt im Museo Archeologico Nazionale in Neapel, sie hält in ihrer Hand eine „mehrseitige" Wachstafel.

gen, die Bestandsdauer des Materials war länger. Bücher, in der Gestalt, wie wir sie kennen, entstanden aus einem Stapel beschrifteter zusammengebundener Blätter. Obwohl diese Blätter sehr wohl aus Papyrus gemacht werden konnten, avancierte das Pergament zum wichtigsten Stoff für die Herstellung dieser Blätter. Vermutlich war das Vorbild für das Buch die Wachstafel der Römer. Diese Wachstafeln, die sich sehr gut für alltägliche Notizen und einfache Aufzeichnungen eigneten, wurden auch zusammengebunden und gaben vermutlich das Vorbild für die Bindung der Blätter im Buch. Bücher wurden zunächst „Codex" (plural Codices) genannt. Bis weit ins Hochmittelalter blieb diese Buchform aus Pergamentblättern dominant, nicht zuletzt aufgrund ihrer Beständigkeit und Flexibilität sowie der Möglichkeit der Wiederverwertung des Materials.

Durchsetzung des Codex

Der Übergang von Schriftrollen zu Codices, der im Übrigen die Abhängigkeit vom ägyptischen Papyrus verminderte, hatte Konsequenzen, mindestens für die Leseweise, die Aufbewahrung von Schriften sowie die wissenschaftliche Tätigkeit. Codices zu handhaben war entscheidend leichter. Anstatt mit beiden Händen die Schrift aufzurollen war nun mit dem Codex die Möglichkeit gegeben, beide Hände frei zu halten und auch mit dem Finger über den Text zu gehen, soweit man ein Lesepult hatte. Mit dem Codex konnte man gleichzeitig lesen und schreiben, weil man nicht mehr beide Hände für das Auf- und Einrollen brauchte. Man konnte auch einfacher das Buch aufklappen und eine Stelle im Text wiederfinden. Zudem war mehr Inhalt in einem Buch aufzubewahren als in den Schriftrollen und das Abstellen in Regalen raumsparender. Ob alle vermeintlichen Vorzüge und Vorteile des

Codex tatsächlich so eintrafen, wie man sich das heute vorstellt, ist eine kontroverse Frage. Beispielsweise war die oftmals behauptete Raumeinsparung durch Codices nur für Bibliothekare interessant, allenfalls für Reisende, die Schriften mit sich führen wollten. Aber ein allgemeiner Vorteil war das kleine Format nicht unbedingt für jedermann.

Dessen unbeachtet ist in der Spätantike die Ersetzung von Rollen durch Codices eindeutig belegt. Die Ersetzung geschah nur allmählich. Zwei Akteursgruppen sollen den Aufstieg dieses Trägermediums begünstigt haben. Zum einen – auf der weltlichen Seite – war der Einsatz von Codices durch Juristen seit der Publikation des *Codex Gregorianus* im Jahr 291 relevant. Somit sei der Codex auch das Begleitmedium der weitgehenden Codierungen des Rechts. Seitdem heißen ja Gesetzessammlungen des Öfteren „Codex" (Stein 2010, S. 96). Ungleich wichtiger wurde jedoch die Präferenz der ersten „Kirchenväter" für das neue Trägermedium. Ob die Beständigkeit der Codices oder ihre einfacheren Transportmöglichkeiten in einem Zeitalter der Christenverfolgung eine entscheidende Rolle gespielt haben, kann man heute nicht mehr rekonstruieren. Aber für den Übergang zum christlichen Codex ist auch durchaus von Interesse, dass diese neuen Bücher nicht in der alten Großschreibung der Griechen und der Römer geschrieben wurden, sondern in einer neu entwickelten Schrift, die eine stärkere Tendenz zu Rundformen hatte (Zelzer 2001, S. 296). Die Ersetzung von Rollen durch Codices mit einer veränderten Schrift ist ein interessantes Beispiel sichtbarer Mediendifferenzierung als Markierung für eine neue kollektive Identität (Roberts & Skeat 1983/2004). Angesichts dieser Transformation des Mediums wurde das Christentum auch als „Taschenbuchreligion" bezeichnet (Stroumsa 2011, S. 69).

Buchstabe und Geist im frühen Christentum

Während sich die Aufwertung der schriftlichen Grundlage der Religion im Judentum vollzog, schien das Christentum zunächst diesen Weg nicht eingeschlagen zu haben. Im frühen Christentum spielte der Apostel Paulus von Tarsus (ca. 10 v. Chr. – 60 n. Chr.) eine außerordentliche Rolle bei der Neujustierung des Textes in Unterweisungszusammenhängen. Beim Übergang von der Urgemeinde der Christen, die noch stark im Gedankenkreis jüdischer Sekten wirkte, zur Weltreligion wirkte Paulus maßgeblich mit. Selbst ein gebildeter Jude, der tief in der antiken Schriftkultur des Hellenismus verankert war (Vegge 2006), sah Paulus die christliche Gemeinde nah am Modell einer scholastischen Gemeinde (White 2017, S. 186). Damit werden Gruppen bezeichnet, die in der Tradition der hellenistischen Philosophien sich um die Deutung eines Wissens organisierten und dieses Wissen kultivierten. Es ist von diesem von Geburt her jüdischen und bildungsorientierten Apostel eine Position überliefert, die sicherlich mehrdeutig, aber für die Frage der Textzentriertheit von Buchreligionen nicht zu unterschätzen ist. In seiner Verkündigung, welcher neue Bund mit Gott die aufstrebende Religion vertrat, urteilte Paulus in einer berühmten Passage, dass der neue Bund „nicht des Buchstabens, sondern des Geistes" ist: „Denn der Buchstabe tötet, aber der Geist macht lebendig" (2 Kor 3, 6). Bei aller Autorität der später als Heilige Schriften definierten Bücher stand für die neue Religion also fest, dass Buchstaben gedeutet werden sollten, d.h., man sollte nicht bei den Buchstaben bleiben, sondern den Geist der Aussagen suchen. Dieses Deutungsprogramm war selbstverständlich mit allen Fallstricken der menschlichen Interpretationsarbeit belegt. Origenes (185 – ca. 254), ein früher christlicher Gelehrter und Theologe, der in der berühmten Katechetenschule in Alexandria arbeitete, theoretisierte die Suche nach Sinn in den heiligen Schriften in einer Form, die durchaus Spielräume für diese Deutungsarbeit zuließ. Die heilige Schrift enthalte einen dreifachen Sinn. Zuerst wäre der Wortsinn zu nennen, der einfach und zugänglich sei; dazu geselle sich der tiefere Sinn, der für Fortgeschrittene zu erschließen sei; schließlich gebe es auch den verborgenen und vollkommenen Sinn (Leipoldt & Morenz 1953, S. 153). Diese Lehre des mehrfachen Sinnes wurde in der weströmischen Kirche mit unterschiedlichem Akzent – Unterbau, Gebäude und Anstrich bei den architektonischen Metaphern von Papst Gregor dem Großen, oder der materielle, der allegorische und der persönliche Sinn der Exegese bei Hugo von Sankt Viktor – weiter tradiert (Illich 1990/2010, S. 52-53). Mit dieser Lehre eröffnete das Christentum Interpretationsmöglichkeiten, die auf Kosten des reinen Textwortlauts gewonnen wurden.

Pädagogische Kontrolle des Textsinnes

Die Relativierung des Wortlauts öffnete ihrerseits Interpretationsräume, die aber eingehegt werden müssten, wollte man der neuen Religion eine gewisse Einheit verleihen. Inmitten der Erschütterungen, die verschiedene Interpretationen und Lehrmeinungen innerhalb des Christentums im 4. Jahrhundert verursachten, entstand ein großer Bedarf an Leitfäden der Interpretation, die eine gewisse Einheitlichkeit des nicht mehr so neuen Glaubens ermöglichen sollten. Die berühmteste Schrift auf diesem Feld war die von Augustinus von Hippo (354-430), einem der maßgeblichsten christlichen Autoren aller Zeiten. Als Bischof und Autor war Augustinus sich der lehrhaften Aufgaben der Kirche durchaus bewusst. Er machte ein eindeutiges Angebot in der Frage des Umgangs mit der Schrift. Augustinus wollte nämlich nicht eine bestimmte Interpretation der Schrift liefern, sondern die Regeln des Interpretierens selbst festlegen: „Wer (…) Regeln niederschreibt, auf welche Weise man verstehen muß, gleicht einem Menschen, der die Kenntnis der Buchstaben vermittelt, d.h. er gleicht einem, der Anweisungen gibt, auf welche Weise man lesen muß" (Augustinus 396-7/2002, S. 13). Er vertrat dabei eine selektive Aneignung des griechisch-römischen Wissens. Eindeutig positionierte er sich gegen diejenigen, die ein sklavisches Folgen im wörtlichen Sinn der Schrift vertraten. Gleichzeitig warnte er jedoch vor einer zu beliebigen Handhabung der Schrift. Selbstverständlich sind bis heute immer wieder christliche Strömungen aktiv, die für sich reklamieren, das Buch getreu und nicht gedeutet wiederzugeben. Obwohl Verfechter des wörtlichen Lesens der Schrift immer wieder die Bühne der Auseinandersetzungen betraten, setzte sich in den christlichen Kirchen mehrheitlich ein interpretierender Umgang mit den heiligen Büchern durch, der eine gewisse Bildung voraussetzte.

Heilige Schrift = alleiniges Lehrbuch?

Es ist durchaus widersprüchlich, was man hinsichtlich der Frage von Textzentrierung des Lernens in Kult und Unterweisung bei den frühen Christen findet. Paulus förderte die Abschaffung von einigen bis dahin gängigen religiösen Pflichten, u.a. diejenige des Vorlesens der Schrift (Theisen 2012, S. 433). Nur Glaube, Hoffnung und *caritas* zählten. Andererseits gab es im Christentum, mit seinem starken, universalistischen Verkündigungsgebot, keine Veranlassung, die heiligen Schriften geheim zu halten. Bereits um das Jahr 100 n. Chr. gibt es Belege für das Verlesen der heiligen Schriften im Gottesdienst, und es wurde sogar das kirchliche Amt des Vorlesers eingeführt (Leipoldt & Morenz 1953, S. 112-114). Einige Kirchenväter gaben explizit die heilige Schrift als universales Lehrbuch an (Frank 1993, S. 12). Aber, analog zum Vorgang beim Alten Testament, stand lange nicht fest, welche Texte überhaupt zur heiligen Schrift gehören sollten. Die endgültige Version des neuen Testaments, wie sie in der Vulgata erscheint, entstand in mehreren Schritten ungefähr zwischen 200 und 384 n. Chr. Sobald das Christentum sich konsolidierte und zur Mehrheits- wenn nicht gleich zur einzigen Religion wurde, kam der Bildungsimpuls fast zum Erliegen. Das Verhältnis von frühem Mönchtum zum Buch, was im nächsten Kapitel dargestellt wird, war „reserviert". Das Buch war ein Gegenstand, auf den man sehr gut nach dem Vorbild des Lebens in Armut verzichten konnte. Es ging außerdem nicht mehr um ältere Gebrauchsweisen des Buches wie Unterhaltung und Wissenserwerb. Ein einziges Buch – nämlich die Heilige Schrift – sollte genug sein (Frank 1993, S. 9). Die Buchreligion des Christentums um 500 nach der Zeitenwende war zwar buchbasiert, aber nicht unbedingt auf Verbreitung des Buches als Gegenstand bedacht.

Islam: Vom Wort Gottes zum Buch

Wenn bei der Verbreitung des Christentums die Aussicht darauf bestand, dass nur das *eine*, heilige Buch für die richtige Lebensführung reiche, stellt sich die Frage, ob es solche Tendenzen auch im Islam, der als die Buchreligion *par excellence* gilt, gab. Beim Koran soll es sich um eine direkte Botschaft Gottes handeln, die in 114 Suren an Mohammed herabgesandt worden sei. Der Prophet Mohammed (569-632) selbst galt als nicht schriftkundig, und es wird öfter vermutet, der Koran sei als mündliche Überlieferung direkt vom Himmel gekommen. Bis heute ist nicht klar, ob diese Botschaft nur mündlich zum Rezitieren oder schriftlich bei Mohammed ankam; aber eindeutig ist, dass der Koran, und zwar komplett, als die Wiedergabe des Wortes Gottes selbst gilt, was für den allergrößten Teil der Bibel nicht zutrifft. Dieser Charakter des Buches begründet den strengen Umgang mit dieser Schrift. Sie darf nicht geändert werden, sogar Übersetzungen galten lange als nicht zulässig, da Gott schließlich seine Botschaft im Arabischen kommuniziert hatte (vgl. grundlegend Neuwirth 2014).

Dass die Offenbarung Allahs zu einer Buchform gelangen sollte, hat sich erst im Laufe der Zeit ergeben, vermutlich aus dem Bedarf heraus, in der Auseinandersetzung mit Sekten und abweichenden Deutungen eine feste Grundlage zu haben. Die Verschriftlichung der zunächst nur mündlich wiedergegebenen Botschaft begann ca. 20 Jahre nach dem Tod von Mohammed. Gottes Wort stand in so hohem Ansehen, dass Traditionalisten gegen die Verschriftlichung der Offenbarung waren. Sie befürchteten, dass die Textualisierung dieses wegen der „Unvollkommenheit der arabischen Schrift“ verfälschen würde. Es handelte sich um ein sehr rationales Argument – so Gregor Schoeler –, weil die arabische Schrift, wenn „nicht sorgfältig punktiert und vokalisiert“, was damals kaum geschah, „wie kaum eine andere Schrift vieldeutig ist“ (Schoeler 1992, S. 38). Die wichtigen Zentren islamischer Gelehrsamkeit in Basra, Kufa, Medina, Mekka, Jemen und Syrien vertraten geschlossen die Position, nur die mündliche Überlieferung bürge für die Echtheit der Botschaft. Verschriftlichte Texte könnten ja gefälscht werden (hierzu im Detail: Cook 1997). Sogar nach dem Abschluss der Textualisierung von Koran und Hadhiten (Überlieferung der Aussprüche und Handlungen des Propheten) war keineswegs selbstverständlich, schriftlichen Zeugnissen unbedingten Glauben zu schenken: „Andere Nationen haben ihre

Traditionen aus schriftlichen Quellen, deren Schreiber und Vermittler unbekannt sind", so der Gelehrte Abu'l-Farag ibn al-Gawzi (1126-1200), noch fast 600 Jahre nach der Gründung des Islams (zit. in Cook 1997, S. 437).

Islam: Mündlichkeit und Schriftlichkeit

Nicht nur die besondere Stellung des Korans als das Buch schlechthin (dazu das erste im Arabischen) führte zu einer zurückhaltenden Haltung in der Frage der Textualisierung der religiösen Tradition. Auch der Text selbst legt eine bedeutende Rolle des Mündlichen nahe. Bereits die Etymologie des Worts ‚Koran' im Arabischen evoziert die Begriffe der Rezitation und der Lesung (Günther 2013, S. 358). Ein Mischverhältnis zwischen Schrift und Mündlichkeit ist allgegenwärtig, wie in der Sure 29, 51: „Wir haben die Schrift (al-kitāb) auf dich herabgesandt, damit sie ihnen vorgetragen wird". Hier sind „Buch und Vortrag, schriftliche und mündliche Weitergabe, (...) nur zwei Aspekte der einen Offenbarung" (Schoeler 1992, S. 23). Dieses Gebot war so ausschlaggebend, dass moderne Fragen nach dem Verständnis des Buches nachrangig waren. Man könne durch das Rezitieren der Worte Allahs seine Präsenz erfahren, sogar, wenn man des Arabischen nicht mächtig war und kein Wort aus der Schrift verstanden hatte. Sogar in den ersten, durchaus offenen Formulierungen der ersten pädagogischen Schrift für Elementarlehrer – Die Verhaltensregeln der Lehrer von Ibn Sahnun, 817-870 – wurde neben breiten nützlichen Kenntnissen der besondere Stellenwert „der genauen Artikulation" und des „Auswendiglernen(s) der koranischen Offenbarungsschrift schon im Kindesalter" (Günther 2013, S. 366) unmissverständlich festgelegt.

Islamische Bildung

Schließlich entfaltete sich die islamische Kultur als Schriftkultur eher über den politischen Druck zur Verschriftlichung von Recht und Verwaltung. Dieser Schub der Verschriftlichung wurde durch die Entstehung großer islamischer Reiche und Territorien von Zentralasien bis Andalusien, die verwaltet werden sollten, begünstigt. Auch die relativ frühe Übernahme der Papierherstellung aus China durch die Araber im 8. Jahrhundert revolutionierte gewiss die Buchproduktion und bildete die Infrastruktur der kulturellen Blüte des Islams in den folgenden Jahrhunderten (Günther 2013, S. 360). Eine Bildungstradition etablierte sich, in der die Oralität der Unterweisung und der Methode – wie beim Rezitieren – eine zentrale Stellung beibehielt. Sei es in der oralen Überlieferung oder als Lektüre, das Buch stand im Zentrum dieser neuen Bildungskultur. Spätestens mit der Gründung der hohen Schulen Al-Azhar in Kairo im Jahr 970, zunächst als Moschee und wenige Jahre später als Lehranstalt der höheren, juristischen Bildung, befand sich diese Bildungstradition in voller Blüte (Günther 2013, S. 363). Günstig für diese Entwicklung war der Umstand, dass der Islam über keine höchste Versammlung (wie die Konzile oder Synoden im Christentum) verfügte, die über Fragen der Doktrin, der Disziplin, der Moral und des Gesetzes endgültig und einheitlich entscheiden konnte. Eine Orthodoxie im Sinne der „rechten" Meinung wurde nur über den Konsens der Rechtsexperten etabliert. Dies und die Intervention der politischen Macht erforderten ein Wissenswachstum und entsprechende Vermittlungsformen, die die sog. goldene Zeit des Islams bis ca. zum 13. Jahrhundert charakterisierten. Berühmte Akademien und Lernzentren, Übersetzungen aus dem Griechischen, die Philosophie und exakte Wissenschaften reicherten den Wissensvorrat dieser sehr differenzierten Glaubensrichtung an (Überblick in Makdisi 1981).

Monotheismus = allgemeine Schriftlichkeit?

Dieser sehr verkürzte Umriss der frühen islamischen Bildungsgeschichte verstärkt eine Deutung, die bereits bei der Darstellung des Christentums anklang: Die allgemeine These von Jack Goody, dass Monotheismus und Buchreligionen per se Agenturen des Schriftlichkeitsprozesses sind, gilt für diese zwei universalistischen Religionen nicht, zumindest nicht für ihre frühen und mittleren Phasen sowie im Hinblick auf eine breite Bildung der Bevölkerung im Sinne der Schriftkultur. Allerdings stellte sich im Judentum die Lage anders dar. Dort wurde früh ein Prozess der textzentrierten religiösen Praxis in Gang gesetzt, der vermutlich eine höhere Alphabetisierungsrate der männlichen jüdischen Bevölkerung begünstigte. Aber ausgerechnet das Judentum blieb im Vergleich zum expansiven Impuls von Christen und Muslimen bezüglich seiner Anhängerzahlen eine Randerscheinung. Gewiss förderten diese Buchreligionen die Alphabetisierung und die schriftbasierte (und schulische) Bildung kleiner Gruppen von Schriftgelehrten, die nicht nur Religion und Kult garantierten, sondern auch häufig Funktionen als Verwalter, Richter und Berater in den jeweiligen Herrschaftsgebilden annahmen. Die Unterweisungsformen, die diese Religionen für die breiten Massen bevorzugten, stellten das Buch – hier als Gegenstand – keineswegs ins Zentrum des Geschehens.

Buch und Erziehung

Die Diskussion in diesem Kapitel über die Emergenz des Buches als Leitmedium für Bildung und Erziehung vernachlässigt sicherlich die alltägliche Familienerziehung und die Welt des beruflichen Lernens, die nicht nur Eliten betraf. Zumindest für die familiäre Erziehung wurde tendenziell auch die verbindliche Kraft des heiligen Buches sichtbarer. Hier nur zwei Beispiele aus dem engeren Kreis der christlichen Religion. Das erste betrifft die explizite Verdammung von Kindstötungen im Christentum, die einen neuen Stellenwert von Kindheit signalisierte. Die Praxis der Kindstötungen gleich nach der Geburt war aus verschiedenen Gründen – Armut, Behinderung, dem vermeintlich minderen Wert von Mädchen – in vielen Kulturen der Antike gängig. Erst im Jahr 374 n. Chr., mit dem zunehmenden Einfluss des Christentums, nach dem auch Kinder bereits bei der Geburt eine eigene Seele hätten, wurde die Tötung eines Kindes gesetzlich als Mord betrachtet. Sicherlich bestand die Praxis der Kindstötungen weiter, aber nun in einem Kontext, der diese nicht einfach hinnahm oder legitimierte. Zwar verstärkte die neue Norm vermutlich die Neigung dazu, Kinder, die unerwünscht waren, aber nun am Leben erhalten werden sollten, verstärkt abzugeben oder auszusetzen (deMause 1974/2015, S. 50). Trotzdem zeugt dieses Beispiel von dem Anspruch der aufstrebenden Religion, alle Lebensbereiche nach den aus dem Buch abgeleiteten Vorstellungen zu regeln. Das zweite Beispiel ist die Fortschreibung und Expansion der Väterherrschaft der Antike in der neuen Religion. Nicht nur hatte Gott direkt das Bilderverbot an Moses geschickt, sondern auch im vierten Gebot die Ehrung von Vater und Mutter zu Gottes Gesetz gemacht (2. Mose 20, 12). Vieles, was über die Kindererziehung geschrieben und reflektiert wurde, stand unter dem Einfluss dieser Vorgabe.

Das Buch, nicht nur als langer Text, sondern in der Form, die wir bis heute in der nicht elektronischen Version kennen, war auf dem Vormarsch. Es stellte nicht nur die prestigeträchtigste Form des Schreibens dar – bspw. im Vergleich zu Buchstaben auf Tontafeln oder das Kritzeln an den Wänden –, sondern begründete zunehmend Umfang und Orientierung der Bildung und der Erziehung. Die Möglichkeiten der Speicherung, der Organisation und des Wiederauffindens von verbindlichem und nützlichem Wissen im Buch werden lange Zeit die Gestalt und Organisation von institutionalisierter Bildung bestimmen.

Fragen

1. Erklären und diskutieren Sie die mediendeterministische These, dass die „griechische Aufklärung“ der klassischen Zeit auf das Aufkommen des Alphabets zurückführen ist.
2. Charakterisieren Sie die Unterschiede zwischen Rolle und Codex beim Lesen und Schreiben.
3. Charakterisieren Sie Buchreligionen und ihre *unterstellten* Auswirkungen auf Bildung.
4. Welche von den Buchreligionen haben eine allgemeinere Alphabetisierung begünstigt? Erklären Sie die Gründe und Kontexte für diese Entwicklung.
5. Charakterisieren Sie das Verhältnis von Mündlichkeit und Schriftlichkeit in allen drei Buchreligionen.

Weiterführende Literatur

Botticini, M & Eckstein, E. (2012). *The Chosen Few. How education Shaped Jewish History, 70-1492.* Princeton: Princeton University Press.
Neuere Untersuchung von zwei Wirtschaftswissenschaftlerinnen, die eine interessante Hypothese über Alphabetisierung und Judentum aufgestellt haben. Allerdings ist die Quellenlage alles andere als gut und die Thesen des Buches haben nicht nur Zustimmung erfahren.

Christes, J., R. Klein & Ch. Lüth (Hrsg.) (2006). *Handbuch der Erziehung und Bildung in der Antike.* Darmstadt: Wissenschaftliche Buchgesellschaft.
Umfassende, klar strukturierte Präsentation der Themen und Epochen der Bildung in der Antike. Neben Altgriechenland und dem Römischen Reich wird auch die Erziehung in Altisrael berücksichtigt. Ein eigenes Kapitel über Bildungsmedien ist enthalten.

Cribiore, R. (2001). *Gymnastics of the Mind. Greek Education in Hellenistic and Roman Egypt.* Princeton & Oxford: Princeton University Press.
Detaillierte Untersuchung über Bildungspraktiken im Hellenismus, die an sehr vielen Stellen Aussagen über Bildungsmedien und Bildungspraktiken enthält.

Havelock, E. (1986/2007). *Als die Muse schreiben lernte. Eine Medientheorie.* Berlin: Wagenbach.
Schmales, anregendes Buch, in dem Havelock seine – hier abgelehnte These – einer durch die Transformation des Basismediums Buchstabe ausgelösten griechischen Aufklärung darlegt. Gutes Beispiel einer medienzentrierten Geschichtsschreibung.

6. Vermehrung der Bücher, Vermehrung der Bildungskontexte: Das christliche Mittelalter

Obwohl der Gegenstand Buch, trotz buchzentrierter Religion, der Unterweisung und dem Lernen breiter Teile der christlichen Bevölkerung nicht zugrunde lag, galt dies nicht für spezialisierte Gruppen innerhalb der frühen christlichen Gesellschaften. Das Kirchenpersonal musste sich ja mindestens dem einen Buch widmen. Es entstand außerdem eine christliche Literatur, die jedoch den besonderen Status des einen Buches nicht gefährden sollte. Diese Spannung zwischen dem Buch und den Büchern veränderte sich im Laufe der Zeit. Als das christliche Mittelalter im 15. Jahrhundert zu Ende ging, standen die meisten Räume institutionalisierter Bildung unter der Dominanz des Buches als Bildungsmedium. Dieses Kapitel widmet sich dieser Transformation, in der das Buch bedeutender für Bildungspraktiken wurde, sich dabei aber selbst in seiner Gestalt veränderte und ausdifferenzierte. Im Folgenden soll zuerst (6.1) die Entstehung eines distinkten Konzeptes der christlichen Bildung in Auseinandersetzung mit der spätantiken Kultur und seine erste Konkretisierung in den Bildungspraktiken des Klosters analysiert werden. In einem weiteren Schritt wird mit der Entstehung von Universitäten in Städten die besondere Rolle des vorgelesenen Buches in der zentralen Form der Vorlesung diskutiert (6.2). Schließlich wird die Durchsetzung des Buches in Kontexten wie in den traditionellen lateinischen und in den neuen volkssprachlichen Schulen sowie in der alternativen Gestalt der Buchführung der Kaufleute präsentiert (6.3). Die Konzentration auf Medienwandel im Zusammenhang mit dem Bildungswandel fordert weiterhin seine Opfer und ganze Themenkomplexe wie bspw. Musik und Rechenhilfen werden durch diese Perspektivierung an den Rand gedrängt.

6.1 Das Buch und die Bücher: Christliche Erziehung und Mönchtum

Christliche Bildung und heidnische Umwelt

Im 5. Jahrhundert n. Chr. empfahl ein Abt namens Nestor einem Jungen unter seiner Obhut, der seine Erinnerungen an heidnische Schultage nicht löschen konnte, dass er ständig über die Heilige

Schrift meditieren solle, und zwar so eifrig, wie er es früher mit den paganen Büchern gemacht hat, so dass er alle unfruchtbaren Erinnerungen aus dieser Zeit löschen und durch geistige christliche Fragen ersetzen kann (Riché 1962/1976, S. 115). Diese überlieferte Szene zeigt: Christliche Bildung als Programm und unterscheidbare Gestalt entstand in einer permanenten Auseinandersetzung mit der bis dahin dominanten Gelehrsamkeit der heidnischen Umgebung. Die Zielsetzung christlicher Bildung und Erziehung war eine ganz andere als diejenige, die die Institutionen der Spätantike kultivierten: „Die Rolle des christlichen Lehrers als Weisheitslehrer ist (...) eine ganz andere als die des Philosophen: Er leitet nicht den Schüler an, um ihn auf den Weg zu bringen, den er dann alleine weiter beschreitet, sondern er begleitet ihn auf seiner Heilsuche bis zum Schluß" (Stroumsa 2011, S. 168). Dementsprechend zeigte sich bereits bei einem der ersten großen christlichen Autoren, Clemens von Alexandrien (150-215), eine eigentümliche Mischung aus Aneignung und Ablehnung des antiken Wissenserbes. Er befürwortete das Lernen des umgebenden Wissens nur insofern, als dabei eine bestimmte christliche Grundrichtung eingehalten würde. In seinem Buch *Paidagogos* definiert er die Kirche selbst als Schule: „Wenn aber zugestandenermaßen, ‚ein einziger Lehrer im Himmel' ist, wie die Schrift sagt, dann werden alle auf Erden mit Recht Schüler heißen. Denn die Wahrheit verhält sich so, dass das Vollkommene und Erwachsene bei dem immer lehrenden Herrn, das Kindliche und Unmündige bei uns, den immer Lernenden, ist" (Clemens von Alexandreia c. 198/1934, S 173). Man bleibe immer Schüler, unvollkommen und unmündig. Es gebe keinen Zeitpunkt, an dem diese Schule namens Kirche aufhört.

Freie Künste

Innerhalb dieser allgemeinen Zielsetzung dienten die Texte, die im 4. Jahrhundert zusammengestellt und als Bibel bekannt wurden, eindeutig als die Richtschnur für die Heilssuche. Aber gleichzeitig verzichteten Christen nicht auf das bestehende Wissen der spätantiken Kultur, um dieses Ziel zu erreichen. Das Wissen der Antike war so breit und differenziert, dass kurz vor der Zeitenwende eine Gesamtklassifikation dieses Wissens vorgenommen worden war. Der Universalgelehrte Marcus Terentius Varro (116-27 v. Chr.) zählte in seiner Abhandlung *Disciplinae* neun Fächer auf, die den Wissenschaftskanon der Zeit ausmachten. Dort waren Rhetorik, Grammatik, Dialektik/Logik, Arithmetik, Musik, Geometrie, Astronomie, Medizin und Architektur aufgeführt. Noch in römischer Zeit noch wurde diese Liste von neun Disziplinen mit dem Begriff der enzyklopädischen Bildung (*paideia*, als alltägliche Bildung) belegt. Diese Wissenscluster wurden auch als freie

Künste (*artes liberales*) bezeichnet. Sie waren frei in dem Sinne, dass ihre Pfleger die materielle und gesellschaftliche Unabhängigkeit genossen. In diese Organisation und Codierung des Wissens griffen Christen ein. Medizin und Architektur – durchaus praktischere freie Künste – wurden nicht mehr aufgeführt. So entstand ab dem vierten/fünften Jahrhundert nach Christus – und nicht in früherer Zeit (Hadot 1989, S. 110 und 114-115) – eine Klassifikation des Wissens, die unter der Bezeichnung von den sieben freien Künsten (*septem artes liberales*) längerfristig in der christlichen Bildung eine außerordentlich wichtige Rolle spielen sollte.

Auch eine Unterteilung dieser Disziplinen wurde von christlichen Autoren vorgenommen. Für den Klostergründer Cassiodor (ca. 485-ca. 580) gehörten die sprachbasierten Disziplinen der Rhetorik, Grammatik und Dialektik/Logik zusammen (Bürsgens 2003, S. 31-35). Der Philosoph Boethius (ca. 480-542) gruppierte seinerseits Arithmetik, Musik, Geometrie und Astronomie als vier „Methoden" der rationalen Erkenntnis und nannte sie *quadrivium* (Vierweg). Jahrhunderte später wurden die drei von Cassiodor gruppierten Künste in Anlehnung an das Quadrivium Trivium benannt. Die Fächer des Quadriviums „handelten von Harmonien und Proportionen und galten deshalb als Ausdrucksformen und Widerspiegelungen der göttlichen Vollkommenheit. Diese war erkennbar in der Ordnung der Schöpfung, in der Reinheit der Zahlenverhältnisse (Arithmetik) und Raumgrößen (Geometrie), im Lauf der Gestirne (Astronomie) und in den Klängen der Musik" (Kintzinger 2003, S. 81).

Das Buch und die Bücher

Bereits die Tatsache, dass christliche Autoren die althergebrachte Organisation des Wissens änderten, zeigt jedoch ein Interesse an diesem Wissen. Die ersten christlichen Schulen bestanden im Wesentlichen im Studium und in einer Kommentierung der Heiligen Schrift selbst, also konnten sie den herkömmlichen Unterricht klassischer Prägung der Eliten nicht ersetzen (Prouderon 2003, S. 903). Die beschränkte Zulässigkeit der antiken Bildung bedeutete, dass unterschiedliche Bücher weiterhin in Bildungsinstitutionen zum Einsatz kamen. Dass Bücher in den relativ zahlreichen städtischen Schulen der Spätantike eingesetzt wurden, ist gut belegt. Schreibmuster vom Lehrer und Ostraka – Scherben, meistens von Tongefäßen, die als Schreibfläche benutzt wurden – überlebten zwar in großer Zahl (besonders im klimatisch trockenen Ägypten), aber auf Papyrus wird ebenfalls der Einsatz von Büchern in Schulen erwähnt, und zwar als Schriftrollen oder *codices* (Cribiore 2001, S. 137-143). Selbstverständlich blieb die mündliche Unterweisung durch den Lehrer ausschlaggebend, aber diese Unterweisung wurde nunmehr häufiger niedergeschrieben, auch als Diktat, und selbst zum Buch gemacht. So konnten Bücher auch, zumindest auf der Ebene des höheren Lernens, an das Wort des Lehrers erinnern, indem das Buch die Stimme teilweise ersetzte (Cribiore 2001, S. 145). Obwohl hier keinesfalls eine Ersetzung von einem Menschen durch ein Speichermedium, bzw. vom Lehrer durch das (Lehr)Buch, stattfand (Faulstich 2006, S. 63-64), nahm dies bereits die später enge Verbindung zwischen Lehre und Buch vorweg. Der Einsatz von Büchern – im Plural – blieb im frühen Christentum so unvermeidlich, aufgrund des Wissensumfangs, wie unstimmig, aufgrund der möglichen Konkurrenz der Bücher.

Das Programm eines christlichen Lehrens ging mitunter auch mit einer Verknappung der Bücher, die Christen lesen sollten, einher, denn „lesen ist für den frühen Christen vor allem die Deutung des einen Buches“ (Illich 1990/2010, S. 48). Die Heilige Schrift reiche aus, und die heidnischen Werke seien deshalb eher Ablenkungen. Obwohl es nie zu einer alleinigen Beschäftigung mit der Heiligen Schrift als Basis der christlichen Bildung gekommen ist, blieb diese Idee einer Verknappung bzw. Reduktion von Wissen und Texten auf eine enge christliche Auswahl lebendig. Die Kirche sei eine „schola Christi“, und deshalb stünde das Projekt einer Ersetzung der klassischen Meisterwerke der Antike durch Heilige Schrift und Werke anderer christlicher Autoren im Vordergrund (Mayer 1996-2002, S. 1106-1108). Dieses durchaus ambitionierte Projekt wurde immer wieder angemahnt. 800 Jahre später zeigte sich dieses Vorhaben noch im Titel einer Schrift des Theologen und Gelehrten Bonaventura (1221-1274) im Kontext der Pariser Universitätstheologie des Mittelalters: *De reductione artium ad theologiam* (Die Zurückführung der Künste auf die Theologie, ca. 1250). Die Ablehnung der Bücher der Heiden bedeutete jedoch nicht eine absolute Beschränkung des für Christen/innen wichtigen Wissens, weil im Alltag weiterhin andere Formen von Wissen tradiert wurden.

Vielleicht eine der bildstärksten Szenen über die schwierige Lage der Christen gegenüber den antiken Bildungsmedien ist die Schilderung des Märtyrertodes von Kassian von Imola im 4. Jahrhundert. Kassian, über den man sehr wenig weiß, war ein christlicher Elementarschullehrer, der sich dem Befehl von Kaiser Julian verweigerte, Opfer für die römischen Götter zu bringen. Er wurde dazu verurteilt, durch seine eigenen Schüler getötet zu werden. Er soll nackt an einem Pfahl inmitten des Unterrichtsraumes festgebunden und den ca. 200 Schülern überlassen worden sein. Nicht Schwert und Dolch peinigten den Lehrer; er wurde beworfen mit Wachstafeln für das Schreiben mit Wachsfläche. Laut der vermutlich sehr übertriebenen Schilderung wurde er mit den Federmessern der Schüler gequält, einige sollen sogar einen Teil der schriftlichen Hausaufgaben in seine Haut geschnitten haben. So wurde Kassian der Heilige der Lehrer und der Stenographen. Diese starke Episode oder Allegorie zeigt die negative Seite des Verhältnisses der Christen zur antiken Bildung. Die veranschaulichte Grausamkeit wurde durch den Einsatz von Unterrichtsmedien ermöglicht (Cribiore 2001, S. 156-157).

Imitatio Christi und klösterliche Bildung

In der durchaus umstrittenen Frage der Auseinandersetzung mit der antiken und heidnischen Kultur fand eine Wende am Ende des 5. Jahrhunderts statt, so eine historiographische Einschätzung. Zunehmend distanzierten sich Bischöfe und Würdenträger von ihrer eigenen klassischen Bildung, und die Idee, eine reine christliche Bildung anzustreben, wurde bevorzugt (Riché 1962/1976, S. 95-99). Bereits seit der Zeitenwende zirkulierten Vorstellungen von Weltabgewandtheit und Ablehnung klassischer Bildung. In den frühen Erzählungen über das Mönchtum, hier Antonius in der Beschreibung von Athanasius von Alexandrien, verband sich diese Ablehnung der vererbten Kultur mit dem neuen Glauben an Erleuchtung. Antonius „wollte vom Unterricht im Lesen und Schreiben nichts wissen“ (zit. in Frank 1993, S. 7), wurde aber später durch gottgeschenkte Erleuchtung belohnt. Nicht der Philosoph, der ja stärker im städtischen Kontext wirkte, sondern der in der Wüste nach Wahrheit suchende Jesus stand nun im Vordergrund: „Die *imitatio Christi* wird schnell zum Anspruch der vollkommenen christlichen Lebensführung, zunächst der des Märtyrers und ab dem vierten Jahrhundert des Asketen. Jesus ist das *exemplum* schlechthin“ (Stroumsa 2011, S. 54, Hervorhebung im Original).

Die imitatio Christi, die jeder prinzipiell anstreben könnte, auch Frauen, gab der Idee der Entsagung einen besonderen Status im Christentum des frühen Mittelalters. Vielsagend in diesem Zusammenhang ist die Entwicklung des Jahres 529 n. Chr. Nicht nur die Schließung der alten platonischen Akademie in Athen durch Kaiser Justinian wurde angeordnet – die fast tausend Jahre alte, letzte Institution ‚heidnischer‘ Gelehrsamkeit –, sondern auch Benedikts modellbildende Klostergründung geschah in diesem Jahr (vgl. Treml 2005, S. 95). Bücher wanderten mit den gebildeten Menschen ins Kloster. Der Vollzug des monastischen Zusammenlebens unterlag dem Vorhandensein von Büchern und

Schriftdokumenten. Gleichzeitig gab es eine starke Konzentration auf die Heilige Schrift und auf weitere Erbauungsliteratur. Quer durch verschiedene frühe Klosterordnungen zeigte sich, dass der Textkanon sehr eng war; es ging durchaus um eine Verknappung von Texten (Frank 1993). Im Übrigen gab es seit 360 n. Chr. auch Frauenklöster, in denen das Lesen und Meditieren vorgesehen war (Opitz 1996, S. 65).

Bildungstechniken im Kloster

„Lesen bedeutete allerdings nicht, einen Text zu verstehen oder gar Fragen zu stellen. Vielmehr wurde der Text als autoritäres Wort genommen und durch stete Wiederholung so lange gelesen und darüber meditiert (meditatio), bis der Lesende ihn auswendig aufsagen konnte" (Kintzinger 2003, S. 59). Es ging häufig um Vorlesen und Wiederholen in einer Gruppe, um ein Rezitieren, bei dem man in einem leiernden Ton vortrug, der zur Konzentration und Versenkung einlud. In der gängigen Kombination von Lesen und Meditieren war der Charakter des klösterlichen Lesens – trotz gängigem Lautlesens – nicht primär kommunikativ bzw. interpersonal zu verstehen (Illich 1993, S. 26-27), sondern als Mittel der Versenkung der Verinnerlichung und der Meditation.

Aber diese sehr enge Auswahl an Bildungspraktiken erschöpfte nicht den Umgang mit Wissen in Klöstern. Mit dem Namen Cassiodor verbindet man bis heute eine zweite klösterliche Tradition, die sich einem umfassenderen Kanon an Wissen verpflichtet sah. Cassiodor, ein gebildeter Sohn wohlhabender Eliten, wollte zunächst eine christliche Hochschule in Rom gründen, die Vorbereitungen dafür liefen im Kontext der Unruhen der Zeit ins Leere. Erst nach diesem Scheitern widmete er sich der Pflege des Wissens in einem abgeschotteten Raum, dem Kloster. Obwohl für Cassiodor selbstverständlich auch galt, „daß die Klugheit nicht allein in der Belesenheit liegt, sondern daß Gott die vollkommene Weisheit ‚einem jeden nach seinem Willen' (1 Kor 12, 11) schenkt" (Cassiodor 419-426/2003, erstes Buch, XXVIII, 2, S. 255), war er doch bücherorientierter als andere Klostergründer seiner Zeit. Dem Werk von Augustinus nicht unähnlich, schrieb Cassiodor eine *De grammatica* (bis heute verschollen) sowie ein Werk gegen den Niedergang des klassischen Lateins *De orthographia*. In seiner Klosterregel für Monte Casino, in der heutigen italienischen Region Kalabrien, sah er vor, dass ein Kloster ein Ort für die Aufbewahrung und Vervielfältigung von christlichen Büchern sein sollte: „Des Himmels Worte sind es, die der Mensch vervielfältigt" (Cassiodor 419-426/2003, S. 269). „Ich sage ganz offen, daß ich unter allen körperlichen Arbeiten, die für euch in Frage kommen, das Bemühen der Kopisten, sofern sie nur fehlerfrei schreiben, zu Recht wohl höher schät-

Abb. 6.1: Herstellung eines mittelalterlichen Buches nach einer Miniatur aus dem 12. Jahrhundert. Von links nach rechts und von oben nach unten: Bearbeitung des Blattgoldes, Glättung des Pergaments, Schreiben auf Wachstafeln, Linien ziehen, Buch heften, das geheftete Buch, Herstellung des hölzernen Buchdeckels, Spitzen der Feder, das Schreiben, der Unterricht. Entnommen aus: Seyfert, B. (1931). *Geschichte im Bilde*. Band 1. Halle: Verlag des Waisenhauses, S. 33.

ze. Denn sie belehren durch wiederholtes Lesen der heiligen Schriften ihren eigenen Geist in heilbringender Weise, und durch das Kopieren verbreiten sie die Gebote des Herrn allerorten" (Cassiodor 419-426/2003, erstes Buch, XXX, 1, S. 267).

Schreibtätigkeit und Skriptorien in Klöstern

Das Abschreiben von vorhandenen Schriften wurde bereits in den ersten Klöstern in Ägypten praktiziert, zumindest als handwerkliche Tätigkeit zur Finanzierung der Klöster, denn die Ideale der Armut und des Verzichts sprachen gegen zu viel Buchbesitz (Frank 1993, S. 11-12). Die nun bei Cassiodor als Programm aufgerufene Buchwerkstatt der Klöster hieß Skriptorium. Skriptorien ersetzten die Werkstätten berufsmäßiger Buchkopisten, die in den antiken Städten floriert hatten. Klosterskriptorien arbeiteten zunächst für den Eigenbedarf an Büchern, insbesondere Religionsbücher, gingen aber langsam zur Produktion für den Austausch mit anderen Klöstern und schließlich zur Produktion auf Bestellung über (Hauschild 2013). In Skriptorien wurde zwischen dem scriptor und dem einfachen Kopisten unterschieden. Während Ersterer eine eigenständige Schreibtätigkeit entfalten konnte, musste der Kopist an sich nicht unbedingt lesen können oder Latein beherrschen, sondern gewissenhaft die Buchstaben ‚nachmalen'. Darüber hinaus gab es auch den *dictator*, der Texte diktierte. Weil Kopisten zahlreiche Fehler begangen, wurde seit der Antike ein Korrektor hinzugezogen (Zelzer 2001, S. 301-302). Die so entstandenen Handschriften waren keineswegs alltägliche Gebrauchsgegenstände; sie waren etwas Besonderes, was an ihren oftmals prächtigen Verzierungen zu sehen ist. Skriptorien trugen Verantwortung dafür, die ältere Literatur, größtenteils noch in

Papyrus erhalten, in die neue, beständigere Materialität der Bücher mit ihren Pergamentblättern hinüberzuretten (Zelzer 2001, S. 308). Bei allen Kulturleistungen, die in diesen Skriptorien erbracht worden sind, wirkten sie auch kräftig mit bei der Trennung von Buchkultur und Alltagskultur.

Bücher und die Beschränkung von Bildung

Abgesehen von den Klosterschulen, die meist für die Ausbildung von Mönchen und Priesternachwuchs eingerichtet wurden, wurden Bücher im frühen Mittelalter zunehmend wichtiger für das Selbstbild von Klöstern. Nicht nur ihre Zahl, sondern auch die Systematisierung ihrer Verwaltung – bspw. die Entstehung von Bibliothekskatalogen – zeigt diese Entwicklung. In der Klassifikation des Wissens, die in solchen Katalogen durchgeführt wurde, war seltener das antike Klassifikationssystem der sieben freien Künste maßgebend. Eine beliebte und vielsagende, aber keineswegs verallgemeinerte Einteilung der Bücher umfasste „Bibel", „Kirchenväter" und „profane Autoren" (McKitterick 1989, S. 197). Man sollte sich aber die Lage nicht so vorstellen, dass Klöster, Abteien etc. eine Welt der Schriftlichkeit darstellten, die sich stark von einer nicht alphabetisierten Umgebung absetzte. Genauso wie außerhalb des Klosters pragmatische, basale, wenngleich seltene, Schriftlichkeit weiterhin bestand, waren nicht wenige Klosterangehörige zumindest nicht schreibkundig (Wendehorst 1986, S. 20-21). Obwohl ein repetitives Lesen oder ein relativ gedankenloses Kopieren von Büchern heute nicht unbedingt als Bildungspraktiken gelten, waren diese immerhin Momente des Umgangs mit einer (nun erheblich verengten) Schriftlichkeit. Ansonsten hatte die Enge des klösterlichen Lebens mit seinem durchgeplanten Alltag und den dichten Überwachungsbeziehungen Priorität in den Klöstern, als Beitrag zur Bildung der Mönchsgemeinschaft.

Pastorat

Die Erfahrung der konzentrierten Enge und der umfassenden Kontrolle des Alltags, die diese geistliche Führung ermöglichte, sollten aber nicht nur für die kleinen Gruppen, die in Klöstern lebten, von Bedeutung sein. Die Möglichkeit einer umfassenden, ja invasiven pädagogischen Erfahrung, die das Gesamtleben ergriff und sowohl Schüler als auch Lehrer umfasste, wurde in der Kirche als allgemeines Modell für die Führung aller Seelen auserkoren, und zwar in der Figur des Pastors. Papst Gregor der Große (540-604) war hierbei eine zentrale Figur, wenn es darum ging, diese spezielle Welt des Klosters und der dort betriebenen Bildung in die Welt zu tragen. In Bildungsfragen drückte Gregor der Große unmissverständlich anti-intellektuelle Positionen aus. Gegen ein bekanntes Grammatiklehrbuch der Antike wetterte er: Es wäre „unwürdig, die Botschaft von Gottes Wort unter den Regeln des

Donats zu versklaven" (zit. in Pedersen 1997, S. 64). In seiner *Regula Pastoralis* aus dem Jahr 590 betonte er nicht intellektuelle Beziehungen in der Lehre und bevorzugte die Ausgestaltung eines pastoralen Verhältnisses zwischen Klerikern und Gläubigen, zwischen Hirte und Herde. Gregor wollte die sehr nahe, feine und begleitende Überwachung der einzelnen Seele und der Seelen aller, die ja für das Kloster charakteristisch ist, in die Welt hineintragen. Dabei war Predigen höher zu bewerten als intellektuell ausgerichtetes Lehren: „So muss auch der Prediger seine Ansprache so formen und ausrichten, dass sie einerseits den Bedürfnissen der einzelnen entgegenkommt, dass ihr andererseits jedoch die Kunst, alle zu erbauen, nicht abgeht" (Gregor der Große 590/1986, S. 15). Das pädagogische Verhältnis war nicht so sehr auf ein Lehren gerichtet, obwohl Predigten immer ein lehrhaftes Element hatten. Vielmehr standen die „Bedürfnisse" des Einzelnen und der Herde im Vordergrund, denen man mit der pastoralen Sorge, mit einer geistigen Führung, entgegenkam (Foucault 1984/2005). Umfassende Sorge galt somit als die erste Erziehungspflicht eines christlichen Hirten. Es handelte sich um eine buchbasierte und buchbegründete Sorge und Lehre, die aber für die Mehrheit der Christen in einer mündlichen, buchlosen Situation, wenn überhaupt, vollzogen wurde.

Mit der Betonung pastoraler Beziehungen „wurde jede Unterrichtssituation, als personale Gemeinschaft des Lehrers mit seinen Schülern, vom Grundmuster der Unterweisung durch einen Kirchenlehrer abgeleitet" (Kintzinger 2003, S. 39). Nicht nur mit dem Programm Gregors stand nun die Erfassung aller lehrhaften Beziehungen als personale Gemeinschaft mit einem Kirchenlehrer in der Welt. So war es bei monastischen Reformern in England im 10. Jahrhundert der Fall. Diese Reformer sahen sich als Träger einer besonderen Weisheit und als Vollstrecker eines göttlichen Gebots des Lehrens. Mehr noch: Laien seien nicht imstande, sich selbst zu unterweisen und daher könnten sie das für andere nicht übernehmen. Diese Gruppe sah sich ebenfalls als Hauptträger einer breit aufgefassten pastoralen Tätigkeit und argumentierte mit Hinweisen auf die Heilige Schrift (Busse 1993, S. 85-87). Es bestand kein Zweifel daran, dass die Erlösung des Einzelnen über das Buchwissen hervorzubringen sei. „Zweck der Erlösung ist, daß die Christen die herabgekommene Mitteilung des Absoluten durch entgegenkommenden Aufstieg zur Erkenntnis beantworten und als Verpflichtung zur formatio mentis vollziehen" (Ludwig 1966, S. 116). Diese Bildung des Geistes durch pastorale Lehrbeziehungen erhielt somit eine außerweltliche Überhöhung.

6.2 Bücher in der Stadt I: Die Universitätsvorlesung

Der Aufstieg des Programms einer klösterlichen und pastoral konzipierten Bildung bedeutete keineswegs, dass der Umgang mit der Schriftkultur und mit dem gespeicherten Wissen nur eine rein religiöse, geschweige denn klösterliche Angelegenheit blieb. Pragmatische Schriftlichkeit fand natürlich weiterhin statt, wobei hierbei regelrechte Anstrengungen im schwierigen Umfeld – Instabilität von Reichen, Invasionen von Normannen und Wikingern bis weit ins 10. Jahrhundert – unternommen werden mussten. Mit der Herrschaft von Karl dem Großen (768-814) verbindet man bis heute den vielleicht ambitioniertesten Versuch, Schriftlichkeit in den Dienst politischer Herrschaft zu stellen. Eine seiner umfangreichsten Regierungsverfügungen in seinem riesigen Reich, die *admonitio generalis* aus dem Jahr 789, gab allgemeine Regelungen in vielen Lebensbereichen mit Hinweisen auf die Bibel und das Kirchenrecht vor, um somit dem Ideal einer christlichen Herrschaft zu entsprechen. In diesem Zusammenhang entstand eine Hofschule zur Ausbildung von Verwaltern, die berühmt, obgleich relativ kurzlebig, war. In diesem Zusammenhang wurde die „karolingische Minuskel" eingeführt, eine Schrift der Verwaltung und somit verständlich und praktisch für die Zwecke der politischen Herrschaft. Es handelte sich um eine normierte Schrift, die die Ausbreitung lokaler Schreibweisen eindämmen sollte. Die Herrschaftsbildung, die unter Karl dem Großen und seinen Nachfolgern möglich wurde, förderte insgesamt den Einsatz von Schrift in Staat und Kirche. Zu der herkömmlichen Verschriftlichung von Gesetzessammlungen und wichtigen Urkunden kam Geschriebenes nun in der Verwaltung bei Befehlen, Beratungen und Berichten zum Zuge. Zudem wurde hier auch verstärkt durch Briefe kommuniziert (McKitterick 1989, S. 25-37).

Entstehung von Universitäten

Die Entstehung und Multiplikation von Dom- und Kathedralschulen nach dem 9. Jahrhundert war jedoch für die Geschichte von Bildungs- und Lernpraktiken von ungleich höherem Wert. In einem Kontext, in dem nach dem pastoralen Programm das Lehren und der Umgang mit Büchern als Domäne der Geistlichkeit galten, signalisierte die Existenz von Dom- und Kathedralschulen die zunehmende Bedeutung der nun allmählich aufgewerteten Städte. Bücher verließen allmählich die Abgeschlossenheit der Klosterräume. Zu Beginn des 2. Jahrtausends gingen freie Magister aus den Domschulen hervor und boten einen bezahlten Unterricht an. Universitäten entstanden zuerst als Zusammenschluss dieser frei lehrenden Magister und nach Wissen suchenden Scholaren. Wissenschaftsimmanent – so eine Erklärung – habe sich das Wissen, das man mit den sieben freien Künsten assoziierte, durch neue Übersetzungen aus dem Arabischen enorm vermehrt, deshalb war eine Spezialisierung der Verarbeitung und Überlieferung dieses Wissens vonnöten (Köhn 1986). Kirche und weltliche Macht protegierten die neuen Gruppen. Mit einem Dekret von 1158 stellte Kaiser Friedrich Barbarossa die Studenten von Bologna unter kaiserlichen Schutz und sorgte somit für deren Sonderstatus (Pedersen 1997, S. 138-139). Im Kontext einer Konkurrenz zwischen Reich und Papsttum überrascht nicht, dass der Papst selbst auch aktiv wurde und Schutzbestimmungen (zunächst eine päpstliche Bulle im Jahr 1189 zur Kontrolle der Zimmermietpreise!) erließ. In Bologna schlossen sich Studenten in Gilden und Bünden zusammen, aber diese Form der korporatistischen Organisation war nur anerkannten Berufen vorbehalten, und Student war kein Beruf. Außerdem waren Gilden eher für Handwerksberufe vorgesehen, sog. *artes serviles*, und nicht für akademische Berufe, *artes liberales*, konzipiert. Dies wurde mit entsprechenden Beschlüssen gelöst, so dass die Korporationen der Studierenden einen eigenen Rechtstatus erhielten. In Paris schlossen sich hingegen die Lehrenden in einer Korporation zusammen, die auch Lehrerlaubnis (*licentia docendi*) für geprüfte und zugelassene Kandidaten erteilen durfte. So entstanden Korporationen (Gemeinschaften von Lehrern und Schülern), die selbstorganisiert waren und Zeugnisse ausstellten, die dank päpstlicher Genehmigung in allen (west)christlichen Ländern gültig waren. Erst 1215 wurde der Terminus „Universität“ für die Benennung der versammelten akademischen Gruppen – Lehrer und Studenten – in Bologna angewandt (Pedersen 1997, S. 144).

Fakultäten

Diese neuen Institutionen markierten den Übergang vom dominanten Wissenschafts- und Lehrbetrieb der sehr oft ländlich gelegenen Klosterschulen zum neuen Betrieb städtischer Lehranstalten (Johanek 1986, S. 41). Relativ schnell nahmen sie die Gliederung in vier Fakultäten an: Nach dem für alle Studierenden verpflichtenden Besuch der Artistenfakultät – später Philosophische Fakultät genannt – gab es die Möglichkeit, Theologie, Jura oder Medizin zu studieren. In der Artistenfakultät wurden die sieben freien Künste gelehrt. Das dortige Studium galt zunächst als reine Vorbereitung für das Theologiestudium. Jura entstand mit der Wiederentdeckung antiker Rechtstraditionen, während Medizin stärker über den Kulturkontakt mit der islamischen Welt entstand. Wenn man diese Konstellation der Fakultäten betrachtet, dann bestätigte sich die im frühen Christentum etablierte

Hierarchie des Wissens – die aus der Antike übernommenen freien Künste als Propädeutikum der Theologie – bei zwei Hinzufügungen. Mit den juristischen und medizinischen Fakultäten bestanden jedoch institutionelle Innovationen, die eher pragmatischeren Zwecken der Herrschaft und des (nicht seelischen) Heilens dienten.

Bücher in Universitäten

Im neuen Kontext der Universitäten wurden die großformatigen Bücher, charakteristisch für die Lektüre am Lesepult des Klosters, obsolet. Bücher verkleinerten sich aufgrund ihres Funktionswandels: Nun waren sie mitunter auch für den ‚privaten' Gebrauch, für das Mitnehmen, das Selbststudium oder die Meditation außerhalb des Klosters vorgesehen (Clanchy 1979, S. 105). Universitäten und ihre Fakultäten gründeten auf Disziplinen, die wiederum auf Büchern fußten. Schnell bildeten sich Grundlagen für die jeweiligen Fächer heraus. Diese bestanden in einer Auswahl von Büchern und Kommentaren, ebenfalls Bücher, seien dies die Schriften Aristoteles mit den Kommentaren des muslimischen Gelehrten Averroes in der Artistenfakultät oder das *Corpus Iuris Civilis* und Dekretalensammlungen in der juristischen Fakultät (Miethke 1990, S. 15-16). Es besteht kein Zweifel daran, dass autoritative und niedergeschriebene Texte in Buchform den Wissensvorrat dieser Institution bildeten. Und diese Bücher bedingten auch die Hauptform der Unterweisung, nämlich die Vorlesung, in der die Studenten, die keineswegs diese durchaus kostspieligen Bücher besaßen, durch den vorlesenden Lehrer überhaupt in Berührung mit dem Fachwissen kamen (Miethke 1990, S. 18-19).

Vorlesung, Disputation

Im Gegensatz zu Vorlesungen unserer Zeit, die sehr oft in freier Rede gehalten werden (obwohl zunehmend von projektierten Folien unterstützt und begleitet, als einer Art schwachen „script"), bestanden mittelalterliche Vorlesungen im engen Sinne im Vorlesen eines Buches. Die Vorlesungen prägten den Universitätsalltag und waren vielfach vorgeschrieben. Von dem Theologen Peter Cantor (gest. 1197) ist folgendes architektonisch geprägtes Bild des Universitätsbetriebs überliefert: Das Gebäude des universitären Lehrens setze sich aus drei Elementen zusammen. Zum einen legte man das *Fundament* eines Faches durch das Vorlesen (*lectio*). Zum anderen wurde die *Mauer* dieses Gebäudes durch die Disputationen (*disputatio*) gebaut. Schließlich sei das Dach des Lehrgebäudes das Predigen selbst (*predicatio*) gewesen (zit. in Novikoff 2013, S. 101). Bereits die tragende Rolle der disputatio in dieser Beschreibung – schließlich bilden sie die Mauer des Lehrgebäudes – scheint auf eine entscheidende Abschwächung der „Bücherherrschaft" hinzudeuten. Mit den Disputationen verfügte

Abb. 6.2: Lectio – Disputatio / Vorlesung – Disputation. Titelblatt von Meyfart, J. M. (1636). *Christliche Erinnerung von der auß den Evangelischen Hohen Schulen in Teutschlandt an manchem Ort entwichenen Ordnungen und erbarn Sitten, und bei dißen elenenden Zeiten eingeschlichenen Barbareyen: vor etzlichen Jahren aufgesetzt*. Schleußingen: o. A.

man ja über eine charakteristische Methode der Wissensvermittlung, die aus der Tradition von Dialogen entstammte, das Vorlesen entscheidend ergänzte und mehrere Formen annehmen konnte. Es gab die *disputatio ordinaria*, die in wiederkehrendem Rhythmus stattfinden sollte, und auch die *disputatio de quolibet*, deren Themen und Fragen nicht im Voraus angekündigt wurden. Das waren Diskussionen allgemeiner Natur – heute würden man sagen „transdisziplinär" – und wurden dementsprechend von einem größeren Publikum besucht (Novikoff 2013, S. 141-145). Spannend im Hinblick auf die Bildungsgeschichte selbst ist die Tatsache, dass die *disputatio de quolibet* des Öfteren für die Verhandlung von methodischen und curricularen Themen, die über die Disziplingrenzen hinaus interessant waren, eingesetzt wurde. So sollen in der Universität Köln in den Jahren nach 1520 Themen wie die Unterweisung von Kindern, die Kunst des Unterrichtens, die Notwendigkeit des Hebräischlernens, die Klassifikation von Sprachfamilien oder die ‚wahre' Gelehrsamkeit in diesem Rahmen diskutiert worden sein (Traninger 2012, S. 245).

Die Disputationen sind wiederholt in der Forschung als Kern einer neuen Kultur des Dialogs und der Diskussion interpretiert worden, die im Grunde die Lehrkultur der Universitäten bei aller Ähnlichkeit des Ausgangspunkts, nämlich der lectio, von der Buchtradition der Klöster unterschied (Köhn 1976). Sie seien schließlich im Universitätsbetrieb eindeutig verankert: Die ersten Statuten der Universität in Paris von 1215 sahen die Disputationen als Bestandteil der Vermittlungsformen des Wissens vor (Novikoff 2013, S. 139). Diese Belege, so einige Autoren, sprächen für eine mediale Konstellation der Bildungsarbeit, in der nicht länger über eine Herrschaft des Buches gesprochen werden kann: „Die Vorlesung war deutlich gleichwohl die Verlagerung von der schriftlichen Überlieferung, speziell dem Schreibmedium Buch bzw. der Bibel, dem Buch aller Bücher, als höchster Autorität zur mündlichen Form der Überlieferung" (Faulstich 1996, S. 133).

Zentralität der Vorlesungen

Diese These vernachlässigt vorschnell die strukturierende und normgebende Funktion des Buches in mittelalterlichen Universitäten. Bereits die zeitlichen Vorgaben zeigen eine eindeutige Bevorzugung der Vorlesungen gegenüber anderen Formen der Vermittlung. Diese Vorgaben waren mitunter sehr differenziert. Sie unterschieden zwischen den *lectiones ordinariae*, die am Vormittag stattfanden, standardisiert waren und in Verbindung mit vorgeschriebenen Lehrbüchern zu organisieren waren, den *lectiones extraordinariae*, die eher am Nachmittag stattfanden und andere Bücher und Autoren behandelten, und den *lectiones cursoriae*, die Überblicksvorlesungen über zentrale Probleme eines als bedeutend erachteten Buches behandelten (Traninger 2012, S. 247). Nicht nur die Zahl von Vorlesungen, sondern auch die Buchgrundlage blieben vielfach unangetastet. Bei den Juristen in Heidelberg Ende des 14. Jahrhunderts war beispielsweise vorgegeben, „den Wortlaut des Gesetzes zusammen mit dem Kommentar der Glossa in ihrer ergänzten Fassung Wort für Wort verständlich und den Studenten laut vor(zu)lesen" (zit. in Miethke 1990, S. 20). Natürlich erfolgte die Erläuterung und Kommentierung des Textes mündlich; aber der Leitfaden und die Richtgröße für diese Vermittlungssituation blieb das Buch. Des Weiteren stellten Vorlesungen selbst Situationen dar, in denen weitere Bücher entstehen konnten. In vielen Fällen wurde nicht einfach vorgelesen und erklärt, sondern so langsam vorgetragen, dass die versammelten Studierenden die Möglichkeit hatten, den Inhalt niederzuschreiben. Es ging in diesem Fall um ein regelrechtes Gruppendiktat, dass auch als günstigen Nebeneffekt hatte, die Texte zu vervielfältigen. Der Großteil der scholastischen Literatur wurde somit als schriftliche Fixierung des mündlichen Unterrichts, selbst auf Büchern basierend, niedergeschrieben. Verbote dieser sehr verlangsamten Form der Vorlesung wie an der Artistenfakultät in Paris von 1355 sind beredtes Zeugnis für die ungebrochene Popularität dieser Vermittlungsform (Miethke 1990, S. 23). Vorlesungen, auf Büchern basierend, produzierten dann weitere Bücher.

Charakter der Disputationen

Nicht nur die Multiplikation und Allgegenwärtigkeit von Büchern spricht gegen eine Aufwertung der mündlichen, im Sinne von frei(er) vorgetragener, Überlieferung. Auch die Bestimmung, welche Kommunikationsqualität der mündlichen Disputation zukommt, ist durchaus unklar, um diese als Alternative zum vorgelesenen Buch zu positionieren. Nicht zu vergessen in diesem Zusammenhang ist besonders der Umstand, dass Disputationen alles andere als offene Dialoge im gängigen Sinne waren. Es ging nicht so sehr um ein freies Wechselspiel von Fragen und Antworten. Viel mehr definierte der Magister eine Entscheidungsfrage, die Behauptung einer der möglichen Antworten und eine Reihe von Thesen und Antithesen vorweg. In den Disputationen stand die Antwort von vornherein fest, es ging in erster Linie darum, diese Antwort gegen mögliche Einwände zu verteidigen. Der Wettbewerb zwischen dem Antwortenden (*respondens*) und dem Opponenten (*opponens*) mit seinen Angriffen und Einwänden war alles andere als die Entfaltung einer kreativen Gegenposition, sondern fand in einem Rahmen statt, der vom Magister vorgegeben war (Traninger 2012, S. 244). Ein weiterer Umstand bekräftigt auf entschiedene Weise den besonders dominanten Stellenwert der buchbasierten Vorlesung im Universitätsbetrieb: das jeweilige Gewicht von *lectio* und *disputatio*. Disputationen fanden im Zusammenhang mit Graduierung und Prüfungen statt. Dass nur ein Bruchteil der damaligen Studenten Abschlüsse anstrebte bzw. erreichte (Kintzinger 2000), bedeutete, dass die Disputationen keineswegs alltägliche Lehr- und Lernerfahrung einer Mehrheit der Studenten darstellten. Offenere, nicht nur buchbasierte Lernsituationen existierten zwar an den Universitäten. Beispielsweise war die *quaestio* (Erörterung) zentral für den Wissenschaftsbetrieb und somit eher auch für die Urteilsbildung und die „Forschung" als für die alltägliche Wissensvermittlung. Die Vorlesung blieb im Bereich des Lehrens und Lernens jedoch die ausschlaggebende Praxis.

Seitenbild und Lesen

Bei aller ununterbrochenen Buchherrschaft im Lernbetrieb fanden doch erhebliche Verschiebungen in Gestalt und Gebrauch des Buches statt. Ivan Illich, ein Kulturkritiker, der in sehr bekannten Schriften die sog. Entschulung der Gesellschaft forderte, sah einen Prozess der Transformation des Lesens im Umfeld von Universitäten im 12. Jahrhundert im Gange, dessen Grundlage Veränderungen im Medium Buch bildeten. Im christlichen – besonders im monastischen – Rahmen war das Lesen eher ein Ritual gewesen, um die Geschichten aus dem Alten und Neuen Testamenten kollektiv zu vergegenwärtigen. Zudem stellte ein Buch im herkömmlichen Sinn die Aufzeichnung der Wörter eines Autors dar. Der Autor mag diese Wörter einfach gesagt oder bewusst diktiert haben. Der Einsatz des Buches war in beiden Fällen durch die Idee bestimmt, die niedergeschriebenen Wörter des Autors durch lautes

Lesen wieder erfahrbar zu machen. Lesen war außerdem körperlich anstrengend: Man las laut, musste bei dem sperrigen Seitenbild und den nicht getrennten Wörtern sehr oft den Finger unter dem Text mitführen, bzw. die alten Schriftrollen vorsichtig aus- und einrollen. In der Antike war das Lesen als Alternative für Spaziergänge ins Spiel gebracht und mit einer guten körperlichen Verfassung verbunden worden. Insofern wird von der Einverleibung des Buches durch Atmung, Zunge, Hände und besondere Intonation für die ältere Form des Lesens gesprochen. Die *lectio monastica* im Kloster war vielfach darauf angelegt, eine „Gemeinschaft von Murmlern" zu schaffen (Illich 1990/2010, S. 57).

Die Vorlesung der Universität, die *lectio scholastica,* weist jedoch eine andere Logik auf, die eng mit der materialen Beschaffenheit des Buches zusammenhing. Erstens wurde zunehmend die bis dahin eher in der Verwaltung bekannte Kursivschrift eingesetzt, die in der Zeit wiederentdeckt worden war. Mit dieser Schrift konnte man flüssiger, schneller schreiben. Zweitens ging es auch um den Einsatz von Papier als neuem Beschreibstoff. In China längst benutzt, hielt das Papier über die Vermittlung der arabischen Welt und der zentralspanischen Stadt Toledo – damals ein wichtiges Zentrum interkultureller Gelehrsamkeit und Übersetzung – in Europa Einzug. Drittens kam die Erfindung von Schlüsselwörtern, alphabetisch geordneten Listen und Sachregister als Mittel für die Orientierung innerhalb des Buches hinzu.

Aber besonders ein weiterer Punkt scheint die Transformation des Buches als Angelpunkt der Bildung bedingt zu haben. Eine sehr entscheidende Veränderung war das Ende der *scriptio continua,* d.h. des Schreibens ohne Wortunterbrechungen. Seit der Antike wurden Texte als ein Kontinuum von Wörtern verfasst, ein Indikator dafür, dass das Schreiben noch als das Niederschreiben der fließenden Rede mit dem Ergebnis eines fließenden Textes konzipiert wurde. Besonders nach dem 12. Jahrhundert wurden die einzelnen Wörter allgemein voneinander getrennt geschrieben (Saenger 1997). Darüber hinaus wurden im Text allmählich Absätze eingeführt, Anführungszeichen für Zitate eingesetzt und Kapitelüberschriften eingepflegt, und diese wurden mitunter auch durchnummeriert (Illich 1990/2010, S. 100-104). Als Ergebnis wurde der Text zunehmend künstlich zerlegt und organisiert. Anstelle der natürlichen Kontinuität der Rede (sei es als richtige Rede oder als Diktat), die durch das Lesen wieder zum Leben erweckt wurde, gab es nunmehr eine Textgestalt, die eigenen, wenn man will: künstlichen, Kompositionsregeln folgte und auf einfache Weise für bestimmte gelehrte Tätigkeiten gehandhabt werden konnte. Hierdurch wurde ein andersartiger Lesevorgang erleichtert. Dieser konnte Absätze überspringen, so etwas wie Querlesen und somit einen eigenständigeren, manchmal auch eigenwilligen Umgang mit dem Buch ermöglichen. Die neuen Findmittel wie Sachregister, Paginierung, Absätze gaben dem Leser praktische Möglichkeiten bei der Lektüre. Im 12. Jahrhundert verdichteten sich insgesamt Änderungen in der Schreibart und in der Gestaltung der Buchseite, die weitgehend das bis heute erkennbare Schriftbild der Moderne begründen.

Auf der Grundlage dieser veränderten Medienbeschaffenheit entstand die an Universitäten gängige *lectio scholastica*. Nun konnte man einfacher aus Büchern exzerpieren und die Vorlesung stellte dann nicht unbedingt das einfache Vorlesen eines kompletten Buches einer älteren Autorität dar. Es war auch einfacher, aus verschiedenen Texten Zitate und Gedanken zusammenzustellen und diese in den Dienst eines eigenen Gedankenvorgangs zu stellen. Eine distanzierte, spekulative und tendenziell reflexive Art des Lesens ging hier vonstatten, ohne die Buchzentrierung der Lehre insgesamt in Frage zu stellen (Illich 1993, S. 32). Entsprechend war „die sichtbare Seite (...) nicht mehr die Aufzeichnung von Äußerungen, sondern die visuelle Darstellung einer durchdachten Beweisführung“ (Illich 1990/2010, S. 106), auf die man sich einfacher konzentrieren und die man ggf. auch hinterfragen konnte. Mit dem Ende der *scriptio continua* erwartete man ebenfalls zunehmend, dass nicht mehr laut, sondern still bzw. „privat“ gelesen wurde. Diese Art der Lektüre entzog das Lesen der unmittelbaren sozialen Kontrolle durch andere Anwesende. Mit diesem Lesen, das einem „Privatstudium“ gleichkam, sei – so Paul Saenger – die Möglichkeit abweichender Deutungen erhöht worden (Saenger 1997, S. 264-265).

Ca. 75 Universitäten, als Folgeeinrichtungen von nicht klösterlichen Dom- und Kathedralschulen oder als Neugründungen, wurden im Laufe des Mittelalters etabliert. Noch im Jahr 1500 waren mind. 61 dieser Gründungen weiterhin in Betrieb (Verger 1993, S. 70-71, S. 78). Alle diese Institutionen verstärkten den Prozess der Verstädterung und etablierten buchbasierte lateinische Bildung als eines der Merkmale städtischen Lebens. Die Buchherrschaft in Bildungszusammenhängen wirkte ununterbrochen, besonders sichtbar an der zentralen Veranstaltungsform der Vorlesung. Bei diesem längerfristigen Prozess der Etablierung des höheren Lernens in städtischen Kontexten ging es aber nicht nur um eine reine Fortführung der alten Buchdominanz monastischen Lebens. Wie die Veränderungen der Buchseite ab dem

12. Jahrhundert zeigt, veränderte sich die Beschaffenheit dieses Mediums an sehr kritischen Stellen. Zwischen Buchdeckeln, die, oberflächlich betrachtet, gleich blieben, wurden Texte gegliedert und paginiert, der Schriftzug differenzierte Wörter. Das Papier, dessen Herstellung im Vergleich zum Pergament der Multiplikation von Manuskripten Vorschub leistete, tat das Übrige, damit mehr und andere Bücher zirkulierten. Praktiken der Zitation, der Referenzierung bzw. der Bezugnahme, des stillen Lesens wurden möglich, die wiederum andere Bildungspraktiken wie die einfachere Zergliederung einer Abhandlung, die distanzierte Lektüre und die Kommentierung erleichterten. Die sog. Renaissance des 12. Jahrhunderts, die als eine erhöhte kulturelle Dynamik durch Vernetzung und Verstädterung sichtbar wurde, war sowohl Bedingung als auch Ergebnis medialer Transformationen an dem altehrwürdigen Grundlagemedium der Bildung: dem Buch.

6.3 Bücher in der Stadt II: Praktisches Buch, Rechnungsbuch, volkssprachliches Schulbuch, lateinisches Schulbuch

Parallel zur Verstädterung und zur Vermehrung der Universitäten differenzierten sich das städtische Leben, seine Wissensformen und seine Bildungspraktiken. Dabei standen mediale Transformationen *und* Kontinuitäten im Vordergrund, die von der Rolle neuer städtischer Gruppen vorangetrieben wurden. In dieser Perspektive dominierte vielfach die pragmatische Sicht auf Lernen, Bildung und Schriftlichkeit. Zu diesen Gruppen zählten die mitunter sehr mächtigen Zünfte der Handwerker. Man mag diese Handwerker in der gelehrten Welt nicht richtig verorten, aber nicht wenige Handwerker gehörten zur Gruppe der Gebildeten in dem Sinne, dass ein Schulbesuch vor der Lernzeit beim Meister, obwohl weiterhin für eine Minderheit, zunehmend wichtig wurde (Kintzinger 1999, S. 156).

Händler, Handwerker und Buchwissen

Pragmatische Schriftlichkeit erschöpfte sich jedoch nicht im Bereich des handwerklichen Berufs. Interessanterweise wurde mit neuen Handbüchern eine Textgattung seit dem 10. Jahrhundert wiederbelebt, in der praktisches Wissen für alphabetisierte Personen zur Verfügung gestellt wurde. Das war lange keineswegs selbstverständlich gewesen. Schriften über bspw. Technik und Architektur sind aus den ersten Schriftkulturen praktisch nicht überliefert worden (Trigger 2003, S. 610). Erst in der klassischen Antike wurde dieses Wissen niedergeschrieben. Nun handelte es sich bei den Handbüchern um neue Texte, nicht um Kopien antiker praktischer Handbücher. Sie waren eng an ein Tun gebunden, beispielsweise die Beherrschung einer Technik oder das Briefeschreiben (Evans 1978, S. 89). Ob man mit diesen Handbüchern lernen konnte, oder sie doch als Unterstützung für die Lehre eines Meisters bestimmt waren, ist unklar. Sie waren zu schwierig und dunkel, um allein von einem Lernenden erschlossen zu werden, andererseits konnten sie eine Wiederholung von bereits Gelerntem unterstützen, das nach der Erklärung des Meisters erfolgte.

Nicht zuletzt wegen der Verschriftlichung dieser Praktiken wurde öfter von dem neuen Wert eines bürgerlichen – im Sinne von Bewohnern der Stadt, den Bürgern – Bildungsbedürfnisses gesprochen. In der Historiographie wurde das bereits von Historikern als etwas radikal Neues, zumindest in starker Opposition zum kirchlich dominierten Bildungsangebot, interpretiert. Diese neue Bildungsnachfrage wurde besonders mit dem Aufstieg der Kaufleute und Händler in wichtigen Städten in Verbindung gebracht (Pirenne 1928). In der Welt des Handels, die auch komplexe Strukturen für den Fernhandel kannte, kam es zu einer Umdeutung des Buches als Gegenstand: Die Buchhaltung erfuhr eine Wiedergeburt – sie war ja auch ein Faktor für die Entstehung früherer Schriftsysteme im alten Mesopotamien gewesen – und verkomplizierte sich durch den neuen Standard der doppelten Buchführung. In dieser auch für das Spätmittelalter dokumentierten Praktik wurden nicht nur die Aufzeichnung aller Geschäftsvorgänge mit ihren Belegen garantiert, sondern in separaten Büchern auch eine Kontoführung in Soll und Haben organisiert. Für die Zeit um 1500 hatte sich diese komplexere und profane Buchführung in Handelskreisen in Nord- und Mittelitalien, damals das wichtigste Zentrum kultureller Dynamik, durchgesetzt (Grendler 1989, S. 319-323).

Mathematisches Wissen

Das Wissen, das diese Bücher der Buchführung speicherten, war nicht das textualisierte Wissen der Universitäten und anderen Schulen. Es ging um ein Wissen, das in Zahlen niedergeschrieben wurde und das Ergebnis mathematischer Operationen darstellte. Das war keineswegs selbstverständlich. Vielfach ist von der Verengung der Mathematik im Mittelalter auf Zahlensymbolik und Zahlenästhetik die Rede. Damit ist gemeint, dass Zahlen in erster Linie nicht „operativ", also für praktische Operationen bestimmt waren, sondern eher als Chiffren dafür, die Struktur der Welt und des Schöpfers zu erfassen. Man denke an besonders symbolisch starke Zahlen wie sieben (Wochentage, Todsünden, etc.) oder zwölf (Stämme, Apostel, etc.). Sicherlich gab es im Alltag eine operative Mathematik, wie bei den Handwerkern, die lange Zeit nicht den Status eines niederzuschreibenden Wissens, geschweige denn eines Schulwissens, erlangen konnte. In den Städten mit stärkerem Handelsaufkommen war jedoch eine andere Mathematik nötig, als in den Universitäten im Rahmen des Quadriviums gelehrt wurde. Es ging nicht um die Philosophie der Zahl, die Berechnung des Osterfestes oder die Suche nach Harmonie in der Welt, die in Zahlenverhältnissen zu finden wäre. Zudem nahm die Welt des Handels stark an der Aufwertung der Volkssprachen teil, während die Universitäten mathematisches Wissen weiterhin in Latein festhielten (Hein 2012, S. 110-126). Erst mit der Konsolidierung des Handels in den spätmittelalterlichen Städten „werden Zahlen auf arithmetisch, praktische, also operative Größe hin präzisiert (...)" (Ernst 2007, S. 18).

Fingerzahlen und Rechenbrett

Herkömmlich hatte man solche Operationen mit zwei Hauptmitteln durchgeführt, die beide auch völlig unabhängig von Verschriftlichung auskommen könnten: den Fingerrechnungen und den Rechenbrettern (Ernst 2007, S. 20). Fingerrechnungen hatten eine prominente Verankerung im verschriftlichen Wissen des Mittelalters: Das erste Kapitel des wichtigsten Werkes zur Rechenkunst in dieser Zeit (*De temporum ratione*, von Beda) trägt den eigentümlichen Titel „Vom Rechnen oder Sprechen der Finger". Dabei ging es um eine verbreitete Technik des Rechnens, nämlich die sog. Fingerzahlen, die aus einer Kombination des Beugens der Finger, der Gelenke und der Arme bestand und als Gedächtnisstütze für ein weiterhin stark mündlich bestimmtes Rechnen diente (Hein 2012, S. 97-98). Während bei den Fingerzahlen und Fingerrechnungen der Körper als Medium der Operationen eingesetzt wurde, gab es mit dem Rechenbrett, auch Abakus genannt, ein mechanisches Rechenmittel, das das besondere Wissen neuer Kaufmannsschichten versinnbildlichte. Es handelte sich um ein seit der Antike bekanntes Rechenmedium, das seit dem 10. Jahrhundert aus China über die arabische Welt in Westeuropa Einzug hielt. Auf dem Brett wurden Grundoperationen durch die Position und Bewegung von Stäben bzw. Kugeln durchgeführt. Nicht nur die einfachen Operationen, sondern auch komplexere Operationen wie die Ermittlung der Quadrat- und Kubikwurzel aus großen Zahlen waren dadurch möglich. Gegenüber der damals noch gängigen Verschriftlichung römischer Zahlen stellte dies eine große Erleichterung beim Vollzug arithmetischer Operationen dar.

Man könnte etwa behaupten, dass mit dem Körpermedium der Fingerzahlen und mit dem Gegenstand des Rechenbretts eine alternative Bildungsmedienkonstellation durch städtische Kauf-

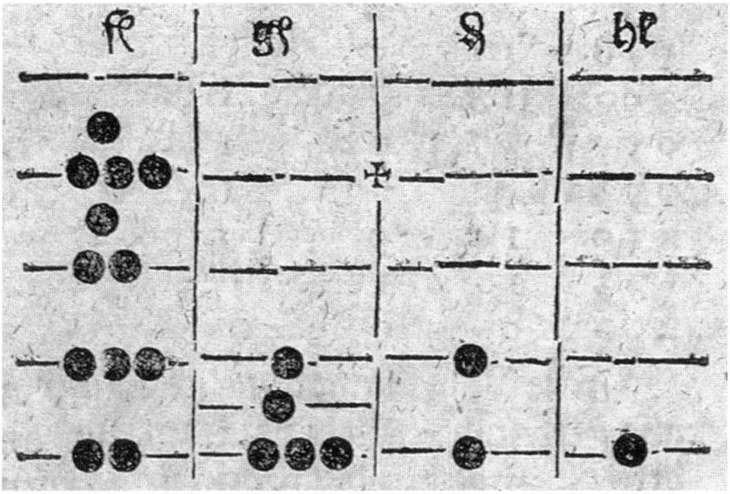

Abb. 6.3: Die Addition mit der Rechentabelle aus: Albert, J. (1607). *Rechen-Büchlein/ Auff der Feder und Linien/ Gantz leicht/ auß rechtem grund/ im gantzen und gebrochen: dem einfeltigen Mann/ und angehenden der Arithmetica zu gut.* [Bild 12].

leute bevorzugt wurde, die ein anderes Wissen in den Vordergrund stellte. Man könnte sagen, dass Finger und Bretter die sichtbaren Zeichen einer emergierenden Kultur der Bildung darstellten, die nicht einfach von der umgebenden buchzentrierten Bildung absorbiert werden konnte. Dies war aber nicht der Fall. Es fehlte nicht an Versuchen, den Abakus selbst in den Wissenskanon der verschrifteten freien Künste zu integrieren. Der Abakus stellte ein Medium dar, das unterschiedliche Bereiche des Wissens und Lernens überbrücken könnte: das Betreiben des Quadriviums einerseits und die Lernbedürfnisse der Kaufmannschicht andererseits. Der Abakus wurde zu einem vorübergehenden Gegenstand gelehrter Aufmerksamkeit, und zwar bis zum Aufschwung des Algorithmus als weiterer Möglichkeit, mit mathematischen Problemen umzugehen (Für England: Evans 1977).

Arabische Zahlen

Fingerzahlen und Rechenbretter wurden längerfristig durch mathematische Operationen auf Papier ersetzt, und somit traten diese stärker ins Reich des Schriftlichen. Der entscheidende Vorgang hierbei war die Transformation von Buchstabenzahlen (römischen Zahlen) in Ziffern, die aus Indien über die arabische Welt nach Europa kamen. Römische Zahlen waren sehr aufwändig, wenn es darum ging, sie niederzuschreiben und zur Grundlage von Operationen zu machen. Obwohl der praktische Wert arabischer Zahlen heute als selbstverständlich gilt, geschah die Ersetzung römischer Zahlen nicht über Nacht – es ging ja um die Transformation einer jahrhundertealten Praxis! Arabische Zahlen von null bis neun waren Händlern in Mittelmeerraum seit längerer Zeit bekannt. Erst mit dem Werk *Liber abbaci* (1202, in neuer Ausgabe seit 1228) von Leonardo Fibonacci aus Pisa (ca. 1170-1240), der lange Reisen in Nordafrika unternommen und arabische Mathematik gelernt hatte, stand ein mathematisches Werk zur Verfügung. Weitere Abakusabhandlungen entstanden, die praktische mathematische Probleme erörterten. Der verstärkte Einsatz von Rechenbrettern unterstützte die Verbreitung der arabischen Zahlen Null bis Neun, weil auf den Rechenbrettern die Position der einzelnen Rechensteine bestimmend war, genauso wie der Wert einer Drei durch ihre Position in der Zahl festgelegt wird (Hein 2012, S. 102).

Die Transformation des Zahlensystems war nicht nur langsam. Sie musste sich gegen starke Opposition behaupten. Beispielsweise wurden arabische Zahlen in Florenz 1299 zeitweilig verboten (Reyer 2005, S. 76). Die neuen Zahlen hatten auch ein Glaubwürdigkeitsproblem: „So glaubte man denn auch, dass sie leichter gefälscht werden könnten, als die altbekannten so genannten ‚deutschen' bzw. ‚kaiserlichen', d.h. die üblichen römischen Zahlen" (Reyer 2005, S. 76). Noch 1520 wurde in Freiburg im Breisgau bestimmt, dass den von Kaufleuten und Handwerkern geführten Schuldbüchern nur Beweiskraft bei Konfliktfällen zuerkannt werden konnte, wenn die aufgelisteten Geldsummen nicht mit den neuen Ziffern geschrieben waren (Reyer 2005, S. 76). Dementsprechend zog sich diese Veränderung hin. Herbert Reyer zeigt, dass die neuen Zahlen beispielsweise in der Stadtverwaltung von Hildesheim erst im Laufe des 16. Jahrhunderts benutzt wurden. Die Übernahme der neuen Zahlen dauerte somit in öffentlichen Stellen länger als in kaufmännischen Kreisen.

Buch und Arithmetik

Die Transformation der Notation des Basismediums Zahl legte die Grundlage für eine verstärkte Verschriftlichung von Operationen. Längerfristig setzte sich das Rechnen auf Papier im Vergleich zu anderen Alternativen wie Denk-, Finger- und Abakusrechnen durch. Somit war die Hauptbedingung für eine stärkere Verschränkung von Buch- und arithmetischem Wissen vorhanden. Bücher für die Darstellung des Abakus blieben zunächst sehr praktisch orientiert, benutzten relativ wenige mathematische Symbolisierungen und sollten mit ihren Antworten auf Probleme auch für die Tätigkeit im Handelskontor weiterhin nützlich sein (Grendler 1989, S. 316). Erst danach trat die operative Mathematik allmählich in das Reich des Geschriebenen ein (Ernst 2007, S. 18). Arithmetik wurde dadurch definitiv buchkompatibel und für die schriftliche, nicht nur mündliche Unterweisung verfügbar. Schließlich, wie bereits erwähnt, musste auch Fibonacci den Abakus in Buchform präsentieren, was eine wichtige Etappe bei der Verschriftlichung und Vertextlichung operativen arithmetischen Wissens darstellt. Das Buch blieb somit das Leitmedium der Bildung und des Lernens, auch für die neuen städtischen Gruppen wie die Kaufmannschicht.

Dies bedeutet jedoch keineswegs, dass das städtische Bürgertum eine einfache Fortschreibung des Bildungsmediums Buch, wie man es kannte, betrieb. Einerseits blieb der Abakus nicht nur im Einsatz, beispielsweise bei den seit dem 13. Jahrhundert zwischen dem Elementar- und dem höheren (lateinischen) Lernen etablierten Rechenschulen, die in Italien bis zum 16. Jahrhundert bezeichnenderweise *scuole d'abaco* hießen (vgl. Grendler 1989, S. 316). Andererseits konsolidierte dieses Bürgertum eine Schriftlichkeit eigener Prägung: profan, nicht religiös in ihrer Richtung und dementsprechend in anderen Medienformaten sichtbar wie bei den Rechnungsbüchern und den Geschäftsbriefen. Die schriftliche Geschäftsführung, allen voran das Briefeschreiben, fand Eingang in die erwähnten Schreib- und Rechenschulen. Einzelne Dom- und Stiftschulen, also kirchliche Schulen, boten ebenfalls Unterricht in Urkunden- und Briefstil (Wriedt 2005, S. 17). Sogar in Regensburg, einer Reichsstadt, in der das Schulwesen von religiösen Orden beherrscht war, wurde in den Schulen des 15. Jahrhunderts zunehmend Themen und Problemen aus dem Handelsleben behandelt (Sheffler 2008, 108-109).

Latein und Volkssprachen

Dieses ausdifferenzierte Bedürfnis nach anderen Büchern und einer eigenen Schriftlichkeit wurde jedoch nicht von den kirchlichen Schulen gestillt. Überall in den Städten Europas traten sog. freie Anbieter von Unterricht auf, wenn die selbstverwalteten Städte nicht gleich ihre eigenen Schulen gründeten. Im ersten Fall stellte die volkssprachliche Alphabetisierung neben der Unterweisung in kaufmännischen Fähigkeiten eine entscheidende Erleichterung des Zugangs zum Basismedium Schrift dar. Im Falle der eher elitären Stadtschulen hingegen war die Vermehrung von Büchern zu beobachten, obgleich in diesem Fall die Schultexte mehrheitlich lateinisch blieben.

Die Verschriftung der europäischen Volkssprachen im Mittelalter bildete gewiss einen in der Langzeitperspektive entscheidenden Vorgang für die Bildungsgeschichte. Es erstaunt den heutigen Beobachter, dass das Alphabet, das man für die Verschriftung lateinischer Texte benutzt hatte, lange Zeit für die Verschriftung keiner weiteren Sprachen eingesetzt worden war. Dies galt zuerst für die mehr als 600 Jahre andauernde römische Herrschaft in Westeuropa: Keine der Sprachen der unterworfenen Völker wurde mit lateinischen Buchstaben wiedergegeben. „Im ausgedehnten und politisch differenzierten Gebiet zwischen dem Schwarzen Meer und Spanien wurde das lateinische Alphabet nie dazu verwendet, das niederzuschreiben, was die Leute redeten" (Illich 1990/2010, S. 73). Dies galt darüber hinaus auch für das Frühmittalter. Erst im 8. Jahrhundert wurden einzelne wenige Texte in Vorformen des Deutschen und des Englischen niedergeschrieben. Auch in den folgenden zwei Jahrhunderten entstanden einzelne Texte auf Vorformen des Französischen, Italienischen und Spanischen. Dieser Prozess war alles andere als linear in seiner Progression und folgte nicht gängigen Erwartungen aus unserem nationalisierten Verständnis von Sprachen. Für England zwischen 1100 und 1300 beispielsweise, damals von einer aus Nordfrankreich stammenden Dynastie regiert, wurden Dokumente besonders auf Latein geschrieben, aber die zweitwichtigste Sprache war Französisch und nicht Englisch (Clanchy 1979, S. 159-165). Dabei wäre es vermutlich zu einfach anzunehmen, das Lateinische wäre für den religiösen, und die Volkssprachen für den weltlichen Bereich einzusetzen. Beispielsweise galt das Angelsächsische oder Altenglisch in dieser Zeit noch als klösterliche Sprache; erst später kam mit dem Neuenglischen die Idee einer verschriftlichen Volkssprache hinzu (Clanchy 1979, S. 165-166).

Entstehung volkssprachlicher Schulen

Man muss sich vergegenwärtigen, welche Mühe die Arbeit an der einfachen Alphabetisierung unter dem Umstand der alleinigen lateinischen Schriftsprachlichkeit gekostet hatte. Sogar die einfachsten Lernmittel und die Vorläufer der Lesefibel waren größtenteils auf Latein verfasst. Dies bedeutet, dass Fünf- und Sechsjährige zuerst lateinische Vokabeln und Gebete auswendig lernen sollten (Grendler 1989, S. 152). Es war unerhört, dass man sich in Schulen mit den Volkssprachen beschäftigte oder in diesen unterrichtete. Die mediale Verschiebung der Verschriftlichung der Volkssprachen lag der Entstehung eines nicht kirchlich dominierten Schulwesens zugrunde. Gut dokumentierte Fälle, beispielsweise aus Braunschweig, Lübeck und Hamburg, zeigen, dass diese Schulen sich „tantum ad scribendum et legendum in Teutunico" beschränken sollten (zit. in Wriedt 2005, S. 19). Für diese Schulen galt deshalb ein ausdrückliches Verbot des Lateinunterrichts. Diese Trennung der Sprachen in unterschiedlichen Schularten war damals eminent wichtig, wie ein Konflikt zwischen der Stadtregierung Hamburgs und dem Scholastikus, dem Direktor der lokalen Domschulen, der auch die Aufsicht über alle lokalen Schulen ausüben sollte, eindrücklich zeigt. Die Stadt hatte vier für diese Handelsstadt wichtige Schreib- und Rechenschulen ohne Genehmigung des Scholastikus etabliert. Der Konflikt zwischen Stadt und Scholastikus eskalierte, zog sich über Jahrzehnte hin und wurde sogar in Rom bei der Kurie verhandelt. Die Stadt argumentierte: Die Machtansprüche des Scholastikus auf die Stadtschulen seien nicht rechtens; er sei nur für die Schulen der sieben freien Künste und der Grammatik zuständig. Die volkssprachliche Schreibkunst und die Rechenkunst gehörten nicht zu diesen Künsten, diese gehörten zu den „mechanicis et factivis" und nicht zu den Wissenschaften. Somit wären volkssprachliche Schulen demnach nicht kirchlich gebunden (vgl. Meyer 1843, S. 183-189). Diese Differenzierung war auch in der Schulordnung der damals sehr wichtigen Handelsstadt Nürnberg von 1478 definitorisch: „Wer eine Schreibschule unterhält, soll niemanden anstellen, der lateinische Bücher oder Schriften lehre, sondern dies soll in den lateinischen Schulen geschehen. In den Schreibschulen soll man nicht mehr lehren als deutsche Bücher und Briefe" (zit. in Kintzinger 1999, S. 163). Selbstverständlich führte diese Differenzierung der Schulen zur Entstehung neuer Bücher für den Einsatz in den neuen volksprachlichen Einrichtungen. Die älteste überlieferte deutschsprachige Lesefibel wurde im Umfeld einer städtischen Rechen- und Schreibschule in Landshut verfasst (Kiepe 1983).

Die Verschriftlichung der Volkssprachen führte keineswegs zu einer Ersetzung der lateinischen Schriftkultur, sondern eher zu deren Ergänzung. Bis weit ins 18. Jahrhundert blieben einige Teile der Schriftkultur lateinisch dominiert. Das galt nicht nur selbstverständlich für die Katholische Kirche, die erst 1963 durch eine Liturgiereform im Rahmen des Zweiten Vatikanischen Konzils die Feier der Messe allgemein in der Volkssprache verankerte. Besonders für gebildete Schichten stand eine vorschnelle Annahme der Volkssprachen nicht zur Diskussion. Gelehrte, Kirchenpersonal, Staatsdiener mögen sich von den gemeinen Leuten ihrer Länder durch die mündliche und schriftliche Kommunikation auf Latein abgegrenzt haben. Dafür aber blieben sie an die Eliten im restlichen Europa anschlussfähig. Das war unter Umständen wichtiger als die schriftliche Kommunikation mit den eigenen Bauern und lateinlosen Schichten (Burke 1989, S. 35).

Das Schulbuch

Einen letzten Bereich, in dem sich die Dominanz des Buches als Bildungsmedium behauptete, stellten diejenigen Schulen dar, die auf Latein unterrichteten. Als Ende des 13. Jahrhunderts ein

Lehrer in der Stiftsschule von St. Gangolf in Bamberg viele Schüler mit einem „schuolbuoch“ in der Hand sah, konnte er nicht vermeiden, dies als durchaus bedrohlich zu empfinden. Die Ehre und der Lohn des Lehrers seien durch die Schulbücher gefährdet, so dass der Lehrer für die höhere Qualität der mündlich vermittelten persönlichen Lehre eine Lanze brach, damit keiner auf die Idee käme, allein mit dem Schulbuch zu lernen und den Lehrer für überflüssig zu erklären (zit. in Baldzuhn 2009, S. 1). Was dieser Lehrer beobachtete, war eine kleine Revolution: die Etablierung des Buches für die Hand der Schüler und nicht nur als Hilfe für den Lehrer. Es sollte nicht vergessen werden, dass nur eine kleine Zahl von Schultexten aus der späten Antike bis zum Mittelalter überlebt hatte, darunter die lateinischen Grammatiklehrbücher des Donatus und des Priscian sowie die Sammlung moralischer Sprüche *Disticha Catonis*. Diese Texte wurden über tausend Jahre in Schulen benutzt und bildeten den Kern an Schultexten mittelalterlicher Schulen (Sheffler 2008, S. 3).

In dieser Schulkultur im Spätmittelalter und in der Renaissance avancierten die nun häufiger anzutreffenden, weiterhin per Hand geschriebenen Schulbücher zum definitorischem Grundlagemedium. Das Schulbuch stand zunächst für ein Kondensat der Inhalte. Häufig wurden Verträge zwischen dem Schullehrer und den Eltern geschlossen, in denen der Umfang der Unterweisung festgehalten wurde. In so einem Lehrvertrag aus Norditalien im Jahr 1386 wurde beispielsweise vereinbart, dass die Jungen von der Buchstabentafel hin bis zum Donat unterrichtet werden sollten. Somit war die Nennung des Speichermediums Schulbuch für die Festlegung der inhaltlichen Breite der Unterweisung bestimmend. In einem Kontext, in dem Lehrpläne in einem modernen Sinne nicht existierten, half man sich mit dem Hinweis auf bekannte Bildungsmedien (Grendler 1989, S. 142). Das Schulbuch stand aber auch für eine Bestimmung der inneren Organisation der Schule. Dies zeigte sich besonders in dem Umstand, dass Lateinschüler des Öfteren einfach „Donatisten“ genannt wurden, in Anspielung an das Grammatiklehrbuch des Donatus (Sheffler 2008, S. 85). Mehr noch: Weitergehende Differenzierungen der Schülerschaft folgten dem Faden der benutzten Bücher, so dass häufig von Tabulisten, Cathonistes und Alexandristes die Rede war, die allesamt auf bekannte benutzte Lehrmittel hinwiesen (Sheffler 2008, S. 110).

In dem ca. 1345 geschriebenen *Bibliophilon* des Engländers Richard de Bury, einer Abhandlung über Büchersammeln, -verwendung und -aufbewahrung wurde die Zentralität des Menschen gegenüber dem Buch in Lehrverhältnissen hinterfragt: „Schließlich ist zu bedenken, welche Bequemlichkeit für die Wissenschaft in Büchern liegt, wie leicht, wie geheim. Wie sicher wir mit Büchern die Armseligkeit menschlichen Unwissens ohne Zurückhaltung enthüllen! Das sind Lehrer, die uns ohne Stock und Rute, ohne Scheltworte und Zorn, ohne Tracht und Schulgeld unterrichten. Wenn man zu ihnen kommt, schlafen sie nicht; wenn man sie befragt, verbergen sie sich nicht; sie murmeln nicht widersprechend, wenn man irrt; sie kennen keinen Spott, wen man etwas nicht weiß“ (zit. in Linden 2007, S. 92). Das Buch setzte sich im Mittelalter als regelrechtes Grundlagemedium der Bildung durch. Dabei überwand es die Verengung und Verknappung mönchischer Bildungsvorstellungen und -kontexte, wanderte mit säkularen Kirchenlehrern in die Stadt, begründete die Zentralszene der dortigen Wissensvermittlung, die Vorlesung, nahm dank der veränderten Aufzeichnung von Zahlen neue Wissensarten wie bspw. Algebra an, erfüllte eine ganz profane Funktion in Gestalt der Buchführung, folgte der Emergenz des volkssprachlichen Unterrichts und eroberte schließlich als Schulbuch die Welt der Lateinschulen. Das Prestige, als Buch eine Erinnerung an das *eine* Buch zu sein, spielte dabei ebenso eine wichtige Rolle wie die praktische Aufnahme neuer Formen des Wissens.

Fragen

1. Erklären Sie das ambivalente Verhältnis des jungen Christentums gegenüber der klassischen Kultur.
2. Inwiefern gab es eine Abwendung vom Praktischen in der Bildung der Frühen Christen?
3. Erläutern Sie die Entstehung eines christlichen Bildungskanons im Spannungsfeld zwischen *dem* (heiligen) Buch und den (übrigen) Büchern.
4. Erklären Sie das Konzept des Pastorats als zentrale pädagogische Festlegung der Christen.
5. Waren die mittelalterlichen Universitäten buchzentrierte Institutionen? Bitte nehmen Sie für Ihre Antwort Bezug auf den Einsatz von Medien (schriftlich/mündlich).
6. Welche Medientransformationen im Buch während des 12. Jahrhunderts ermöglichten – so eine medienzentrierte These – die neuartige *lectio scholastica* an Universitäten?

7. Inwiefern war die Bildungskultur mittelalterlicher Städte eine buchzentrierte? Welches Wissen wurde nun niedergeschrieben?
8. Erläutern Sie die Konsequenzen der Verschriftlichung europäischer Volkssprachen für die Arbeit der Bildungsinstitutionen.
9. Das Buch im Spätmittelalter war ein Grundlagemedium der Bildung auch außerhalb der Universitäten. Bitte diskutieren Sie diese These anhand der Transformationen der Schulmedien im Spätmittelalter.

Weiterführende Literatur

Baldzuhn, M. (2009). *Schulbücher im Trivium des Mittelalters und der Frühen Neuzeit*. 2 Bände. Berlin & New York: de Gruyter.
Umfassende Untersuchung über die Kontinuität von spätantiken didaktischen Büchern und ihre Ausbreitung in den Schulen des Spätmittelalters. Hervorragende Darstellung anhand der Analyse der noch überlieferten, handschriftlichen Versionen eines berühmten Lehrbuchs.

Illich, I. (1990/2010). *Im Weinberg des Textes. Als das Schriftbild der Moderne entstand*. München: Beck.
Anregende Vorlesungsreihe, in der Illich detailliert die Auswirkungen der Veränderungen der Buchseite im 12. Jahrhundert nachzeichnet. Zentrale Verknüpfungen zwischen der Materialität des Buches und Lektüre- sowie weiteren Wissenspraktiken werden erläutert.

Kintzinger, M. (2003). *Wissen wird Macht. Bildung im Mittelalter*. Ostfildern: Jan Thorbecke.
Kompakte, zusammenfassende, gut lesbare Abhandlung über die gesamte Bildungsgeschichte des Mittelalters von einem Fachmann, der einschlägige Forschungen in diesem Bereich vorzuweisen hat.

Pedersen, O. (1997). *The First Universities. Studium Generale and the Origins of University Education in Europe*. Cambridge: Cambridge University Press.
Breit angelegte Darstellung des höheren Lehrens und Lernens und über die Entstehung der abendländischen Universität in Mittelalter. Das Buch behandelt nebenbei andere Aspekte institutionalisierter Bildung seit der Spätantike.

Riché, P. (1962/1976). *Education and Culture in the Barbarian West. From the Sixth through the Eighth Century*. Columbia: University of South Carolina Press.
Umfangreiche Darstellung einer Epoche, deren Erforschung aufgrund der Quellenlage äußerst schwierig ist. Es geht um den Übergang von der Antike bis zu Karl dem Großen und wie die neu etablierte Herrschaft der neuen Völker sich mit der antiken Kultur auseinandersetzte.

7. Quantitative und qualitative Veränderungen: Der Buchdruck als Massifizierung und Transformation der Bildung

Assam ist eine mit dichtem Wald und steilen Bergen gesegnete Region im Nordosten Indiens. Man schreibt das Jahr 1846. In einer von Baptisten gegründeten, christlichen Missionsstation war man stolz auf den ersten Konvertiten aus den untersten Kasten der lokalen Bevölkerung. Er wird beauftragt, für die erste Zeitung der Region in lokaler assamesischer Sprache einen Artikel zu schreiben und somit den oberen Kasten die Segnungen des Christentums zu zeigen. Den ersten aus einer langen Reihen von Artikeln, die Nidhi Levi Farwell schrieb, widmete er der Erfindung der Buchpresse. Er erzählte diese Geschichte als Symbol für den Fortschritt, der unweigerlich die Vorrangstellung der englischen Gesellschaft gegenüber der indischen mitverursacht habe. Die Fortschrittslinie erreichte nun die abgelegene Region Assam und dank der ersten Druckpresse der Region entstanden aus der Sicht des Autors bis dahin unerhörte Möglichkeiten: „Früher, abgesehen von den feinen Leuten, war der Einzelne aus dem Gemeinvolk nicht in der Lage, das Lesen zu lernen, aber nun sind alle damit beschäftigt, wodurch sie Weisheit erreichen" (Sharma 2003, S. 263). Der Buchdruck fördere die Expansion der Bildung und begünstige eine allgemeine Lesefähigkeit: Farwell war sich der heilvollen doppelten Wirkung des Buchdrucks sicher.

Dieser indische christliche Konvertit wiederholte ein bereits etabliertes Motiv: die herausragende Bedeutung des Buchdrucks für das Schicksal der Menschheit und den Ruhm der Nationen. Bereits im Umfeld der ersten Druckpressen nach 1440 begeisterte die unerhörte Geschwindigkeit der Vervielfältigung von Büchern, deren Verbilligung und deren Standardisierung die Zeitgenossen (Giesecke 1991, S. 146-167). Autoren, die den Fortschrittsgang der Menschheit behandelten, wie beispielsweise der Philosoph, Mathematiker und aktive Politiker der französischen Aufklärung Marquis de Condorcet (1743-1794), teilten die Idee eines allgemein kulturellen Umbruchs durch den Buchdruck (Chartier 1995, S. 8-11).

Im Folgenden sollen Bildung und Erziehung unter den Bedingungen der verstärkten Technologisierung des Buches betrachtet werden. Der Buchdruck wurde für vieles verantwortlich gemacht: für den Erfolg der Reformation, für den kulturellen und wissenschaftlichen Aufschwung Europas, für den Beginn einer neuen Epoche der Gutenberg-Galaxis, in der das Buch zum Leitmedium der Gesamtkultur wurde (McLuhan 1962/1995), oder für das Ende der mittelalterlichen Wissensordnung. Ob die bis dahin unerreichte Verbreitung von Büchern, deren Ergebnisse leicht zu unter- und überschätzen sind, auch einen entsprechenden Einschnitt in der Geschichte der Bildung und der Erziehung darstellte, wird in drei Schritten diskutiert. In einem ersten Teil wird die Entstehung der Buchpresse als Technologie im Rahmen handwerklicher Tätigkeit betrachtet (7.1). In einem zweiten Schritt wird anhand der Entwicklungen im Deutschen Reich untersucht, ob der Buchdruck eine dynamisierende oder eher eine restriktive Bildungsentwicklung begünstigte (7.2). In einem dritten Unterkapitel wird der Frage nachgegangen, ob die stärkere Verfügbarkeit von Büchern und (dementsprechend) Schulbüchern Bildungsverhältnisse veränderte (7.3). Selbstverständlich war diese Innovation in der Produktion von Speichermedien nicht die einzige Veränderung in der Gesellschaft und Kultur der Zeit. Der Fall von Byzanz und seiner Hauptstadt Konstantinopel durch die neue türkische Macht (1453), die Entdeckung Amerikas (1492) und der Beginn europäischer Expansion, die Reformation in Nord- und Westeuropa (ab 1517) waren sicherlich treibende und formende Entwicklungen in vielen der hier besprochenen Veränderungen. Im Dickicht der Verhältnisse wird hier eine bestimmte Schneise, diejenige der Buchproduktion, als Leitfaden für die Diskussion von Bildungs- und Erziehungsverhältnissen zwischen ca. 1400 und 1600 geschlagen.

7.1 Buchpresse und Bildung: Verschränkungen und Kontexte

Wie bereits dargestellt, im Rahmen der Manuskriptkultur, ergab sich ab dem 12. Jahrhundert eine Reihe von Veränderungen in der Gestalt des zentralen Bildungsmediums, des Buches. Mit Worttrennung, systematischer Interpunktion, Textaufgliederung, Kapiteltitel, Inhalts- und Sachregister entstand das Bild eines Buches, das seit Mitte des 15. Jahrhunderts häufiger gedruckt als handgeschrieben wurde. Auch in anderen Codierungen ergaben sich im Spätmittelalter Veränderungen, die die Grundlage für spätere gedruckte Werke bildeten. Über arabische Zahlen wurde bereits gesprochen, aber auch die Musiknotation mit Liniensystem ist in diesem Zusammenhang zu erwähnen. Schließlich verfügte man im 15. Jahrhundert mit der Kupferstichtechnik über eine Technik für die massive Reproduktion von Bildern.

Buchproduktion und Kapitalismus

Die Technologisierung der Buchproduktion, im Sinne des Einsatzes von Maschinen, fand einen Höhepunkt mit dem Buchdruck durch Johannes Gutenberg (ca. 1400-1468). Obwohl einiges über die ersten Schritte der Druckbuchkunst im Dunkel bleibt, gilt als gesichert, dass Gutenberg erst ab 1448 eine technisch ausgereifte Werkstatt in Mainz betrieb. Dort wurden die unterschiedlichen mechanischen Prozesse, die bei der Buchproduktion eingesetzt werden, zur Reife gebracht und kombiniert. Die Produktion eines Buches war von Anfang an ein höchst arbeitsteiliger Vorgang. Papier, Tinte, die Zusammenstellung des Textes mit den Drucklettern aus Metall, die Korrektur dieser Zusammenstellung, die Produktion von Druckplatten für die Abbildungen, das Trocknen und Schneiden der gedruckten Seiten, das Zusammenbinden und die Gestaltung der Buchdeckel sowie der gesamte Bereich des Vertriebs sind einige der Arbeitsschritte, die die Buchproduktion als Kombination unterschiedlicher handwerklicher, intellektueller und kommerzieller Tätigkeiten erscheinen lassen. Dies bedeutete auch, dass nicht wenige Personen, einschließlich Lehrlinge und Gesellen, in diesen neuen Werkstätten koordiniert arbeiten mussten. So war eine Druckerei auch eine Art soziales Experiment, in dem Pünktlichkeit, Koordinierung und Disziplin stärker als in anderen Arbeitsstätten eine große Rolle spielten. Erste Buchpressen waren auch vergleichsweise sehr kapitalintensiv, erforderten also erhebliche Investitionen. Die vielen Pleiten der ersten Buchpressen – auch Gutenberg selbst steckte oft in finanziellen Problemen – legt beredtes Zeugnis über Schwierigkeiten der Anfangsphase der neuen Technik ab. Trotzdem verbreitete sich das neue Verfahren rasant (Febvre & Martin 1958/1997, S. 167-197). Investition, rationales Kalkül, Massenproduktion und -absatz (geschätzt 17 Millionen gedruckte Bücher allein bis 1500!), Disziplin, Koordinierung der Tätigkeiten, Arbeitsteilung: Es verwundert nicht, dass die Buchproduktion als eine der ersten kapitalistischen Tätigkeiten charakterisiert worden ist (zusammenfassend: Stein 2010, S. 185-190).

Die Wirkungen dieser Innovation der Medienproduktion sind sicherlich nicht zu unterschätzen, zumal, wenn man sich vergegenwärtigt, unter welchen Mühen die Handschriften in mittelal-

Abb. 7.1: Französische Druckerwerkstatt zu Beginn des 16. Jahrhunderts, aus Chants royaux sur la Conception, couronnés au puy de Rouen de 1519 à 1528 (folio 29v) édition XVIème siècle, Bibliothèque Nationale de France, Département des manuscrits, Paris.

terlichen Klöstern und in Kopistenläden entstanden sind. Die Frage der qualitativen Auswirkung dieser Innovation auf Bildung und Schule ist hingegen sehr schwer festzustellen. Diese Problemstellung wird im Folgenden anhand der beiden unterstellten Wirkungen des Buchdrucks dargestellt, die eingangs erwähnt wurden. Hatte der indische Konvertit Farwell in Assam im 19. Jahrhundert Recht? Wurden mit dem Buchdruck sowohl Bildung insgesamt verbreitet als auch die allgemeine Lesefähigkeit gefördert?

Buchdruck und Schulbuchmarkt

Zuerst zu Buchdruck und Bildungsexpansion. Im kollektiven Gedächtnis der Deutschen hat sich die Drucklegung der sog. Gutenberg-Bibel in den Jahren 1452 bis 1454 als Höhepunkt seiner Unternehmungen verfestigt. Zweifelsohne war die Publikation der gedruckten Bibel ein Prestigeprojekt der Werkstatt Gutenbergs, dessen kulturhistorische Konsequenzen nicht zu bestreiten sind. Dennoch war die kapitalintensive Druckkunst von Anfang an auf preiswertere Massenprodukte orientiert. Bereits in den 1440er Jahren war als vermutlich erstes gedrucktes Buch der alte Donat, das spätantike Grammatiklehrbuch des Lateinischen von Aelius Donatus, in Mainz gedruckt worden. Eine kleinere Version seiner Grammatik, in Fragen und Antworten verfasst, avancierte zu einem Hauptbuch des Spätmittelalters. Auch als eine zweite Druckpresse 1458 in Mainz öffnete, war der Donat unter den ersten Druckwerken vorhanden.

Der Donat, wie er damals hieß, war weder einziger gedruckter Schultext noch einziges gedrucktes Lehrmittel. In der ersten Druckwerkstatt in Köln wurde beispielsweise kurz nach ihrer Gründung ein *Alphabetum* verlegt; auch weitere Schulwerke wie die *Grammatica rhythmica* wurden in Mainz mehrfach publiziert (Giesecke 1991, S. 214-215). Ein kurzer Blick auf den Gesamtkatalog der Wiegendrucke, auch Inkunabeln genannt, also aller Bücher, die vor 1500 gedruckt wurden, zeigt, dass besonders für Schulen gedruckte Materialien in sehr vielen Orten gefertigt wurden und so etwas wie einen frühen Massenmarkt für den Buchabsatz bildeten.[2] Neben Ablassformularen und öffentlichen Bekanntmachungen gehörten diese schulorientierten gedruckten Texte zur ersten Speerspitze der Buchdruckkunst.

Buchdruck und informelles Lernen

Die Unternehmung des Buchdrucks basierte aber auch auf nicht schulischen Lernwerken. Der *Grammatellus* war beispielsweise ein Übungsheft, in dem Mustersätze im Lateinischen dargestellt wurden. Offensichtlich ging es bei diesem Text, der auch

2 Eine umfassende Erhebung aller bekannten Inkunabeln kann man unter folgender Adresse konsultieren: http://www.gesamtkatalogderwiegendrucke.de/

als Handschrift zirkulierte, um das Lernen eines Basisvokabulars und kurzer Sätze, die einen stärkeren Alltagsbezug als die für den Schul- und häuslichen Unterweisungsgebrauch eingesetzten Grammatiklehrbücher hatten. Eine besondere Gestaltung des Textes weist auf das Selbstlernen als einen weiteren Gebrauchskontext hin. Alle Auflagen des Grammatellus zeigen nämlich eine Übersetzung Wort für Wort ins Deutsche („cum glosa almanica"). Diese Übersetzung wurde nicht, wie heute häufig bei zweisprachigen Editionen, auf einer separaten Seite gedruckt, sondern in interlinearer Form. Man konnte auf einer Zeile Wort für Wort das Lateinische lesen und in der Zeile danach die Übersetzung. Es ging hierbei offensichtlich nicht um Regeln der Grammatik oder um ein ausgebautes Schullatein, sondern um eine Basiseinführung für bestimmte Gruppen, vermutlich Handwerker, die nur etwas Latein lernen wollten. Zwischen 1485 und 1500 sind 19 Ausgaben dieses Werkes in Nürnberg, Leipzig, Straßburg, Speyer, Mainz und Bamberg überliefert, was zumindest zeigt, dass die Buchdrucker der Zeit eine Nachfrage dafür sahen (Kintzinger 1999). Dass der Buchdruck nicht einseitig ein fördernder Faktor für Bildungsexpansion war, sondern, im Gegenteil, dass die Entwicklung und Differenzierung von Bildungsinstitutionen erst eine Kundschaft für den massiven Absatz von Büchern generierte und somit Bildungsinstitutionen selbst als Grundlage der riskanten Unternehmung des Buchdrucks fungierten, war für den indischen Konvertit Farwell schwer vorzustellen.

Buchdruck und Alphabetisierung in Korea

Farwell ging auch davon aus, dass der Buchdruck zur Verallgemeinerung der Lesefähigkeit führte. Vermutlich evozierte er damit eine im Protestantismus zirkulierende Verbindung zwischen zwei zeitweiligen Forderungen Luthers, nämlich des allgemeinen Bibelzugangs und der allgemeinen Lesefähigkeit. Demnach sollten alle durch das Lesen direkten Kontakt mit der Heiligen Schrift üben (dazu vgl. 7.2.). Diese Verbindung zwischen Druckkunst und allgemeiner Alphabetisierung soll im Folgenden anhand einer kurzen Darstellung einer anderweitigen Entwicklung diskutiert werden.

Der Fall der koreanischen Sprache und Druckkunst zeigt, wie fehl am Platz diese einfachen pragmatischen Annahmen bei der Analyse der Durchsetzung einer Innovation der Medienproduktion sind. Die Drucktechniken in Ostasien hatten eine lange eigene Geschichte. Bereits vor Christus wurde der Blockdruck, mit dem Bild, Text oder sogar einfache Muster mit einer Holzplatte auf Textilien gedruckt werden, fast wie mit einem großen Stempel, in China angewandt. Später wurde diese Drucktechnik auf Papier –

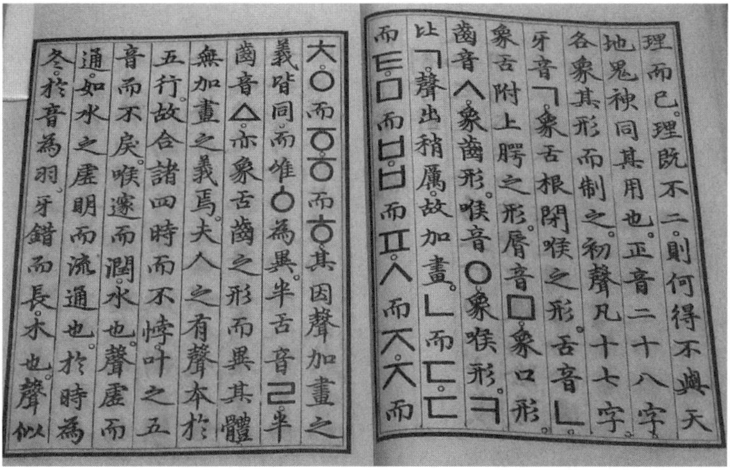
理而已理既不二則何得不與天
地鬼神同其用也正音二十八字
各象其形而制之初聲凡十七字
牙音ㄱ象舌根閉喉之形舌音ㄴ
象舌附上腭之形脣音ㅁ象口形
齒音ㅅ象齒形喉音ㅇ象喉形ㅋ
比ㄱ聲出稍厲故加畫ㄴ而ㄷㄷ
而ㅌㅁ而ㅂㅂ而ㅍㅅ而ㅈㅈ而

ㅊㅇ而ㆆㆆ而ㅎ其因聲加畫之
義皆同而唯ㆁ為異半舌音ㄹ半
齒音ㅿ亦象舌齒之形而異其體
無加畫之義焉夫人之有聲本於
五行故合諸四時而不悖叶之五
音而不戾喉邃而潤水也聲虛而
通如水之虛明而流通也於時為
冬於音為羽牙錯而長木也聲似

Abb. 7.2: Doppelseite aus den Erläuterungen und Beispielen zu den „Richtigen Lauten zur Unterweisung des Volkes".

auch eine chinesische Erfindung – eingesetzt. In Korea wurde ebenfalls der Blockdruck aus China angewandt, dafür wurden chinesische ideographische Zeichen eingesetzt. Mit dem Eintritt einer neuen Dynastie im Jahr 1392 scheint der Wunsch nach einer stärkeren Unabhängigkeit von der alles überragenden chinesischen Kultur bestanden zu haben. So wurde eine Reformschrift, die Hangulschrift mit 28 Buchstaben, im Jahr 1446 eingeführt. Man erhoffte sich eine Vereinfachung und Erleichterung bei der Alphabetisierung und der Vervielfältigung von schriftlicher Kommunikation. In dem Gründungswerk *Die richtigen Laute zur Unterweisung des Volkes* wurde ein vom König Sejong (1397-1450) selbst gefördertes, wenn nicht sogar geschriebenes, Werk publiziert, um das neue Planalphabet zu verbreiten. Dort wurde begründet, dass seine Innovation besser zur koreanischen Sprache passte. Dementsprechend wurden die neuen Zeichen präsentiert und erläutert. Um kommunikative Anschlussfähigkeit zu gewährleisten, musste aber die Darstellung des neuen Alphabets zuerst in klassischer chinesischer Sprache erfolgen, ansonsten hätte kein Leser Zugang zum neuen Code erhalten.

Das Projekt des Königs Sejong war Teil einer umfassenden Strategie zur Erneuerung und Befestigung staatlicher Herrschaft. Explizit nannte der König in der Verkündung der neuen Zeichen, dass „unsere Institutionen der Regierung und der Kultur diejenigen von anderen Königen übertroffen haben" (zit. in Ledyard

1997, S. 31). Die Schriftreform war nur ein Teil seines breiten Wirkens in unterschiedlichen Bereichen. Die nationale Musik, die Vereinheitlichung von Maßen und Gewichten, die Einrichtung von Archiven, die Kartographierung des Landes und nicht zuletzt ambitionierte Pläne der allgemeinen moralischen Unterweisung der Bevölkerung wurden proklamiert bzw. durchgeführt (Ledyard 1997, S. 31). Eine besondere Maßnahme in diesem Zusammenhang stellte die Optimierung der alten Buchdruckkunst dar. Denn die Einführung eines koreanischen Alphabets ermöglichte, analog zu den Sprachen in Westeuropa, das Drucken mit beweglichen Lettern. Die alte stempelartige Technik des Blockdrucks war eng mit dem Einsatz von Ideogrammen, bei denen eine Zeichenkomposition für einen Begriff steht, verbunden. König Sejong versprach sich von der Einführung des Alphabets auch eine Verbesserung und Optimierung des Buchdrucks insgesamt.

Bereits der Titel der Schrift zur Ankündigung des neuen Alphabets – *Die richtigen Laute zur Unterweisung des Volkes* – zeigt, welche pädagogischen Ambitionen mit diesem doppelten Programm der Reform des Basismediums Schrift und der Optimierung des Buchdrucks zusammenhingen. Diese Ambitionen einer allgemeinen Unterweisung des Volkes waren bereits 1432 sichtbar geworden. Sejong hatte die Herausgabe eines moralischen Lehrbuches angeordnet und dabei einen Aufruf veröffentlicht, der eindeutig eine allgemeine Unterweisung der Bevölkerung – „inner- und außerhalb der Hauptstadt" – anvisierte, einschließlich „Frauen in allen Altenstufen" (zit. in Ledyard 1997, S. 34). Das Lehrbuch – *Illustrierter Führer zu den drei Verhältnissen* – umfasste mehr als 300 Geschichten von moralisch korrektem Verhalten gegenüber Eltern, Ehemännern und Autoritäten insgesamt. Aber die Unternehmung eines Volksbuches war keineswegs in den Rahmen einer Strategie zur Förderung der allgemeinen Lesefähigkeit eingebunden. Analysen der flankierenden Texte sowie der Art der Zusammenstellung der Texte ergaben, dass die Absicht der Herausgeber nicht das direkte Lesen durch die Bevölkerung war (Oh 2013, S. 22-23). Nach der Publikation der neuen Hangulschrift 1446 wurde eine auf ein Drittel verkürzte Version des Lehrbuches publiziert und somit die pädagogischen Ambitionen des Herrschers bestätigt. Hier galt aber auch, dass der Text nicht in erster Linie für das private Lesen bestimmt war, sondern für einen Vermittler, der den Illiteraten den Text vorlesen und ggf. erklären sollte. Sowohl der nun breiter eingesetzte Buchdruck als auch die Pläne einer allgemeinen moralischen Unterweisung der Bevölkerung änderten nichts daran, dass die Alphabetisierung der Bevölkerung nicht im Vordergrund stand (Oh 2013, S. 265-266). Es gab keine automatische Verbindung zwischen Buchdruck und allgemeiner Lesefähigkeit.

Ohnehin waren die Widerstände gegen die Reform der Schrift, und somit indirekt auch gegen den vereinfachten Buchdruck, heftig. Konfuzianische Gelehrte, fest in der Tradition der chinesischen Zeichen, merkten an, dass dieser Schritt „zurück in die Barbarei" führe (Lee 1997, S. 25). Die konfuzianische Gelehrtenschicht, die in der chinesischen Sprache und Kultur sozialisiert war, verschmähte die neue Schrift, die als *onmun*, als Vulgar- bzw. Frauenschrift, beschimpft wurde. Letztendlich hatte diese Innovation das Potenzial, die traditionellen Institutionen zu sprengen (Giesecke 1991, S. 130-131). Somit betrachteten konfuzianische Gelehrte die Verbreitung der neuen Buchdrucktechnik mit beweglichen Lettern keineswegs als Segen. Die erhöhte Verfügbarkeit von Büchern mache den Geist träge, hieß es. Die Warnungen erreichten auch die Anzahl an Büchern, die gelesen werden sollten. Viele Bücher zu lesen, sei nicht immer gut; ganz wenige Bücher, dafür aber gründlich und auswendig, sei dagegen erwünscht (Oh 2013, S. 22-23). Aus dieser folgenreichen Ablehnung entstand eine doppelte Kultur des Druckes in Korea. Während bis weit in das 19. Jahrhundert hinein der Druck von Büchern in alphabetischer Hangulschrift nahezu nur vom Königshof veranlasst wurde, bestand weiterhin parallel dazu der Blockdruck mit chinesischen Zeichen.

Buchdruck und soziale Projektionen

Der mit den Innovationen Gutenbergs in Westeuropa fast gleichzeitig stattgefundene koreanische Fall erfordert eine Interpretation, die über rein pragmatische Gesichtspunkte hinausgehen muss. Sowohl Alphabet als auch vereinfachter Buchdruck waren aus praktischer Sicht unschlagbar. Michael Giesecke hat in seiner Untersuchung zur Entstehung des westlichen Buchdrucks mit Hinweis auf den Fall Korea folgende Deutung vorgeschlagen: In solchen Transformationsprozessen werden diejenigen „technische Instrumente zum Katalysator sozialer Veränderung", die „soziale Projektionen auf sich ziehen" (Giesecke 1991, S. 156). D.h., nur wenn Menschen auf technische Instrumente und Prozesse Normen und Erwartungen übertragen, werden die in den Medien eingebauten Programmtransformationen bedeutsam, und Menschen richten sich danach bzw. müssen sich zumindest dazu verhalten (Giesecke 1991, S. 50).

Dies war der Fall von Gutenberg im Westeuropa des 15. Jahrhunderts. Seine Erfindung stieß auf große Erwartungen bezüglich der Kultivierung und Christianisierung von Menschen und Völkern und auf die Hoffnung auf die Verbreitung des in Büchern gespeicherten, korrekten Wissens. Unter solchen Umständen konnte die technische Erfindung tatsächlich soziale Wirkungen entfalten. Im Kontrast: Weil die tonangebende Schicht der konfuzianischen Gelehrten in Korea nicht willens oder imstande war, solche positiven Projektionen zu aktivieren, versandete der koreanische Buchdruck mit beweglichen Lettern als eine spezielle Sparte der Publikationstätigkeit.

7.2 Buchdruck, kulturelle Dynamisierung und Bildungsexpansion

Wenn der Siegeszug der Druckpresse unter westeuropäischen Bedingungen als eine folgenreiche Entwicklung angesehen wird, bleibt dennoch zu bestimmen, welche konkreten Folgen sich überhaupt feststellen lassen. Die in diesem Kapitel maßgebende historiographische Referenz, das Buch von Michael Giesecke über den Buchdruck als Beginn des typographischen Zeitalters, beschreibt diese Folgen derart, dass sie insgesamt eine kulturelle Dynamisierung europäischer Gesellschaften bedeuteten. In den Händen des Volkes könnte beispielsweise die gedruckte Bibel den Prediger als Übersetzer und Verkünder ersetzen und somit eine Autoritätskonkurrenz etablieren. Die Verkünder religiöser Wahrheiten und Vorstellungen einer guten Gesellschaft könnte ggf. ohne Menschenmedien, d.h. ohne Pfarrer, auskommen (Giesecke 1991, S. 249). Einen interessanten Fall bildete – so Giesecke weiter – der Bauernaufstand in mehreren deutschen Regionen im Jahr 1525. Dort sahen die Bauern, die gegen herrschende soziale und politische Umstände protestierten, ihre Aktionen durch ihre eigene Deutung der Bibel begründet. So könnten alternative Ordnungsentwürfe entstehen und insgesamt Autonomie und Dissens verstärkt werden.

Buchdruck und Herausforderung von Autorität

Es sind mitunter beeindruckende Belege die Giesecke für seine These liefert. Bei einer Predigt in der lutherisch konvertierten Stadt Straßburg sollen Laien beispielsweise behauptet haben: „Wir hant ietz die Heilige Gschrift selbs in Handen und können selbs wissen und ußlegen, was zur Seligkeit not, und bedorffent nit dazu Kirche und Papst“ (zit. in Giesecke 1991, S. 250). Hier schimmert die Erzählung der durch Reformation und Luthertum freigesetzten Energien durch, die einen Möglichkeitsraum für stärkere Autonomie von Individuen und Gruppen geöffnet habe. Aber selbstverständlich ist diese Lage nicht erst mit den gedruckten Bibeln entstanden, wie Giesecke selbst durch andere Belege zeigt. Bereits mit der Vervielfältigung von volkssprachlichen Bibeln im

Spätmittelalter war diese Situation entstanden. So klagten böhmische Kleriker im 14. Jahrhundert, also noch vor der Erfindung der Buchpresse: „Waz sülle wir nu predigen, sint man dy Heiligen Schrift in Stuben un in Hewsern in deutscher Sprache lyst und höret?“ (zit. in Giesecke 1991, S. 250) Man ist versucht, der These einer kulturellen Dynamisierung durch den Buchdruck zuzustimmen. Und selbstverständlich gab es Bereiche, wie das Gelehrtenwissen und die Universität, die eindeutig von der Innovation profitierten. Schließlich war die Entstehung einer europaweiten Kommunikation der Hochgebildeten der späteren Jahrhunderte, die sog. Gelehrtenrepublik, ohne den Buchdruck nicht in der Intensität vorstellbar (Bosse 2012, S. 305-326).

Aber in weiteren Feldern der institutionalisierten Bildung stellte sich die Lage anders dar. Man kann einerseits die Auswirkungen des Buchdrucks auf Probleme der Buchdistribution und -vervielfältigung kaum unterschätzen. Andererseits kann man die Frage stellen, ob die Technologisierung des Buches einen breiten Bildungsaufschwung ausgelöst bzw. ob die Verfügbarkeit eines potentiellen Massenmediums sich in der Expansion von institutionalisierten Bildungsstrukturen niedergeschlagen hat. Anhand der Vorgänge nach der Reformation im deutschen Reich werden diese Auswirkungen für einen zentralen Fall zu bestimmen sein.

Religiöse Spaltung

In den von heftigen religiösen Auseinandersetzungen heimgesuchten deutschsprachigen Staaten entwickelte sich die Frage der kulturellen Dynamik zunächst in eine expansive Richtung. Natürlich hängt dies mit der durch Martin Luther (1483-1546) ausgelösten Reformation des Glaubens und deren Auswirkungen auf Politik, Kultur, Kirche und Gesellschaft zusammen. Die Reformation war nicht lediglich ein Austausch von Glaubensätzen; sie tangierte nicht nur den Bereich der Religion, sondern vielmehr die Lebensführung breiter Schichten der Bevölkerung, die Formen der Institutionalisierung von Glaubens- und Alltagspraktiken und den Prozess der Staatenbildung. Es entstand in der Mitte Europas eine zersplitterte religiöse Landschaft, Katholiken und Lutheraner, später auch Reformierte, bekriegten, aber beobachteten sich auch gegenseitig und mussten sich anstrengen, die jeweilige Richtung angesichts drohender Nachbarn zu stabilisieren.

Volkssprache und Bibel

Es gab vor Luther einige Versuche einer Reformation des christlichen Glaubens. Seit dem 13. Jahrhundert kam es immer wieder zu Aufrufen zur Reinigung der Religion und zu einer Infragestellung der Autorität des Papstes in Rom. Dass es erst mit der lutherischen Reformation zu einer nachhaltigen Spaltung des westlichen Christentums kam, wird in der Forschung vielfach als

Ergebnis der neuen technologischen Möglichkeiten des Buchdrucks beschrieben (Crofts 1980; Chrisman 1988). Das lutherische Prinzip der *sola scriptura*, also nur die Schrift und nicht die Kirchenlehre kann retten, zeigt, dass die Botschaft des Protestantismus die Frage der Medien besonders betonte (Göttselius 2007, S. 59). Diese Forderung ging mit der Betonung des direkten Zugangs zur Heiligen Schrift durch die Gläubigen und somit mit einer Befürwortung allgemeiner Lesefähigkeit einher. Luthers Bibelübersetzung ins Deutsche gilt aufgrund ihrer Wirkung auf Religion und Sprache als Meilenstein der deutschen Kulturgeschichte. Mediengeschichtlich steht Luther aber in einer langen Reihe von Anstrengungen, die heilige Schrift in den Volkssprachen verfügbar zu machen. Bereits im 13. und 14. Jahrhundert wurden Stimmen laut, welche volkssprachliche Predigten als notwendig erachteten. Aus diesem Grund dürfte nicht überraschend sein, dass in der frühen Phase des Buchdrucks bis 1500 neben 58 Auflagen der lateinischen Bibel zwölf hochdeutsche und drei niederdeutsche existierten (Giesecke 1991, S. 248).

Christliche und universale Alphabetisierung

Bildungshistorisch stellten Luthers Appelle an die städtische Obrigkeit und an die Eltern, Erziehung unter schulischen Bedingungen allgemein zu fördern, einen Einschnitt – zunächst auf ideeller Ebene – im Übergang von Erziehung als privater Praktik zu Schulerziehung als Sache staatlicher bzw. städtischer Gewalten dar. Ein umfangreiches Erziehungsprogramm zielte in letzter Konsequenz auf die Unterweisung aller Kinder, explizit auch der Mädchen, und orientierte sich dabei unter anderem an den minimalen Glaubenskenntnissen, die für einen bewussten Empfang des Abendmahls erforderlich waren (Strauss 1978, S. 33-35). Der Kulturprotestantismus des 19. Jahrhunderts, nicht zuletzt mit Hinweis auf diese Positionen, deklarierte Luther vorschnell und einseitig als *den* Vater der modernen Volksschule. Ungeachtet der beachtlichen Vorschläge Luthers – besonders in der Frage der weiblichen Bildung – ist dieses Bild zu einfach und heroisch; es entstand eher als Ausdruck selbstbewusster nationalistischer Autoren. Es gibt hingegen gute Gründe, um genau jenen Humanisten und überaus produktiven Autor der Zeit, Erasmus von Rotterdam (ca. 1466-1536), der zwar die katholische Kirche kritisierte, aber nicht zum Protestantismus übertrat, als den geistigen Vater der Idee einer universalen Alphabetisierung zu nennen. In der Einführung seiner Neuübersetzung des Neuen Testaments aus dem Jahr 1516 definiert er diese Schrift als „Christi litteras“, legt also die Idee nahe, dass Christus Autor seiner eigenen Literatur war. Somit sei es nicht möglich, ein Christ zu sein, wenn man nicht Leser von Christus' Schrift war. Nicht zuletzt aus diesem Grund plädierte er für die Übersetzung der Heiligen Schriften in die Volkssprachen (Göttselius 2007, S. 57). Nicht Kenntnis der Schrift durch Hörensagen oder mündliche Lehre, sondern direkter und lesender Kontakt mit dem Text war hierbei zentral.

Katechismen

Alle Reformatoren standen vor dem Problem der Erreichbarkeit religionsferner Schichten und Gruppen, denn die neuen Lehren mussten den breiten Massen der Bevölkerung überhaupt bekannt gemacht und erläutert werden. Aus diesem Grund veröffentlichten mehrere Autoren gleich nach dem Beginn der Reformation 1517 zahlreiche Katechismen zur Verkündigung der neuen Lehren (Cohrs 1900-1907). Nach den großen Erschütterungen, die von den sog. Bauernkriegen ab 1525 ausgingen, bestand ein besonderer Bedarf an Stabilisierung und Normierung der religiösen Deutungen, zumal die rebellierenden Bauern auch vielfach religiöse und bibelgestützte Argumente für ihren Sozialprotest einsetzten. Die erste Programmatik Luthers, die die allgemeine Lesefähigkeit guthieß, habe unbeabsichtigte Folgen nach sich gezogen. Das Bildungsprogramm Luthers nach den Bauernkriegen verschob deshalb ihre Ziele in Richtung einer kontrollierten und durch feste Ordnungsvorstellungen flankierten Verbreitung der neuen Lehre (Gawthrop & Strauss 1984).

Es ist dieser Kontext, in dem Luther selbst zwei Katechismen – den kleinen, elementaren und den großen, ausgebauten – in den Druck gab. Diese Texte erfuhren eine beispielslose Popularität über Jahrhunderte, wurden gleich nach der Drucklegung zu Bestsellern ihrer Zeit (Cohrs 1929) und zum Modell für viele andere Katechismen. Ein Katechismus ist ein Handbuch, das das wichtigste Wissen der christlichen Religion enthält. Katechismen gab es einzeln seit dem frühen Mittelalter. Aber erst um 1500 fingen einige Texte an, den Inhalt des Handbuchs als eine Reihe von Fragen und Antworten zu gliedern. Während komplexere Katechismen die Form einer Reihe von Lektionen oder Lehrstücken beibehielten, ging die Mehrheit der für das Volk bestimmten Katechismen auf die Gliederung in Fragen und Antworten über. Auf diese jüngere Tradition des Katechismus – das erste gedruckte Buch mit dem Titel *Katechismus* wurde in Lissabon im Jahr 1504 verlegt – griff Luther in seinem kleinen Katechismus zurück. In den Jahrzehnten nach 1550 erschienen 30 bis 40 neue Editionen weiterer Katechismen (Ehrenpreis 2008, S. 241).

Diese Katechismen bedeuteten eine Wende in der Verbreitung des religiösen Lernens. Ihre didaktisierte Form spricht von dem Vorhaben, dieses als Minimum betrachtete Wissen zu verallgemeinern. Das Vorhaben der allgemeinen Katechese war jedoch nicht mit der Masseneinschulung oder mit der wirksamen Alphabetisierung der Bevölkerung gleichzusetzen. Der obrigkeitliche Zwang zu bestimmten Handlungen im Bereich des Lernens wurde häufig auf den Besuch der Katechese begrenzt, wie es in der Kirchenordnung Kassels von 1539 definiert wurde (Wright 1975, S. 187), und nicht auf den Schulbesuch. Dennoch löste der relativ preiswerte, in großer Zahl reproduzierbare und systematisch konzipierte Katechismus einen technologischen Schub im Volkschulwesen aus. Mit dem Katechismus konnte Luther eine Art Bibel des gemeinen Mannes vorweisen, die autoritativer und eindeutiger war als die durchaus interpretationsbedürftigen Bibeltexte. Somit hielt er der religiösen Schwärmerei der aufständischen Bauern, die ihren Ursprung ja teilweise in populären Interpretationen der Evangelien hatte, ein festes doktrinäres Corpus entgegen. Die bis dahin beispiellose Verfügbarkeit von Katechismen, die auch im Schulbetrieb zum Einsatz kommen könnten, ließ zudem die Unternehmung der Verschulung breiter Bevölkerungskreise machbar erscheinen.

Katholische Bildungsinitiativen

Diese Entwicklungen blieben nicht ohne Antwort auf katholischer Seite. Die protestantische Herausforderung war zu heftig, um die Dinge weiter so zu belassen. Der über viele Jahre tagende Konzil zu Trient beschloss eine verbesserte Ausbildung der Priesterschaft und der Volkskatechese. Diese wurde durch die zwischen 1555 und 1558 veröffentlichten Katechismen des Petrus Canisius (1521-1597) in den deutschen Staaten erheblich gefördert (Braunsberger 1893). Freilich zirkulierten im Reich auch zahlreiche katholische Katechismen anderer Autoren; aber dennoch lässt sich in der Figur des Jesuiten Canisius ein besonders relevanter Gegenspieler Luthers als Buchautor erblicken, zumal seine fieberhaften Schulgründungsinitiativen und auch die Anlage und Länge seiner Katechismen langfristig wirksam blieben.

Insgesamt lässt sich feststellen, dass die Träger der katholischen Reform sehr wohl die Vorteile der Drucktechnik erkannten und geschickt einsetzten, obwohl das erwiesenermaßen mit einer zeitlichen Verzögerung gegenüber den Protestanten geschah. Dass sich mit Hilfe von Katechismen und Schulen Glaubenswahrheiten besser transportieren ließen, wurde auch in katholischen Ländern mit Aufmerksamkeit beobachtet (Strauss 1979, S. 192). Bereits für das 16. Jahrhundert sind 200 Auflagen des Katechismus Canisius' zu verzeichnen (Luria 1997), was im Vergleich zu den 400 Auflagen des fast 30 Jahre früher erschienenen Katechismus Luthers (Weyrauch 1984) wahrlich kein allzu großes Gefälle zwischen den Glaubensrichtungen bildete. Die angestrebte Massenkatechese war für beide Konfessionen eine spürbare Folge des Buchdrucks, die jedoch nicht unbedingt den hohen Preis einer allgemeinen Lesefähigkeit verlangte. Abgesehen von der Möglichkeit seines Einsatzes als Schultext oder als persönliche Lektüre verkörperte der Katechismustext eine Art Übergang von oralen zu literalen Formen der Kommunikation, die auch außerhalb der Schule stattfinden konnten. Er konnte vorgelesen und nachgesprochen, und somit dem nicht alphabetisierten Publikum zugänglich gemacht werden (Ehlich 1999). In diesem Sinne stellen Katechismen eine konfessionsübergreifende Vermittlungsform doktrinären Wissens dar, die für die Geschichte des religiösen Lernens von weit größerer Bedeutung ist als die hochstilisierte Frage der Bibellektüre und des Bibelbesitzes.

Dynamisierung und Expansion?

Die Entwicklung des Verhältnisses zwischen Buchpresse und Bildungsmedien zeigte einen Aufschwung von Fibeln und Katechismen. Ohne Zweifel hatte der Buchdruck große Auswirkungen auf eine breitere Verfügbarkeit dieser für die Gesamtbevölkerung bestimmten Bücher. Aber die größere Zahl von gedruckten Büchern bedeutete per se nicht eine erhöhte kulturelle Dynamik, die Spuren von Autonomie, Selbstbestimmung oder etwa Säkularisierung zeigte. Ganz im Gegenteil, gedruckte Bücher für das Lernen breiterer Schichten der Bevölkerung waren entweder durch Zensur oder inhaltliche Verengung in den Dienst einer kulturell restriktiven Politik gestellt. Disruptive Potenziale des Buches gab es sicherlich auch, wie beispielsweise die Bauernkriege mit ihrem auf das Heilige Buch hinweisenden Protest. Hier war das gedruckte Buch in den Händen der Bauern ein Werkzeug sozialen und politischen Protestes. Aber diese und ähnliche Vorgänge stellten nicht die Hauptrichtung der bildungsverwandten Entwicklungen des Buchdrucks dar, zumindest nicht, wenn man die enge Welt der Gelehrten und der Eliten verlässt.

7.3 Das gedruckte Buch und die Arbeit der Unterweisung

Schulunterricht und Schulbuch

Ein weiterer Bereich, in dem das gedruckte Buch transformativ gewirkt haben dürfte, waren die engen Grenzen der Unterweisung, sei es in Elementar- oder in Lateinschulen. Hierbei hat auch Michael Giesecke Veränderungen postuliert. Erstens ging es darum, wer überhaupt als ‚Autor' des Unterrichts galt: „Sobald der Text im Unterricht eingesetzt wird, hat sich der Lehrer ein neues, fremdes Programm in seinen Kurs hereingeholt. Es tritt in Konkurrenz mit den bislang üblichen Instruktionsformen“ (Giesecke 1991, S. 219). Als fremdes Programm bot das Schulbuch eine Richtschnur für den Ablauf der schulischen Unterweisung. Darüber hinaus sieht Giesecke eine Autoritätskonkurrenz, die durch das gedruckte Buch ermöglicht wurde, „nicht zuletzt deshalb, weil auch die Schüler beginnen, die Aussagen des Lehrers an den Informationen zu messen, die das neue typographische Informationssystem ausgibt“ (Giesecke 1991, S. 219). Nun konnten die Schüler die Aussagen des Lehrers mit den Aussagen der in ihren Händen gehaltenen Bücher vergleichen und ggf. den Lehrer berichtigen. Schließlich entgleitet den Beteiligten die Steuerung der Unterweisungsszene mit den Schulbüchern. Nicht Lehrer und nicht Schüler strukturieren die Unterrichtung, sondern der Text: „Die technischen Voraussetzungen für diese Steuerung des Unterrichts aus der Ferne lieferte der Buchdruck, die prototypische ‚Vorbildung‘ sind Gutenbergs Donate“ (Giesecke 1991, S. 226). Traten diese drei Wirkungen – die Aufstellung eines Fremdprogramms, die Autoritätskonkurrenz und die Fernsteuerung des Unterrichts – tatsächlich ein? Waren diese Wirkungen auf das gedruckte Buch zurückzuführen?

Der Buchdruck ermöglichte, zumindest als Perspektive für die Zukunft, dass Schulbücher in den Händen aller Schüler verfügbar waren. Die Vorstellung eines didaktischen Buches hat aber der Buchdruck selbst nicht auf die Welt gebracht. Bereits in den Domschulen des Mittelalters gab es einzelne Bemühungen, zusammengestelltes Material fürs Lesen und für Übungen so zu ordnen, dass die Anstrengungen des Lernens etwas abgemildert werden konnten. Dies war der Fall bei Egbert von Lüttich, der die Domschule der Stadt leitete und ein Buch für die Trivialstufe zusammenstellte. Er kombinierte kurze Sprüche, Fabeln aus der Antike, klassische Dichtung und einige Texte der Kirchenväter. Somit vergrößerte er sogar die Rolle des antiken, vorchristlichen Wissens in seinem Schulbuch, ohne die Grenzen der christlichen Tradition zu verlassen (Voigt 1891). Insgesamt vernachlässige Gieseckes Interpretation die Leistungen, die die Manuskriptkultur des Spätmittelalters erbracht hatte (Baldzuhn 2009, S. 14). Das heißt, das fremde Programm bestand zwar in den Klassenzimmern der Zeit, aber nicht erst seit dem Buchdruck.

Schulbuch und Autoritätskonkurrenz

Für das einleuchtende Argument Gieseckes, dass die Verfügbarkeit von Schulbüchern die Kontrolle des Lehrerworts und eine Autoritätskonkurrenz im Prinzip ermöglichte, spricht vieles, nicht aber sehr die Quellenlage. Szenen einer Meinungsverschiedenheit in Hörsaal oder Klassenzimmer, die mit dem verstärkten

Einsatz von Schulbüchern zusammenging, sind nahezu nicht überliefert. Dokumentiert ist solch eine Situation in dem *Collège de Reims* in Paris im Jahr 1572. Dort wurden Vorlesungen zu Demostehenes auf der Grundlage gedruckter Texte gehalten, die auch den Studenten zur Verfügung standen. Aber die Meinungsverschiedenheiten hatten eine ganz andere Ursache als die Differenz zwischen gedrucktem Buch und Lehrerwort. Dort stimmten die verschiedenen Exemplare, entweder gedruckt in verschiedenen Verlagen oder in verschiedenen Auflagen derselben Druckerei, nicht überein. Die Situation scheint eher Verwirrung bei der Darlegung und Erklärung von Syntaxanalysen verursacht zu haben, aber nichts ist über eine Kontrolle des Lehrerworts durch die Studenten überliefert (Moodie 2014, S. 461). Die Möglichkeit einer verstärkten Autoritätskonkurrenz bleibt gewiss bestehen, aber es bedarf weiterer Forschungen, vermutlich detaillierte Fallanalysen, um diese nicht nur als Möglichkeit zu behandeln.

Schulbuch als Fernsteuerung des Unterrichts

Schließlich steht die Fernsteuerung von Unterricht und Bildungsinstitutionen als letzte Wirkung des Buchdrucks auf den Unterricht. Erneut, diese Möglichkeit bestand bereits mit dem handgeschriebenen Lehrbuch seit längerer Zeit. Nun wurde diese wahrscheinlicher, schon allein deshalb, weil mehr Bücher zirkulierten. Bereits bei den ersten Druckereien, wie eingangs in diesem Kapitel dargestellt, waren Schulbücher ein zentrales Produkt, das einen nennenswerten Absatz versprach. Diese wichtige Stellung von Schulbüchern im Buchmarkt schien sich fortgesetzt zu haben, wie das Beispiel der gedruckten Bücher der Stadt Straßburg zeigt. Während in den Jahren 1480 bis 1520 7% der dort gedruckten Buchtitel Schulbücher waren, wuchs dieser Anteil im folgenden Jahrhundert stetig und erreichte 16% für die Jahre 1570-1599 (Chrisman 1982, S. 298). Ob diese Zahlen verallgemeinerbar sind, ist schwer einzuschätzen. Dennoch klären sie das Potenzial der Auswirkungen des Buchdrucks auf den Schulbuchmarkt für einen sehr wichtigen urbanen Standort. Aber ob die vergleichsweise vielen vorhandenen Bücher auch so eingesetzt wurden, dass eine Fernsteuerung des Unterrichts stattfand, ist damit noch nicht geklärt. Damit ist gemeint, dass mehr Lehrer nun die Möglichkeit hatten, den eigenen Unterricht stark an die Stoffordnung eines bestimmten Lehrbuchs anzulehnen. Diese Praktiken werden in mehreren Forschungen bestätigt. Beispielsweise scheint im sehr gut dokumentierten Fall des Fürstentums Braunschweig solch ein enger Gebrauch des Schulbuches als Leitfaden des Gesamtunterrichts, obwohl vom lokalen Schulinspektor vielfach moniert, die Norm gewesen zu sein (Le Cam 2012). Die Klage, dass unfähige

Lehrer einfach einem Buch folgen, anstatt den Unterricht richtig zu gestalten, setzte sich bis weit ins 19. Jahrhundert fort, was für die Langlebigkeit dieser Praxis spricht (Caruso 2002).

Gedruckte Schulordnungen

Die Frage der Fernsteuerung von Unterricht und Bildungsinstitutionen erschöpft sich jedoch nicht in der Frage des Schulbuches. Besonders im deutschsprachigen Raum wurden zahlreiche Schulordnungen für einzelne Staaten und Städte im 16. Jahrhundert erlassen. Solche Dokumente kannte man zwar seit dem 13. Jahrhundert. Aber inmitten der heftigen Auseinandersetzungen im Rahmen der Reformation und der katholischen Reform wurden verstärkt Schulordnungen, öfter als Anhang zu einer Kirchenordnung, eingeführt. Bis 1600 wurden allein in lutherischen Territorien mehr als 100 solcher Schulordnungen angenommen. Luther selbst schrieb diejenigen für die Städte Wittenberg und Leisnig im Jahr 1523. Andere namhaften Reformatoren wie Melanchthon schrieben ebenfalls solche Schulordnungen. Mit der Kirchenordnung für Hessen (1526) gab es dann auch Regelungen für Flächenterritorien und nicht nur allein für Städte (Strauss 1978, S. 13). Die größere Dichte an Regelungen kündet nicht allein von der Absicht, Fernsteuerung der Bildungsinstitutionen und des Unterrichts im Sinne von obrigkeitlicher Steuerung zu etablieren. Darüber hinaus wurden diese Kirchen- und Schulordnungen vielfach gedruckt und verteilt, was wahrlich ein Novum mit Potenzial für einen vergleichsweise stärkeren Durchgriff der Obrigkeit in den Schulen darstellte. Auch schmale Broschüren allein mit einer Schulordnung wurden im 16. Jahrhundert gedruckt: Bis 1600 sind mindestens zehn separate Drucke von Schulordnungen zu finden. Gewiss wurden solche Vorgaben nicht konsequent und breit umgesetzt. Die fortgesetzte Klage von Inspektoren, Obrigkeit und Kirche zeigt, dass es an einem starken Kontrollapparat zur Überwachung der Durchsetzung dieser Vorgaben fehlte, einem typischen Merkmal der Staaten in der Frühen Neuzeit. Aber es wurden dennoch mehr Normen erarbeitet und erlassen und relativ zahlreich in Druckform verteilt.

Katechismen als Fernsteuerung des Unterrichts

Nicht zuletzt, wie im Falle von Pommern (1535) und Schwäbisch-Hall (1543), wurde in diesen Regelungen die Memorierung einzelner Katechismen festgelegt. Genauso wie im Unterricht das Lehrbuch als Leitfaden fungierte, war dies bei den schulischen und außerschulischen Katechisationen ebenfalls der Fall. Ein Blick jenseits der sehr eigenartigen Entwicklung im deutschsprachigen Raum (Ehrenpreis 2012) zeigt, dass Katechismen in großen Mengen inner- und außerhalb von Schulen, Kirchen und Familien für die Unterweisung von Kindern und Erwachsenen eingesetzt wurden. Für Frankreich, einen Staat, der in dieser Zeit keine besonders aktive Elementarschulpolitik betrieb, wurde die Vorherrschaft katechetischer Texte eigens untersucht. Luthers Katechismus wurde bereits 1530 auf Französisch verlegt. Kurz danach (1541) entstand der erste französische Katechismus in Dialogform, und zwar von dem Reformator Johannes Calvin (1509-1564) selbst in der Stadt Genf niedergeschrieben (vgl. Calvin 1541/1552). In späteren Jahrzehnten wurden in Frankreich für jede katholische Diözese eigene Katechismen herausgegeben und bewiesenermaßen eingesetzt. Bis 1800 wurden 181 Katechismen für die 102 Diözesen Frankreichs wiederholt verlegt (Carter 2011, S. 32-34). Auch für England, Schauplatz zahlreicher, zum Teil dramatischer religiöser Auseinandersetzungen bis zum Ende des 17. Jahrhunderts, gelten Inhalte und Formen der sehr zahlreichen Katechismen als ein Kommunikationsmuster, das weit mehr Auswirkungen auf Wissen und Einstellungen als andere Formen des Diskurses erlangte (Green 2004, S. 570).

Im Katechismus bestand durchaus die Wirkung der Fernsteuerung der Unterweisungssituation. Beispielsweise gab der Katechismus von 1669 aus der Diözese Sens folgenden Dialog zum Wiederholen und Memorieren vor: „Frage: Wie können wir Gott dienen und auf einer christlichen Art leben? Antwort: Allen voran sollte man in den Prinzipien der Geheimnisse unserer Religion instruiert sein, so dass wir sie ehren, und die wichtigsten Regeln der Frömmigkeit, so dass wir sie praktizieren. Frage: Wo kann man diese wichtige Instruktion erhalten? Antwort: In der Katechese, wo alle diese großen Wahrheiten in wenigen Worten vertraut erklärt werden. Frage: Reicht es nicht aus, wenn man ein gutes Buch liest oder die Predigten hört? Antwort: Nein, weil wir in der Regel nichts verstehen würden, wenn wir nicht in dem Katechismus selbst unterwiesen worden sind. Frage: Ist deshalb nötig, die Katechese zu besuchen? Antwort: Es gibt keinen Zweifel darüber, weil man ohne eine Unterweisung in diesen Wahrheiten nicht gerettet werden kann. In der Katechese werden sie unterrichtet" (zit. in Carter 2011, S. 44-45, Übersetzung MC). Der Katechismus entlastete Unterrichtende von der Auswahl und Ausformulierung von Inhalten und gab ebenfalls viele Interaktionssequenzen vor.

Veränderungen und Kontinuitäten

Obwohl nicht alle von Giesecke postulierten Wirkungen des Buchdrucks auf Bildung und Lernen bestätigt werden konnten, sind feststellbare Wirkungen nicht zu vernachlässigen. Hier ist erneut das Beispiel des bereits erwähnten Donats erhellend. Als die Stadt Venedig eine Erhebung über die lokalen Schulen in den

Jahren 1587 bis 1588 organisierte, dominierte der Donat weiterhin. Von den 107 Lateinlehrern, die Bericht über ihre Tätigkeit und ihre Schule erstatteten, benutzten 67 den „Donatus" und weitere acht den „Donato al senno" (Grendler 1989, S. 175). Dies scheint die Traditionalität der Auswahl von Schulbüchern zu bestätigen. Fast 150 Jahre nach der Entstehung des westlichen Buchdrucks blieb der Donat das leitende Schulbuch für die weiterhin wichtigen Lateinschulen. Der Renaissance-Historiker Paul Grendler untersuchte die noch vorhandenen Exemplare der von den Lehrern angegebenen Texte und kam zu dem Ergebnis, dass der „Donatus" nicht länger der alte „Donat" war, sondern ein Text aus dem spätmittelalterlichen Italien, der weiterhin vom antiken Donat inspiriert war, aber auch eigene Akzente setzte. Dieser vermutlich von einem oder mehreren Schullehrern zusammengestellte Schultext griff aber doch auf den etablierten Namen „Donat" zurück, um sich als das Hauptschulbuch der italienischen Renaissance zu behaupten (Grendler 1989, S. 175-182). Nicht nur im Zuge des Buchdrucks konnten neu zusammengestellte Texte breite Verbreitung finden: Bereits die Angaben der Lehrer, die mit einem Hinweis auf einzelne Schultexte Inhalte und Reichweite ihrer Schule zusammenfassten, zeigen, dass zumindest in urbanen Kontexten gedruckte Texte nicht mehr wegzudenken und definitorisch für die Art und Breite des Angebots waren.

Man sollte aber nicht vorschnell schlussfolgern, Unterweisungssituationen hätten sich über Nacht verändert und wären durch den konsequenten Einsatz von Schul- und Lehrbüchern bestimmt. Für die europäischen Universitäten wurde zusammenfassend festgestellt, dass der Buchdruck zunächst die Ersetzung von Latein durch die Volkssprachen für das gelehrte Wissen nicht beschleunigte, größere Verschiebungen des Curriculums nicht einleitete und bezüglich auf Lehrveranstaltungen lediglich das langsame Ende der *lectiones cursoriae* (vgl. Kap. 6) bedeutete. Gewiss veränderte sich die Zahl und Bedeutung von Universitäts- und anderen Bibliotheken und vermutlich half der Buchdruck dabei, den langsamen Übergang zu schriftlichen Prüfungsformen zu gestalten (Moodie 2014). Aber der Buchdruck bedrohte die Existenz von Universitäten keineswegs. Wenn Universitäten im Mittelalter auch deshalb interessant waren, weil man dort vergleichsweise viele der weiterhin in ihrer Zahl knappen Bücher finden konnte, war nun die Wahrheitssuche dank des gedruckten Buches auch außerhalb der Universität durchaus möglich. Immer wieder sind Stellungnahmen zu lesen, die das autodidaktische Lernen mit dem Buch gegen das organisierte Lernen der

Abb. 7.3: Lehrer mit Schülern im Unterricht. Während der Lehrer mit der linken Hand über das Buch geht, hält er in der rechten Hand die Rute, das traditionelle Symbol der Lehrerschaft, die seine Züchtigungsrechte versinnbildlichte. Holzschnitt aus Donatus grammaticus, gedruckt in Nürnberg von Höltzel, ca. 1500. Entnommen aus Reiche, E. (1901). *Lehrer und Unterrichtswesen in der deutschen Vergangenheit: Mit 130 Abbildungen und Beilagen nach Originalen aus dem fünfzehnten bis achtzehnten Jahrhundert.* Leipzig: Diederichs, S. 54.

Universität betonten, das private Studienzimmer sei ja viel bequemer als die harten Bänke des Universitätssaals (Stichweh 1991, S. 285). Obwohl das gedruckte Buch eine zentrale Technologie der Wahrheitssuche geblieben ist – in späteren Jahrhunderten ergänzt durch Experimentierapparate, Seziertische, Naturaliensammlungen etc. – wurde es nie zur richtigen Alternative zur Universität.

Schließlich war nicht alles, was textlich in den Schulen vorlag, in der Form eines gedruckten Buches vorhanden. Beredtes Zeugnis legt in diesem Zusammenhang ein Text aus dem 15. Jahrhundert ab, der mindestens ein Jahrhundert lang immer wieder gedruckt wurde, die Grammatik mit dem Titel *Es tu scolaris?* Dort werden in Frage-Antwort-Form kurze Dialoge präsentiert, darunter auch einige, die das Schulleben als Gegenstand haben: „Es tu scolaris? Sum. Quid legis? Non lego sed audio. Quid audis? Tabula“ (sic)/ Bist Du ein Schüler? Ich bin es. Was liest Du? Ich lese nicht, aber ich höre zu. Was hörst Du zu? Ich höre die Tafel“ (Es tu scolaris? 1503, aiii). Es ist offensichtlich, dass die Unterweisung in diesem Beispiel nicht die Verfügbarkeit von Schulbüchern voraussetzt, sondern von großen Tafeln, auf denen Buchstaben, Silben, Wörter und Sätze für die Übung der Schüler aufgezeichnet waren. ABC-Tafeln, Silbentafeln, Muster mit Schriftproben und viele kleinere – meistens schlecht dokumentierte – Druckerzeugnisse und nicht nur gewichtige Bücher gestalteten die Kleinigkeiten der alltäglichen Schularbeit mit.

Die unerhörte Expansion des gedruckten Wortes sollte ebenfalls nicht vergessen machen, wie wichtig Oralität weiterhin für pädagogische Verhältnisse war. Dies ist beim Vorlesen, Diktieren, Erklären und Diskutieren sehr eindeutig und eine Selbstverständlichkeit. Jedoch sollte man die Auswirkung der nun verschärften Schriftlichkeit nicht unterschätzen. Ob und wie man schreibt, hat auch Rückwirkungen auf den mündlichen Ausdruck. Die Übungen in Rhetorik, die lange Zeit als Bestandteil schulischer Unterweisung in Lateinschulen und Universitäten galten, wurden von der Idealvorstellung getrieben, man solle so elegant und präzise wie das verschriftlichte Wissen reden. „Reden wie ein Buch" war als Zielvorstellung für Elitenbeschulung und prägte somit auch pädagogische Prozesse (vgl. Waquet 2003).

Gedrucktes Wissen als Wahres Wissen

Selbstverständlich verstärkte der Buchdruck und das mit ihm beginnende typographische Zeitalter – auch Galaxie Gutenberg genannt – die Dynamik und Wirkung intellektueller und religiöser Bewegungen, man denke an Erasmus und Luther, aber auch an die sehr vielen im Umfeld der Universitäten publizierten Bücher. Der Buchdruck gab dem Bild, Lernen ist im Grunde, gedruckte Bücher zu lesen, einen entscheidenden Impuls (McLuhan 1962, S. 75). Und gewiss haben auch die Technologisierung des Wortes und das gedruckte Buch eine Verschiebung der Sinneshierarchie mit sich gebracht. Nun ist die visuelle Speicherung und Verarbeitung von Information durch das Lesen von gedruckten Büchern letztendlich legitimer als das Wissen des Hörensagens: „Nur noch das, was in gedruckten Büchern gespeichert ist, gilt recht bald als wahres, richtiges Wissen. Motorische Fähigkeiten und nicht druckreif explizierbare Erfahrungen unterlagen ebenso wie instrumentelle oder soziale Prozesse, die sich nicht auf gedruckte Programme berufen konnten, einer schrittweisen Abwertung: Handwerk ohne Verstand, Regieren ohne Plan, Urteilen ohne Gesetz usw. Praktiken, die in der mittelalterlichen Gesellschaft als hochartifizielle einen hohen Rang einnahmen, werden, wie etwa die Kalligraphie, zu einer handwerklichen Fertigkeit abgewertet" (Giesecke 1992, S. 39). Der allgemeine Eindruck, dass in der Bildungsgeschichte mit dem Buchdruck bedeutende Transformationsprozesse im Gang gesetzt worden sind, bleibt. Tiefe, Breite und Tempo dieser Transformationen sind jedoch schwieriger zu bestimmen bzw. an entscheidenden Stellen zu relativieren.

Fragen

1. Die Buchdruckwerkstatt gilt sowohl als Ort handwerklichen Wissens als auch des modernen Kapitalismus. Erläutern Sie diese Kombination.
2. Erklären Sie anhand des Beispiels Korea, warum Buchdruck nicht immer zu einer allgemeinen Alphabetisierung und breiteren Bildung führt.
3. Charakterisieren Sie das Verhältnis zwischen lutherischer Reformation, Buch und allgemeiner Alphabetisierung.
4. Was ist ein Katechismus? Wurde er gewöhnlich für Alphabetisierung in Schulen eingesetzt?
5. „(Religiöse) Konkurrenz belebt das Geschäft": Stimmt diese These für die Lage der allgemeinen Alphabetisierung und Bildung in den deutschen Staaten?

Weiterführende Literatur

Carter, K. (2011). *Creating Catholics. Catechism and Primary Education in Early Modern France*. Notre Dame, Indiana: University of Notre Dame Press.
Darstellung der elementaren Bildungsgeschichte Frankreichs mit einem Schwerpunkt in den publizierten Lehrmitteln, insbesondere den Katechismen.

Giesecke, M. (1991). *Der Buchdruck in der frühen Neuzeit*. Frankfurt/M.: Suhrkamp.
Umfassende, innovative und bildungsgeschichtlich absolut relevante Untersuchung über die Auswirkungen der Buchpresse auf Gesellschaft und Kultur. Ein wuchtiges und lesenswertes Standardwerk.

Grendler, P. (1989). *Schooling in Renaissance Italy. Literacy and Learning 1300-1600*. Baltimore & London: The John Hopkins University Press.
Kenntnis- und materialreiche Darstellung des Schulwesens in Nord- und Mittelitalien, damals vielleicht das wichtigste Gravitationszentrum der europäischen Kultur, mit sehr vielen Hinweisen auf die Entwicklung der Bildungsmedien.

Kirk, S. (1988). *Unterrichtstheorie in Bilddokumenten des 15. bis 17. Jahrhunderts*. Hildesheim: August Lax.
Bildbasierte Analyse über das Wissen zum Unterricht in den hier behandelten Jahrhunderten. Der Zugang über Bilder ist ungewöhnlich und berücksichtigt explizit die Frage der Lehrmittel.

Strauss, G. (1978). *Luther's House of Learning: Indoctrination of the Young in the German Reformation*. Baltimore: Johns Hopkins University Press.
Etwas ältere, und dennoch aufgrund ihrer Thesen und Diskussion zentrale Untersuchung über die Auswirkungen der lutherischen Reformation auf Schule und Bildung.

8. Das öffentliche Kind: Ein Medium allgemeiner Pädagogisierung und Verschulung

Berlin, 1762. Friedrich der Große, ein König mit philosophischen Ambitionen und gleichzeitig risikobereit in der Kriegskunst, regiert den aufstrebenden Staat Preußen. Man wähnt sich in einem neuen Zeitalter, in dem Vernunft und angeordnete Reformen der Bevölkerungsmehrheit das Glück bringen werden. Erziehung steht sehr hoch im Kurs. Anstatt Reformen gegen widerständige Bauern, eigensinnige Adelige und traditionsbewusste Konservative durchzusetzen, entdecken viele Aufklärer in der „Erziehung" den Schlüssel zu einem nachhaltigen Wandel der Gesellschaft: „Die Erziehung ist entweder öffentlich, oder häuslich und besonders. Entweder müßte also der Vorsteher eines Staates diese beiden Bildungswege in einen einzigen vereinigen, d. i. alle Bürger verbinden, ihre Kinder öffentlich, nach seinem dazu gemachten Entwurfe, erziehen zu lassen, oder, wenn er den Bürgern in Ansehung der Erziehungsart ihre Freiheit lassen will, so muß er die eine Art derselben mit der andern so genau verbinden, daß durch die eine sowohl als durch die andre sein Zweck erhalten werde. Obgleich es einem ieden Bürger alsdann erlaubt seyn würde seine Kinder bei sich zu erziehen, und zwar zu der Absicht, die er mit ihnen hätte; so müßte es ihm doch nicht frei stehn, in einer so wichtigen Sache ganz nach seinem Kopfe zu verfaren. Er müßte nicht das Recht haben, sich erst welchen ihm beliebigen Lehrer auszuwählen, noch auch die Erziehungsart selbst nach seinen Phantasien zu ordnen, am wenigsten, willkürlich den Beruf zu bestimmen, den seine Söhne ergreifen sollten" (Anonym 1762, S. 60). Man staunt über die geplante Entmachtung des christlichen Haushaltsvorstehers. Christliche Eltern, besonders die Väter, hatten ja herkömmlich ein fast natürliches Herrschaftsrecht über ihren Nachwuchs.

Pädagogisierung der Erziehung

Was der Preußische Autor in dem obigen Zitat zeigt, sind zwei Prozesse, die im Zentrum dieses Kapitels stehen. Zum einen ging es darum, dass Erziehung zu einer Problemstellung ersten Ranges wurde. Erziehung war nicht mehr dem Zufall und den Gewohnheiten überlassen. Nicht jeder durfte Lehrer werden, nicht jeder Umgang mit Kindern konnte als für das Gemeinwesen zulässige „Erziehungsart“ qualifiziert werden, so der neue Anspruch der Publizisten, der über herkömmliche religiöse Konformität hinausging. Lehrerpersönlichkeit und Lehrverhalten mussten zunehmend aus begründeten und geprüften Überlegungen abgeleitet sein. In späteren Zeiten werden diese systematischen Überlegungen Pädagogik heißen; deshalb fällt in diesen Überlegungen und Begründungen eine Pädagogisierung von Erziehung und Unterweisung auf. Zum anderen ging es darum, dass diese Pädagogisierung keineswegs ein Vorgang war, der nur die private und häusliche Erziehung betraf. Mit Bezug auf den Staat oder auf das Gemeinwohl hatte man nunmehr Argumente zur Hand, Erziehung als öffentliche Angelegenheit zu diskutieren. Erziehung bezeichnete nicht mehr nur ein privates Verhältnis wie im Urbild der Familie.

These: Das öffentliche Kind

These dieses Kapitels ist, dass der Prozess der Pädagogisierung und die Verschiebung der Diskussion zugunsten einer öffentlichen Qualität der Erziehung durch ein eigentümliches Medium mitbedingt bzw. beschleunigt wurde: die Konstruktion eines öffentlichen Kindes. In einem ersten Schritt wird der Begriff der Konstruktion der Kindheit erläutert sowie die Frage diskutiert, ob und inwieweit diese Konstruktion als ein Spezifizierungsmedium der Bildung und der Erziehung gelten kann (8.1). In einem zweiten Schritt sollen die religiösen Wurzeln dieser Diskussion näher untersucht werden. Bei den heftigen Auseinandersetzungen im Bereich der Religion im 16. und 17. Jahrhundert wurden verstärkt Kindheitsbilder vorgeschlagen, die zwar unterschiedlich waren, aber alle eine stärkere Aufmerksamkeit – und somit Pädagogisierung – auf Kinder, Erziehung und Schule lenkten (8.2). In einem dritten Schritt werden diese Kindheitsbilder im Bereich des Staatlichen und des Politischen diskutiert. Die angestrebte Pädagogisierung wurde zunehmend als öffentlich relevante Angelegenheit definiert und somit entstand mit dem Bild einer öffentlich zu formenden Kindheit ein Programm der verstärkten Intervention von Staaten und öffentlichen Autoritäten im Bildungsbereich (8.3).

8.1 Kindheit als Medium? Theorie und Historiographie

Kindheit als Medium

Die These, dass das Konstrukt einer öffentlich relevanten Kindheit Pädagogisierung und eine Perspektivverschiebung hin zur Öffentlichkeit begründete und beschleunigte, muss zuerst die Rede von

Kindheit als Medium klären. Medien sind ja nicht nur Gegenstände; Personen und Institutionen können auch aus einer Medienperspektive betrachtet werden. Einige Autoren haben in diesem Sinne von Menschenmedien gesprochen (Faulstich 2006). Hierbei werden Menschentypen so betrachtet, dass sie eine mediale Funktion erfüllen. In diesem Kapitel werden nicht „Menschen", sondern eine Vorstellung derselben, nämlich Kindheit, als Konstrukt/Medium vorausgesetzt. Dabei geht es darum, bestimmte Qualitäten und Eigenschaften vorauszusetzen, die man als eigentümlich für alle Kinder verallgemeinert. Wenn man sagt, „Kinder sind von Natur aus neugierig", sind wir mit so einem Konstrukt konfrontiert. Wir wissen nicht so richtig, ob dies tatsächlich bei jedem Kind der Fall ist, aber es wird einfach (voraus)gesetzt. Diese Konstrukte überdauern auch widersprüchliche Erfahrungen. Wenn man einem Kind begegnet, das keine Neugier zeigt, wird man nicht den allgemeinen Satz „Kinder sind von Natur aus neugierig" verwerfen, sondern man wird sich eher wundern, warum es bei diesem Kind nicht der Fall ist. Kindheit als Konstrukt ermöglicht, orientiert und legitimiert bestimmte Erziehungshandlungen und Praktiken zuungunsten anderer Handlungen und Praktiken. Im Allgemeinen werden „empirische Durchschnittswerte (...) zugrunde gelegt, wenn ein Phänomen, in diesem Fall das Kind, idealtypisch beschrieben werden soll. Statistisch gesehen bedeutet dieses, daß kaum ein einzelnes Individuum alle diese Daten in sich vereinigt. Das Maß der Abweichungen, der Streuung, ist erheblich (...)" (Lenzen 1997, S. 368). Wenn es in diesem Kapitel um Kindheit geht, wird man sich so ein Konstrukt vorstellen müssen. Dieses Konstrukt unterliegt selbstverständlich dem historischen Wandel, aber Konstrukte sind ziemlich stabil und nicht kurzfristig beliebig veränderbar. Mit Kindheit verfügt man über ein Spezifizierungsmedium, das die Gestaltung von Erziehungs- und Bildungspraktiken, aber auch andere Bildungsmedien besonders schärft.

Kindheit als ein Konstrukt über angebliche Charakteristika aller Kinder ist ein Mittel der gesellschaftlichen Vernetzung. Beispielsweise können solche allgemeinen Beschreibungen wie „das vierjährige Kind" als ein Medium für die Gruppierung im Kindergarten und somit für die Bildung von ‚Klassen' dienen. Diese Konstruktionen sind ebenfalls symbolisch relevant, schließlich evoziert ein vierjähriges Kind des Öfteren eine Idee von Fragilität und Schutzbedürftigkeit, also wird die Konstruktion von Kindheit mit anderen Zeichen und Bedeutungen assoziiert. Soziale Techniken, um mit Kindheit umzugehen, werden auch auf der Grundlage solcher Konstruktionen bereitgestellt. Diese Konstruktionen überwinden auch Raum und Zeit in dem Sinne, dass sie weitergegeben und in der Kultur – auch mit Hilfe anderer Medien, wie z.B. Bücher – gespeichert werden. Medien geben der Kommunikation eine Form, was auch hier der Fall ist: Wenn ich ein vierjähriges Kind als eine Person mit spezifischen Zügen konstruiere, dann werde ich es entsprechend behandeln, meine Sätze kurz halten und mich möglichst einer kindgerechten Sprache befleißigen. Die Idee einer Kindheit dient ebenfalls dazu, Informationen zu speichern, zu verarbeiten und zu übertragen. Die Vorstellung eines durchschnittlichen Vierjährigen beinhaltet bestimmte Informationen, hilft beispielsweise im Umgang mit einem Kind, das vielleicht dieser Vorstellung nicht ganz entspricht, Informationen zu verarbeiten („zu klug für sein Alter") und überträgt diese Informationen auf neue Situationen. Wichtig bei dieser Charakterisierung von Kindheit als Medium ist, zwischen Kindern und Kindheit zu unterscheiden. Hier wird Kindheit als historisch gewachsenes Konstrukt thematisiert, nicht konkrete Kinder.[3]

Geschichte der Kindheit

Von Kindheit als historisches Konstrukt ist seit Mitte des 20. Jahrhunderts die Rede. Das Forschungsfeld der Geschichte der Kindheit erhielt einen entscheidenden Impuls durch das Buch des französischen Historikers Philippe Ariès (1914-1984). Er veröffentlichte im Jahr 1960 eine gewichtige Monographie über Kindheit und Familienleben in Alteuropa, deren deutsche Übersetzung den schlichten Titel „Geschichte der Kindheit" trägt. Die Berühmtheit dieses Buches basiert größtenteils auf der Aussage, dass das christliche Mittelalter keine spezifische Kindheitsvorstellung hatte. Ariès analysiert, dass bis zum 17. Jahrhundert Kinder in der Bildkunst nicht als Kinder, sondern wie kleine Erwachsene porträtiert wurden. Auch Kinderkleider der Zeit – so Ariès weiter – zeigten, dass Kinder grundsätzlich nicht von den Erwachsenen unterschieden wurden, was auch für die Kinderspiele zuträfe. Nach dieser Analyse gelten Kinder im Mittelalter nicht als anders. Dass sie besonderen Schutz bräuchten, oder dass Kindheit als Lebensphase einzigartig sei, könne man vor dem 16. Jahrhundert nicht voraussetzen. Erst um diese Zeit habe sich eine neue „Einstellung" zum Kind herausgebildet, in der Andersartigkeit, Verletzlichkeit und Einzigartigkeit prägend waren (Ariès 1960/1996, S. 103). Mit dieser These verneint Ariès, dass Kindheit ein univer-

3 Kindheit als Medium ist hier medienhistorisch zu verstehen. In der Soziologie Niklas Luhmanns wird auch das Kind als Medium charakterisiert, aber in einem ganz anderen Sinne von ‚Medium' (Göhlich 2006).

sales Konzept ist, das historischem Wandel nicht unterliegt. In Ariès Worten: „Die mittelalterliche Gesellschaft, die wir zum Ausgangspunkt gewählt haben, hatte kein Verhältnis zur Kindheit; das bedeutet nicht, daß die Kinder vernachlässigt, verlassen oder verachtet wurden. Das Verständnis für die Kindheit ist nicht zu verwechseln mit der Zuneigung zum Kind; es entspricht vielmehr einer bewußten Wahrnehmung der kindlichen Besonderheit, jener Besonderheit, die das Kind vom Erwachsenen, selbst dem jungen Erwachsenen, kategorial unterscheidet. Ein solches bewußtes Verhältnis zur Kindheit gab es nicht" (Ariès 1960/1996, S. 209).

Separierung und Überwachung

Ariès warnt jedoch davor, diese Veränderung als Fortschritt im Verhältnis von Kindern und Erwachsenen zu sehen. Die neue Einstellung zur Kindheit, in der die Besonderheit und Verletzlichkeit von Kindern eine zentrale Rolle spielte, habe zu einer größeren Überwachung und Abschottung von Kindern und Gesellschaft geführt. Wenn Kindheit als eine besondere Lebensphase mit eigenen Bedürfnissen gesehen wird, dann werden besondere Maßnahmen als nötig betrachtet, mit dieser Andersartigkeit umzugehen und die wahrgenommene Verletzlichkeit umsichtig zu beachten. Ariès sieht in einer zunehmenden Verschulung der Kindheit eine neue Trennung zwischen einer Erwachsenen- und einer Kindheitswelt: „Die Schule ist als Mittel der Erziehung an die Stelle des Lehrverhältnisses getreten. Das bedeutet, daß das Kind sich nicht länger einfach nur unter die Erwachsenen mischt und das Leben direkt durch den Kontakt mit ihnen kennenlernt" (Ariès 1960/1996, S. 47). Kinder zahlten demnach einen hohen Preis dafür, dass Sie nun dem neuen Konstrukt Kindheit unterlagen: Sie wurden stärker überwacht, ihr Alltag reguliert, ihr Schulbesuch sollte sogar idealerweise im Internat geschehen. Für diese Aufgabe, mit der Andersheit der Kinder umzugehen, wurden einige wichtige Schulen und Kollegs ebenfalls nach und nach reformiert, detailliert geregelt, Kinder in Alters- und Leistungsklassen gesteckt. Demnach verbindet die zweite große These Ariès die Konstruktion von Kindheit mit dem Aufschwung und der inneren Reform von Schulinstitutionen. Von einer Pädagogisierung der Kindheit – durchaus im Sinne verstärkter Kontrolle und Überwachung – ist die Rede.

Kritik an Ariès Thesen

Eine ganze Reihe von Arbeiten haben sich der These der veränderten Einstellung von Kindheit und der Herausbildung eines eigenen Kindheitskonzeptes gewidmet. Es wurden Untersuchungen für das Mittelalter und die Frühe Neuzeit durchgeführt, und zwar in unterschiedlichen Ländern Europas, um den Gehalt dieser

These zu überprüfen. Das Urteil diesbezüglich ist eindeutig. Besonders Mittelalterforscher haben die Interpretation Ariès, wonach das Mittelalter kein bewusstes Verhältnis zu Kindheit gehabt habe, entkräftet. Spezielle Bestattungsrituale und Grabgaben – Kindersterblichkeit war in der Zeit sehr hoch – zeigen beispielsweise, dass der Tod eines Kindes doch als etwas Besonderes empfunden wurde. Aber auch die historischen Quellen, die Ariès selbst benutzte, wie Kinderdarstellungen in der Malerei und das Fehlen spezifischer Kinderkleider, werden in weiteren Untersuchungen anders bewertet. Forschungen über Medizin und Recht zeigen zudem, dass diese zwei Wissensbereiche die Unreife des Kindes ebenfalls besonders behandelten und tolerierten. Insgesamt gilt die These der Entdeckung der Kindheit als besondere Lebensphase als gescheitert (Orme 2001, S. 5-10; Heywood 2010). Die zweite große These, der Verschulung und Pädagogisierung der Kindheit, wurde jedoch wohlwollender rezipiert. Ariès untersuchte Themen wie die verlängerte Dauer des Schulbesuchs, die Entwicklung der Altersstufen als Klassifikationskriterium für Kinder in Schulen, die Verfeinerung der Schuldisziplin sowie den Aufstieg des Internats als Modellschule, hier besonders in katholischen Ländern. In den folgenden Ausführungen sollen besonders religiös geprägte Konstruktionen von Kindheit aus anderen europäischen Ländern im Vordergrund stehen. Das Medium Kindheit wird als treibende Kraft der Pädagogisierung präsentiert, im Sinne einer bewussten, und nicht lediglich gewohnheitsmäßigen, erzieherischen Behandlung. Das Medium Kind war aber alles andere als eine einheitliche Vorstellung, denn genauso wie Religion im Westeuropa der Neuzeit kontrovers wurde, waren auch die Konstruktionen des Mediums Kindheit vielfältig.

8.2 Religiöse Wurzeln: Sündige Kindheit, Gute Kindheit

Religion und Kindheit

Bereits im Umfeld der lutherischen Reformation zeigte sich eine Tendenz zur stärkeren Beobachtung und Führung von Kindern. In wenigen Jahren entstanden über das Thema in relativ großer Anzahl eigenständige Abhandlungen wie beispielsweise *Ein Christliches Radtbüchlein für die Kinder* (Johann Böhm 1536), *Eine Christliche Kinderzucht inn Gottes Wort und Lere: Aus der Schule zu Eisleben* (Johann Agricola 1527) oder die *Kinder-Postilla* (Veit Dietrich 1549). Es handelt sich um Bücher für die Führung und Lenkung des Familienverbandes und insbesondere der Kinder in dem neuen christlichen Geist (Luke 1989,

S. 63-64). Offensichtlich machten sich die neuen religiösen Gruppen Gedanken über ihr Fortkommen und Überleben, und dabei waren Fragen der Kindheit und der Erziehung zentrale Themen.

Kindheit und Ursünde

Ein erster Hauptstrang dieser Auseinandersetzung mit Kindheit, der freilich nicht nur theologisch geprägt war, entstammt der Grundvorstellung eines grundsätzlich verdorbenen Charakters der Menschheit und, konsequenterweise, der Kinder. Menschen seien ja bereits durch ihre Geburt verdorben, als Träger der Ursünde: „Wer sein Kind Lieb hat / der helt es stets vnter der Ruten / Das er hernach freude an jm erlebe. Wer sein Kind in der Zucht helt / der wird sich sein freuen. Wer aber seinem Kinde zu weich ist / Der klaget seine striemen /vnd erschrickt / so offt es weinet. Ejn verwehnt Kind / wird muthwillig / wie ein wild Pferd. Zertle mit deinem Kind / So mustu dich hernach für jm fürchten / Spiele mit jm /Auff das du nicht mit jm hernach trawren müssest / Vnd entschuldige seine torheit nicht. Beuge jm den Hals / wen er noch jung ist / blewe jm den Rücken / weil er noch klein ist / Auff das er nicht halsstarrig und dir vngehorsam werde“ (zit. in Kittsteiner 1995, S. 363). Man tue Kindern etwas Gutes, wenn man sie züchtigt, weil Kinder von ihrer eigenen Verdorbenheit nichts wissen. Harte Erziehung sei somit geradezu geboten.

Puritaner

Theologische Überlegungen und konkrete Anleitungen bot beispielsweise der puritanische Pfarrer James Janeway (1636-1674) in England. Sein Buch zur Kindererziehung *A token for children* war seinerzeit als Eltern- und Kinderlektüre äußerst populär. Dort legt Janeway unmissverständlich dar, wie die theologische Sicht einer Ursünde fortwirkt. Weil „Kinder zum Sterben nicht zu jung sind“ und auch weil „sie nicht zu jung sind, in die Hölle zu gehen“, waren sie auch nicht „zu jung, um ihren Großmeister zu dienen“ und „um in den Himmel zu gehen“ (Janeway 1671/1825, S. v). In puritanischen Kreisen, auch bei den ersten europäischen Siedlern Nordamerikas, war diese Kindheitskonstruktion zentral. Wie es der Prediger John Hearsey in Massachusetts im 17. Jahrhundert formulierte: „Breche frühzeitig seinen Willen. Beginne dieses Werk, bevor es allein laufen kann, bevor es deutlich sprechen, oder bevor es überhaupt sprechen kann. Gleichgültig welche Schmerzen dies Kosten mag, besiege seine Widerspenstigkeit; breche seinen Willen, wenn Du das Kind nicht verdammen möchtest ... Darum lasse die Rutte dem Einjährigen die Angst und das Weinen beibringen“. Auf jeden Fall „lasse Dich von Niemanden dazu überreden, dass es grausam ist“ (zit. in Boas 1990, S. 44). Den Theologen war ebenfalls klar, dass bei einer zu gewalttätigen Erziehung die verderbliche Potenz der Seele erst recht zur Entfaltung kommen könne. Bei der Reformation beispielsweise wurde früh Wert daraufgelegt, dass die Prügel der Eltern von einer gleichzeitigen Belehrung flankiert werden sollten.

Puritaner gelten als Gründer – und für eine Zeit in England als Monopolisten – einer Buchproduktion, die ausschließlich für Kinder konzipiert war und zwar nicht als Schulbücher, sondern als Privatlektüre. Es war eine durch und durch religiöse Literatur, die praktische Kenntnisse selten thematisierte und nur streifte (Sommerville 1992, S. 23). Selbstverständlich waren auch Katechismen unter diesen Büchern, die aber nun von den Puritanern etwas ansprechender gestaltet wurden, beispielsweise wurden Katechismen nach Schwierigkeitsstufen geschrieben, so dass man mit der Katechisierung früh genug beginnen konnte, ohne den Kindern nur Unverständliches und Formelphrasen anzubieten (Sommerville 1992, S. 35-37). So wurden Katechismen verfasst, die ja/nein Antworten verlangten, also nicht eine lange und auswendig gelernte Antwort erforderten: „Es ist genug für jeden Menschen, dass er für sich selbst sorgt, ohne die anderen zu berücksichtigen? Nein. Darf er von der Unwissenheit der anderen einen Vorteil ziehen? Nein. Oder von der Armut der anderen? Nein. Darf ein Mann die Ware, die er verkaufen wird, übertrieben loben? Nein" (zit. in Sommerville 1992, S. 140-141). Janeway sah auch ein, dass es, wenn es ohne Zweifel Gottes Strafen gibt, dann Belohnungen auf diesem Weg der Vermittlung von Einsicht geben kann. Also ermunterte er Kinder und ihre Eltern mit einem Programm von Aktivitäten, in dem es keinen Müßiggang geben dürfte, Eltern unbedingt zu respektieren seien, Katechismus und Bibel – ‚kindgemäß' mit Schilderungen des Lebens Jesu – als Leitmedien der Rettung vorgesehen waren und letztlich der fleißige Besuch von Predigten empfohlen wurde (Janeway 1671/1825, S. xiv-xvii). Verdorbensein als Natur des Menschen verleite nicht zur Resignation, sondern zu gesteigerter Aktivität in der Hoffnung, diesen Zustand eventuell zu überwinden und reif für den Empfang von Gottes Gnade zu werden.

Deutscher Pietismus

Auch in den deutschsprachigen Ländern standen diese Konstruktionen von Kindheit hoch im Kurs. Beide Elemente, eine grundsätzliche Verderbnis, aber auch eine Empfehlung, gegen diese mit relativer Milde vorzugehen, waren Teil der Vorstellung, die sich mit dem deutschen Pietismus, einer ähnlichen Version der Reform innerhalb der Reformation, breiter durchsetzte. Diese Kindheitskonstruktion wurde besonders von August Herrmann Francke (1663-1727) auf die Frage von Erziehung und Schulbildung bezogen. Erziehung als die kunstvolle Brechung des Kinderwillens erfordere eine besondere Qualität der Kommunikation: „Wenn (...) die Eltern mit den Kindern zärteln, sich nicht getrauen, ihren Eigenwillen zu brechen, so doch in solchen Jahren, da er noch nicht gestärket ist, am leichtesten geschehen mag, und durch ihre Unachtsamkeit und durch das flatterhafte Wesen, so sie denen Kindern gestatten, alle gute Zucht wieder verderben, ist es unmöglich, daß sie an ihren Kindern die Wirkung des Heiligen Geistes sehen, welche sie sonst nicht ohne Freudenthränen würden gewahr werden" (Francke 1702/1966, S. 22). Wenn das für das einzelne Kind gelte, solle man umso vorsichtiger bei der Schulerziehung sein: „Denn die Erfahrung lehret's, daß die Kinder, insonderheit, wenn ihrer viele beisammen sind, auf allerhand unnütze Dinge fallen, und ihre Gemüter darinnen zerstreuen, wenn sie allein gelassen werden, absonderlich zu der Zeit, welche zum Lernen gewidmet ist. (...) Wenn hingegen der Informator zugegen ist, und die Kinder eine rechte Liebe zu ihm haben (...) behalten sie ihre Sinnen fein beisammen und in ihrer Ordnung" (Francke 1702/1966, S. 58). Die Konsequenz war eine konsistente Überwachung von Kindern und Schülern, und es handelte sich um eine Überwachung, die hart genug, aber nicht zu hart sein sollte. Nicht zuletzt, um diese besondere Orientierung zu garantieren, hatte Francke in der Stadt Halle im Jahr 1696 mit dem *Seminarium Praeceptorum* eine erste Stätte der Lehrerbildung gegründet, in der die Kandidaten diese besondere Perspektive der intensiven Beobachtung und der Kontrolle einüben sollten. Die Idee eines eigens ausgebildeten Lehrers entstand somit im Zuge der vom Medium Kindheit getragenen Pädagogisierung des Umgangs mit den nachwachsenden Generationen. Im Pietismus führte insgesamt eine veränderte Einstellung zur Kindeserziehung, in der Belehrung, Überzeugung und gutes Beispiel eine größere Rolle spielten, zu einer stärkeren Beobachtung von Kindern und Jugendlichen. Dies geschah nicht nur in kontrollierender Absicht, sondern auch in der Hoffnung, ein tieferes psychologisches Wissen über die nachwachsende Generation zu erlangen.

Idealisierung von Kindheit

Ein zweiter Hauptstrang der Konturierung der Kindheit als Medium von Erziehung und Bildung argumentierte in die diametral entgegengesetzte Richtung. Seit der Antike existierte die Konzeption der natürlichen Lerntriebe des Kindes, denen man mit einer guten und milden Behandlung zu begegnen hatte. Nun erhielt dieser milde Zugriff auf Kindheit einen stark religiösen Charakter. Kindern wurden Reinheit und Unverdorbenheit zugeschrieben, die auch Züge eines regelrechten Kultes der Kindheit aufwiesen

(Boas 1966/1990, S. 20). Ein frühes Beispiel dieser Richtung zeigte sich in der Darstellung von Engeln als kleinen Kindern. Engel als Gesandte und Untergebene Gottes konnten traditionell viel Angst und Schrecken verbreiten, denn sie brachten unter Umständen die göttlichen Strafen zu den Menschen: Biblisch gibt es schließlich auch einen Todesengel. Nicht zuletzt, weil Engel alles andere als gute übernatürliche Wesen waren, wurden sie lange Zeit in Bildern als (geschlechtslose) Erwachsene dargestellt. Erst im Spätmittelalter – und zwar in einer Zeit, in der auch die Verehrung von Jesus als Baby ihre interessante Karriere begann – wurden Engel mit kindlichen Zügen (*putti*) dargestellt und somit auch verniedlicht. Engel verloren zunehmend ihren Schrecken (Boas 1966/1990, S. 41-46).

Der Grundgedanke dieser Konzeption der Kindheit war nicht die vielfach unterstellte Verdorbenheit des Menschen. Im Gegenteil, hier herrschte eine ganz andere Leitidee: Die Schöpfung, ein Werk Gottes, sei an sich gut und wurde erst im Laufe des Lebens von Adam und Eva beschmutzt. Das Problem sei nicht die Natur des Menschen, als Geschöpfe Gottes müssten Menschen zunächst gut sein. Das Problem lag vielmehr in der Entartung der guten Schöpfung im Laufe der Zeit. In den Worten des englischen Bishops John Earle (1601-1665) aus seinem sehr populären Buch *Microcosmography* (1628) gesprochen: „Ein Kind ist ein Mensch in einem kleinen Brief, die beste Kopie noch von Adam, bevor er von Eva oder dem Apfel kosteten (...). Seine Seele ist noch weißes Papier, unbeschrieben von Eindrücken der Welt (...) es weiß nichts vom Bösen“ (zit. in Illick 1974/2015, S. 441). Nach diesem Denken seien die frühesten Zeiten immer die reinsten, die noch nicht vom sündhaften Tun beschmutzt waren. Analog dazu sei das frisch geborene Kind an sich auch gut, und nur die Verkümmerung seiner an sich guten Natur im Laufe der Zeit sei problematisch.

Comenius und die Göttlichkeit der Kindheit

Ein bedeutender Stellvertreter dieser Richtung gilt in vielfacher Hinsicht als Gründer modernen pädagogischen Denkens. Der tschechische Prediger und Philosoph Johann Amos Comenius (1592-1670), der nicht nur grundlegende Werke und Programme, sondern auch Schulbücher schrieb, definierte Kinder als „ein köstliches und herrliches Kleinod“. Dies zeige sich darin, „daß, wenn Gott auf allerlieblichste mit uns Menschen reden will, so nennet er uns Kinder, als wenn er keinen angenehmeren und lieblichern Namen nicht wüßte“ (Comenius 1633/1987, S. 35). Er fragte in seiner Schrift über die Kleinkinderschulen, warum dies so sei und fand dabei drei Ursachen. Erstens: „Weil sie Gottes Ebenbild sind rein und noch unbefleckt: darum sie auch unschuldig gehalten

Abb. 8.1: „Die Schul", Comenius, *Orbis Sensualium Pictus* (Nürnberg, 1658).

werden, weil sie außerhalb der angebornen Erbsünde sich noch mit keiner besudelt". Zweitens: Kinder seien Christus Eigentum, und mit „weltlichen fleischlichen Lüsten nit befleckt". Drittens: „Tut Gott mit den Kindern groß darum, daß sie sonderbare Werkzeuge sind, seinen Namen zu preisen (...)" (Comenius 1633/1987, S. 37). Insgesamt seien Kinder „lebendige Bilder des lebendigen Gottes" (Comenius 1633/1987, S. 38). Kinder seien wertvoller als Silber und Gold, sie seien Spiegel der Demut und der „Gütigkeit": „Weil sie uns nun Gott als Zuchtmeisterlein vorstellet, so sollen wir sie auch gebührlich ehren und respektieren" (Comenius 1633/1987, S. 39).

Als Comenius weitreichende Bildungs- und Schulpläne für beide Geschlechter entwarf, handelte er dabei nah der Idee, dass diese Göttlichkeit der Menschen durch Erziehung und Schule gepflegt werden sollte. Nicht zuletzt durch diese Festlegungen auf die Natur der Kindheit wurden veränderte Unterweisungsmedien möglich. Als Comenius den *Orbis sensualium pictus* (eine Welt von den Sinnen zugänglichen Dingen) 1658 publizierte, stand das Programm einer Erleichterung des Lernens im Vordergrund. Er hoffte, sein neues Buch würde die bittere Pille der Unterweisung süßer machen und dadurch die Qual des Lernens durch das Spiel der Alphabetisierung ersetzen (Göttselius 2007, S. 65). Somit könnte man sich Strafen sparen – so die Hoffnung – und die göttliche Natur der Kindheit würde nicht durch Menschen verdorben.

Comenius in Schweden

Obwohl die Pädagogik Comenius in den deutschen Ländern nicht als besonders einflussreich galt, war dies offensichtlich in Schweden anders. Comenius ließ sich in schwedisch kontrollierten Territorien (heute an der baltischen Küste Polens) zwischen 1642 und 1656 nieder und arbeitete, im Auftrag des Hofes in Stockholm, an neuen Schulbüchern (Husén 2003). Über den baltischen Raum wurde sein Werk rezipiert und von der kirchlichen Obrigkeit empfohlen. Die schwedischen Comenianer in Kirche und Staat prägten dann das berühmte schwedische Kirchengesetz von 1686, das eine Lesefähigkeitspflicht für alle Untertanen des Landes einführte. Diejenigen Untertanen, die nicht lesen konnten, durften nichts erben und auch nicht heiraten. Es handelte sich nicht um eine Schulpflicht – häufig wurde in dem spärlich bevölkerten Land das Lesen über häusliche und kirchliche Unterweisung denn über Schulbesuch gelernt –, sondern um eine Pflicht, lesen zu können (Johansson 1987). Thomas Göttselius hat interessante Beweise für eine milde Herangehensweise an diese neue Pflicht des Lesenkönnens zusammengestellt. Anstatt die Verletzung dieser Pflicht mit Strafen zu verfolgen, seien vielfach der Einsatz von Belohnungen und Preisen sowie die Minderung von Strafen belegt (Göttselius 2007, S. 69-70). Der damals stark militarisierte und autokratische Staat Schweden, oder zumindest einflussreiche Gruppen der schwedischen Kirche, versprachen sich offensichtlich einen Lern- und Autoritätsgewinn durch diese neue Sicht auf die Lernenden und die daraus entstandenen Lehrmittel.

Pädagogisierung im 17. Jahrhundert

Allmählich setzte sich das Spezifizierungsmedium Kindheit als Teil eines Medienverbundes der Erziehung und der Schule durch. In der Ansprache religiöser Texte für den familiären und kirchlichen Gebrauch, aber auch in der Entstehung von Schulbüchern, die nun einen besonderen Zugang von Kindern zur Welt voraussetzten, wie bei Comenius, waren die Auswirkungen des Mediums Kind auf andere, etablierte Medien feststellbar. Selbstverständlich hatten Medieninnovationen immer Auswirkungen auf andere Medien – eine Dimension, die man Intermedialität nennt – wie beispielsweise die Veränderungen von Schrift auf das Buch. Nun ist aber diese Intermedialität nicht nur in der Entwicklung der basalen und Grundlagenmedien der Bildung zu sehen, sondern sie ist besonders sichtbar am Spezifizierungsmedium Kindheit. Hinweise, dass die Konstruktionen von Kindheit den Bedarf einer speziellen Ansprache an Kinder und Jugendliche, darunter auch durch spezifischere Schul- und Erziehungsbücher, rechtfertigen, werden in der zweiten Hälfte des 17. Jahrhunderts wirksamer. Wenn Schulbücher sich bis dahin stärker als Materialsammlungen präsentierten, die den Wissenskanon organisierten, zirkulierten nunmehr verstärkt Überlegungen, in denen die Spezifik des Zugangs zu Kindheit behauptet wurde. In diesem Sinne wurde Pädagogisierung im 17. und definitiv im 18. Jahrhundert zum Leitprogramm des Umgangs mit Kindern und Jugendlichen: Erziehung und Schule sollten demnach wohlüberlegt, begründet und systematischer erfolgen, als es bis dahin der Fall war.

8.3 Kindheit als öffentliches Problem: Aufklärung, Erziehung und Bildung

Wie das Beispiel Schweden zeigt, war Kindheit nicht nur ein Thema für Familie und Kirche, sondern nun auch für den Staat. Dies geschah nicht zum ersten Mal – schließlich sind die frühen Schulordnungen deutscher Staaten bspw. Zeugnis einer öffentlichen Thematisierung des Lernens (vgl. Kap. 7). Der schwedische Fall zeigt jedoch, dass Kindheit sogar zum Thema des Gemeinwesens oder des Staates wurde, wenn es nicht um die Institution Schule ging. Im Folgenden wird die Darstellung der Konstruktion des Spezifizierungsmediums Kindheit fortgeführt und gezeigt, dass zwei Faktoren, die Fortführung der Konstruktion des Kindes als Medium sowie die öffentliche Dimension von Kindheit, stärker in den Blick genommen wurden und dabei ein grundlegendes Element für die Einrichtung allgemeiner institutionalisierter Schulsysteme entstand.

John Locke

Eine erste Verschiebung in der Konstruktion von Kindheit geschah in den Kontexten, in denen dieses Medium ausgehandelt wurde. Die Hauptautoren des vorangegangenen Abschnitts waren allesamt Kirchenmänner unterschiedlicher Konfessionen. Einzelne Autoren, die nicht Personal der Kirchen waren, nahmen auch zu dieser Frage öffentlich Stellung. Aber die Debatte über das Medium Kind verlief lange Zeit als eine von den Kirchen geprägte Diskussion. Im 18. Jahrhundert blieb Religion selbstverständlich zentral für diese Auseinandersetzungen, aber neue, prominente Stimmen, die nicht aus dem Kirchenpersonal kamen, wurden zunehmend einflussreicher. Dies gilt besonders für denjenigen Konstruktionsstrang, der Fragen der Ursünde und der grundsätzlich bösen Natur des Menschen hinter sich ließ. Als

John Locke (1632-1704), ein englischer Philosoph von europäischem Ruhm an der Wende zum 18. Jahrhundert, sich „Gedanken über Erziehung" machte, ließ er unmissverständlich am Anfang seines langen Traktats wissen, dass „Glück oder Elend des Menschen (...) größtenteils sein eigenes Werk (sind)". Er fügte in einem berühmten Diktum hinzu: „Und ich darf wohl sagen, daß von zehn Menschen, denen wir begegnen, neun das, was sie sind, gut oder böse, nützlich oder unnütz, durch ihre Erziehung sind" (Locke 1693/2007, S. 7). Nichts Ursündliches steht hier im Vordergrund, sondern das Tun des Menschen, das nun aufgrund seiner Wirksamkeit verstärkt zu beobachten und zu reflektieren ist. Entsprechend aktualisierte Locke auch ein Bild aus der Antike, um diese Sicht von Menschen und Erziehung lerntheoretisch zu erfassen. Die menschliche Seele sei bei der Geburt wie ein unbeschriebenes Blatt Papier oder, wie das in der Antike mit einem Sprachbild aus der damaligen Medienlandschaft ausgedrückt wurde, eine unbeschriebene Wachstafel, eine *tabula rasa*. Entsprechend sei Erziehung von äußerster Bedeutung. „In sie muß frühzeitig die Saat gelegt werden, von der ihr ganzes zukünftiges Leben beeinflußt werden soll: denn wenn sie gut oder böse handeln, werden Lob oder Tadel hier ansetzen; und wenn irgend etwas an ihrem Benehmen peinlich ist, wird das allgemeine Urteil lauten, das sei ganz so, wie man nach ihrer Erziehung erwarten könne" (Locke 1693/2007, S. 34).

Rousseau: Negative Erziehung

Der optimistische Strang der Pädagogisierung, der ja viel auf Erziehung zur Verbesserung der Menschheit setzte, fand in einem berühmten Buch in der zweiten Hälfte des 18. Jahrhunderts einen weiteren Höhepunkt. Mit „Emile, oder über die Erziehung" (1762) erlangte der Schriftsteller und Philosoph Jean-Jacques Rousseau (1712-1778) große Berühmtheit in Erziehungsfragen innerhalb des europäischen Lesepublikums. Ganz im Sinne der Sicht auf die Güte und Unverdorbenheit der Neugeborenen unterstrich Rousseau auch die gute Natur des Kindes als Teil der göttlichen Schöpfung; er glaubte fest daran, dass alles in den Händen des Menschen entarte. Ein gutes Kind müsse sich demnach gegen eine verdorbene Gesellschaft behaupten. Diese Herausforderung wird zum Angelpunkt der von Rousseau favorisierten Erziehung. Da die Natur als Gottes Schöpfung an sich gut sei, sei eine Leitvorstellung seines Erziehungsprogramms, die Natur so lange wie möglich wirken zu lassen und die irgendwann unumgängliche Kenntnis der verderblichen Gesellschaft soweit wie möglich aufzuschieben. Weil Gesellschaft auf Distanz gehalten werden müsse, hieß dieser Vorschlag „negative Erziehung", eine zu frühe

Beschmutzung der guten kindlichen Natur muss vermieden werden.

Die Kritik an der nachteiligen Wirkung einer zu sehr an die Gesellschaft gekoppelten Erziehung spitzte sich auch hinsichtlich der Ablehnung eines expliziten Religionsunterrichts zu – besonders diese Passagen sorgten für die Zensur des Buches gleich nach der Veröffentlichung. Dort brachte auch Rousseau sehr klar die medienorientierte Kritik, die mit der Skepsis gegen den Religionsunterricht verbunden war, zum Ausdruck: „Wenn ich ein wahres Bild von verdrußerweckender Dummköpfigkeit wählen wollte, so würde ich einen Pedanten zeichnen, der Kinder den Catechismus lehrt; so wie ich, wenn ich ein Kind närrisch machen wollte, ich es anhalten würde, das zu erklären, was es sagt, wenn es mir seinen Catechismus herbetet" (Rousseau 1762/1789, Band II, S. 450-451). Dazu gab es jedoch auch Alternativen, und zwar nicht nur in der Beobachtung der Natur durch den Zögling – die damit auch zum Bildungsmedium aufsteigt –, sondern ebenfalls in Textform: „Wir brauchen in der Gesellschaft eine Wortmoral und eine Thatmoral; und diese beiden Moralen gleichen sich nicht. Die erste steht in dem Catechismus, wo man sie läßt; die andre in den Fabeln des Lafontaine für die Kinder und in seinen Contes für die Mütter" (Rousseau 1762/1789, Band I, S. 525). Erneut bewirkte das Medium Kind eine Verschiebung in den Präferenzen, welche aus den bereits bestehenden Bildungsmedien eingesetzt werden sollten.

Kindheit und Staat

In den berühmt gewordenen Werken von Locke und Rousseau, die schnell zu den Klassikern der entstehenden Lehre einer Pädagogik aufstiegen, wirkte Erziehung zunächst als interpersonales Verhältnis, lokalisiert primär in den Familien (Vater/Sohn, Töchter kamen nur am Rande vor, oder Erzieher/Zögling) bzw. weit von der verderblichen Gesellschaft fort. Insofern verkannten beide Autoren weitgehend „die politische und die gesellschaftliche Bedeutung und Notwendigkeit öffentlicher Erziehungseinrichtungen" (Benner & Brüggen 2011, S. 99). Obwohl Rousseau noch 1762 sein Buch auf dem Verhältnis zwischen Erzieher und Zögling aufbaute, war bereits seit einiger Zeit eine Transformation im Gang, die Kindheit als Konstrukt stärker ins Zentrum öffentlicher Debatten rückte. Das 18. Jahrhundert gilt als das „pädagogische Jahrhundert", weil Fragen der Bildung und der Erziehung in einem bis dahin unbekannten Ausmaß diskutiert worden sind (dabei war Rousseau nur ein Beispiel, obwohl ein zentrales, dieser breiten Diskussion). Aber diese Diskussionen und Positionen waren stärker von der Tatsache getragen, dass Kindheit allmählich zu einem öffentlichen Problem bzw. zu einer staatlich zu verantwortenden Aufgabe geworden war.

Entmachtung der Väter

Die Verschiebung der Debatte geschah bereits in Ansätzen innerhalb der Gruppen, die Kindheit ausschließlich von einem religiösen Standpunkt her diskutierten. Beispielsweise bei den englischen Puritanern, die ein schwieriges Verhältnis mit dem Anglikanismus als Staatsreligion unterhalten hatten, war der Kindheit ein besonders Interesse zuerkannt. In deren durchaus sündebasierten Theologie fand eine unerwartete Wendung statt. Die Gefährdung der Seele war für sie so dramatisch, dass die Seele jedes einzelnen Kindes um jeden Preis zu retten sei. Dies könne auch gegen den Willen der Eltern geschehen, und somit entstand im Puritanismus auch ein Hang zum Umbau der Erziehung als nicht rein private, familiär definierte Aufgabe, wie die biblische Tradition dies nahelegen würde. Viel mehr kam es zu ersten Stellungnahmen, in denen die Rettung des Kindes in seinem *und* in öffentlichem Interesse stand, so dass auch der Besuch von Schulen vorgeschrieben werden könne, und zwar gegen den Willen der Eltern (Sommerville 1992, S. 157-166). In unterschiedlichen Ländern bestand ein zentraler Zug des Mediums Kindheit darin, öffentliche Erziehung und öffentlich beaufsichtigte bzw. betriebene Schulen als angemessene Hilfe anzubieten. Die verlängerte Lernzeit in einem segregierten, von der Gesellschaft geschützten Raum und die damit verbundene verlängerte Abhängigkeit der Kinder stand auf dem Programm. Längerfristig „erforderte der Siegeszug von Kindheit universale Schulpflicht" (Schnell 1979, S. 20). Kinder zu retten – später hieß es auch, Kinder zu befreien (Singer 2005) –, wurde zunehmend mit der Idee einer längeren, konsistenten Beschulung aller Kinder, auch der Mädchen, assoziiert.

Öffentliche Kindheit und Aufklärung

Dies war sicherlich nicht der alleinige Grund für die zunehmende Akzeptanz der Verschulung der Kindheit und für ein verstärktes öffentliches und staatliches Interesse an Schule (Osterwalder 2007). Die Diskussion wurde nicht nur durch das individuelle Kind der Religion gefördert, gemeint ist die Sorge um seine/ihre Seele, sondern auch durch Kindheit als öffentliche Angelegenheit. In einer Zeit, in der konsolidierte Staaten in Europa eine stärkere Verwaltung aufgebaut hatten, war Kindheit nicht nur ein religiös inspiriertes Motiv, sondern bildete zunehmend auch ein staatspolitisches Interesse. Von der Toskana bis Wien, von Berlin über München bis nach Madrid und Lissabon zeigte sich ein verstärktes Interesse der jeweiligen Staaten, Kindheit und ihre Handhabung mehr in den Fokus zu rücken. Die Heranbildung besserer Soldaten und Beamter, die Disziplinierung des niedrigen Volkes, die in katholischen Ländern wichtige Frage der Zurückdrängung der katholischen Kirche oder ökonomische Ziele waren unterschiedliche, zuweilen kombinierte Gründe, Kindheit als öffentliche Angelegenheit zu verhandeln.

Kindheit war äußerst wichtig in der deutschsprachigen Aufklärung. Als Aufklärung bezeichnet man eine im 18. Jahrhundert gut vernetzte geistige und sozialreformerische Bewegung, die sich auf die universelle Vernunft berief und von diesem Standpunkt aus die Kritik an althergebrachten Institutionen und Ideen formulierte. Diese Vernunft galt es nun aufzuwerten, und zwar selbsttätig und aktiv. In den Worten des Leitphilosophen der Zeit, Immanuel Kant (1724-1804): „Aufklärung ist der Ausgang des Menschen aus seiner selbstverschuldeten Unmündigkeit. Unmündigkeit ist das Unvermögen, sich seines Verstandes ohne Leitung eines anderen zu bedienen. Selbstverschuldet ist diese Unmündigkeit, wenn die Ursache derselben nicht am Mangel des Verstandes, sondern der Entschließung und des Mutes liegt, sich seiner ohne Leitung eines anderen zu bedienen“ (Kant 1784; 1974, S. 9). Gott habe uns alle mit Vernunft ausgestattet, aber wir sind selber schuld, wenn wir nicht selbst denken und uns von anderen leiten lassen. Denken aber ist nicht nur eine private Tätigkeit, sondern der öffentliche Gebrauch der Vernunft, der Austausch der Gedanken, ist für die Aufklärung zentral. Erneut, die von Gott geformte Natur des Menschen ist an sich gut, aber Gewohnheit, also Gesellschaft, bringt hier Nachteiliges. Anklänge an Menschenbilder, wie sie in der religiösen Sprache bereits bestanden, haben nun eine andere Bedeutung erlangt. Wenn alle prinzipiell vernünftig sein könnten, müssten auch Prozesse und Absicherungen gegeben sein, die diese Fähigkeiten zur Entfaltung bringen. Hier spielen das Medium Kindheit und seine öffentliche Behandlung eine wichtige Rolle. Beispielhaft stand diese strategische Bedeutung in einer Streitschrift des Theologen und Schriftstellers Johann Ludwig Ewald (1748-1822), in der die Frage diskutiert wurde, ob es günstig sei, das Volk aufzuklären: „Nur bei der Jugend kann Aufklärung unter dem Volke angefangen werden. Was also nicht für die Jugend taugt, taugt nicht für das Volk, das ohnehin noch so viel Jugendliches, Kinderartiges hat“ (Ewald 1800, S. 105).

Kindheit und ‚niedriges‘ Volk

Kinder sind wie das Volk: Sie können zwar selbst denken, tun es aber nicht. Aber während Kinder das noch entwickeln können, hat das Volk dieses Potenzial durch Gewohnheit und Unwissenheit vorläufig verwirkt. Wenn das Spezifizierungsmedium Kindheit ein wichtiges emergentes Element für die Gestaltung von Erziehung und Schule der Aufklärungszeit war, darf man nicht vergessen, dass diese Konstruktion nicht nur real existierende Kinder abstrahierte, sondern dass seine Konsequenzen auch für die Erwachsenen zu spüren waren: Das Volk sei ja wie ein Kind. Die Idee, dass „der Staat durch die Verantwortung des Fürsten (....) für das Seelenheil seiner Landes*kinder*" aktiv werden soll, war entscheidend. Wenn Erziehung eine zentrale Rolle für das, was Menschen werden, spielt, und das Glück des Menschen weitestgehend von der genossenen Erziehung und Schule abhängt, ist es geradezu eine väterliche Pflicht der Regierenden, die Erziehung der „Landeskinder" als öffentliche bzw. staatliche Angelegenheit zu fördern (Jeismann 1987, S. 105). Fast überall in den deutschsprachigen Staaten setzte sich dieser Regierungspaternalismus durch. Gesetzte und Verordnungen nahmen sich definitiv dem existierenden Schulwesen an. Unterstützt durch die Aufklärer, die in einer vernünftigen Staatsmacht große Möglichkeiten der Veränderung ausmachten, wurde beispielsweise in großen Staaten wie Preußen (1794) und Österreich (1774) eine Unterrichts- bzw. Schulpflicht eingeführt. Diese existierte zwar bereits in kleineren Staaten wie Sachsen-Gotha (1642) und Braunschweig-Wolfenbüttel (1647), aber nun schlugen auch europäische Großmächte der Zeit diesen Weg ein.

Aber nicht nur Staaten, sondern auch die sog. bürgerliche bzw. aufgeklärte Öffentlichkeit waren auf diesem Feld aktiv. Der Landbesitzer und Aufklärer Friedrich Eberhard von Rochow (1734-1805) beispielsweise bemängelte, dass Landvolk als Bezeichnung eine „erniedrigende Bedeutung" hatte. Aber, wie eigentlich alle unmündigen und unwissenden Menschen, können die armen Bauern wenig dafür, so von Rochows Urteil. Deswegen „stehet das Volk allein durch die Schuld seiner Regenten, die von jeher an dessen Bildung zu wenig dachten, und es ist gewiss keine wesentliche Eigenschaft des Volks, dass es sittenlos, Janhagel oder Pöbel sein müsse" (zit. in Siegert 2007, S. 45). Man musste dem Volk Mittel in die Hand geben, damit es sich seines eigenen Verstandes bedienen könne. Unzufriedene Bauern seien eigentlich wie schlecht erzogene Kinder, und in beiden Fällen seien die jeweiligen Väter schuld: „Sie (die Bauern, MC) sind weder mit Gott, noch mit der Obrigkeit zufrieden. Gott tadeln sie durch Murren über die Einrichtung dieser Welt, und halten ihn für einen Stiefvater, der partheyisch mit seinen Kindern verfährt" (von Rochow 1790, S. a2). Gott aber sei in Wahrheit natürlich nicht ein ungerechter Vater; die Obrigkeit sei es, die das Landvolk mit mangelnder öffentlicher Erziehung zu unverständigen Kindern machte: „(...) man gewöhnet ihr Gewissen nicht, über ihre Urtheile und ihre Handlungen zu richten. Und so bleibt denn auch das Landvolk unfähig, einen moralischen Vortrag zu **verstehen**" (von Rochow 1790, S. a2, Fettdruck im Original).

Neue Lesebücher

Von Rochow leitete die Verbesserung der Schulen auf seinen Ländereien. Er ließ neue Schulen bauen, bessere Lehrer einstellen und schrieb selbst neue Lesebücher, die diese Aufgabe, vernünftige Menschen, die nicht nur aus Gewohnheit, sondern aus Einsicht gehorchen, fördern könnten. Wenn man dem Landvolk eine verständige Lehrart mit neuen Lehrmitteln angedeihen ließe, dann würde das Landvolk einsehen, warum die Ordnung ist, wie sie ist. Dann weiß der Bauer, „daß ohne Gehorsam keine Ordnung erhalten wird; er gehorcht also freywillig" (von Rochow 1790, S. a4). Das Buch, aus dem hier zitiert wird, war sein *Versuch eines Schulbuches, für Kinder der Landleute, oder zum Gebrauch in Dorfschulen* (1772); aber von Rochows wahrer Erfolg wurde ihm mit dem *Kinderfreund. Ein Lesebuch zum Gebrauch in Dorfschulen* (1776) beschert. Dieses Lesebuch für Schulen, in dem ein Medium (Kind) im Titel eines anderen Mediums stand, wurde bis Mitte des 19. Jahrhunderts dutzendfach in mehreren deutschen Staaten gedruckt und ins Dänische (1777), Französische (1778), Polnische (1795), Russische (1797) und Niederländische (1801) übersetzt. 1801 wurde in Preußen seine allgemeine Einführung durch den zuständigen Minister empfohlen (Freyer 2001). Von Rochow schrieb ein Lesebuch, das damals wegen des stark erklärenden Stils bemerkenswert war. Schulbücher insgesamt standen unter Reformdruck. So bekamen bis 1800 die seit Jahrhunderten bekannten Katechismusfibeln, also Schulbüchlein für das erste Lesenlernen, in denen sehr oft neben den Buchstaben der Katechismus sowie eventuell einige Gebete gedruckt waren, Konkurrenz durch neue Elementarlesebücher, die weniger Religion enthielten, dafür aber weltliche Inhaltselemente (Teistler 2015). Insgesamt förderte eine aufklärungsorientierte Konstruktion des Spezifizierungsmediums Kindheit Veränderungen im Grundlagemedium Buch. Alte Katechismen, die auswendig gelernt werden sollten, taugten für die Aufgabe, die Vernunft der Kinder zu kultivieren, nicht länger.

Französische Revolution

Auch in anderen europäischen Ländern erfolgte solch eine Verschiebung zu einer öffentlichen und staatlichen Behandlung von Kindheit. Im Umfeld der Französischen Revolution, die nach 1789 neuartige Institutionen und ambitionierte, auch utopische Bildungspläne diskutierte, aber kaum umsetzte, war dies der Fall. Dort zirkulierten Vorstellungen, die den angeblich natürlichen und guten Anlagen des Kindes folgten. Anklänge aus Rousseaus Werk sind in vielen der Stellungnahmen von revolutionären Lehrern, Abgeordneten und Amtsträgern unverkennbar: „Die Seelen der Kinder, rein, flexibel, allen gesellschaftlichen Tugenden fähig, werden in der Händen eines fähigen Lehrers, was der Lehm in den Händen eines Arbeiters, der die Sitten mit Geschicklichkeit formt" (zit. in Harten 1990, S. 86). Merkmale des Mediums Kindheit wurden auch auf Erwachsene übertragen: „Das Volk ist von Natur aus gut: Es ist nur durch den Despotismus korrumpiert; um tugendhaft zu werden, braucht das Volk nur die Freiheit: Nur das Vergessen seiner Rechte hält ihm in der Sklaverei. Veröffentliche deshalb schnell möglichst Elementarbücher, die dem brennenden, aber wenig aufgeklärten Fleiß der Landlehrer helfen soll" (zit. in Harten 1990, S. 86). Bereits von Rochow mahnte an, dass die Konsequenzen des Mediums Kindheit – auch bezogen auf das Volk als Kind – Veränderungen in der Beschaffenheit des Grundlagenmediums Buch erforderte. Hier wurden auch von den Revolutionären neue Elementarbücher gefordert und, wenn man noch Katechismen einsetzte, waren diese nun „politische" Katechismen, die dem Volk seine neuen Rechte und Pflichten der Republik beibrachten (Buttier 2012).

Hier wirkte Kindheit wie eine unbefleckte Größe, die vor den Widersprüchen der bestehenden Gesellschaft geschützt werden sollte. Gleichzeitig sollten demnach Kinder völlig verfügbar und ihre Formbarkeit nahezu beliebig sein (Badinter 2010), was Erziehung und öffentliche Bildung als potentiell manipulativ und autoritär positionierte. Nicht nur die Frage, wie man die gute Natur von Kind und Volk zur Entfaltung bringen könnte, wurde in solchen Programmen der öffentlichen Erziehung verhandelt. Analog zur theologischen Diskussion sahen andere Revolutionäre Kindheit durchaus als etwas, das Schwächen und Gefährdungen unterlag und somit grundsätzlich für Chaos und Unsittlichkeit anfällig war. Aus diesem Grund mahnten einige Autoren eine ‚republikanische' Disziplinierung an, weil Kinder und Jugendlichen dazu tendierten, „müßig, frivol und unmoralisch" zu werden (zit. in Harten 1990, S. 95). Also müsse der revolutionäre Staat sich der Sache annehmen, aber, anders als bei von Rochow, der ja nur ein besseres Verstehen bestehender Ordnung fördern wollte, ging es hier darum, der neuen, durch die Revolution eingeführten republikanischen Ordnung eine Perspektive zu geben. Man erzog nicht nur für die Gegenwart, sondern auch für eine bessere Zukunft, sei es eine, in der die Menschen verstehen, worum es bei Sittlichkeit, Ordnung und Arbeitsamkeit geht, sei es eine, die utopisch eine neue Gesellschaft, ja einen durch den öffentlichen Zugriff auf Kindheit ermöglichten neuen Menschen anstrebt.

Fachpublizistik der Erziehung

Wie man sieht, leben in der neuen Zeit der vorsichtig reformierenden Aufklärung und radikaleren Revolution ältere Konstruktionen des Spezifizierungsmediums Kindheit unter neuen Bedingungen fort. So intensiv war mancherorts die öffentliche Aushandlung von Kind, Erziehung und Bildung, dass sich eine regelrechte Publizistik (Zeitschriften, Lehrerzeitungen) entfaltete, die Erziehung und Bildung zum Thema hatte, eine Neuerung, die in den deutschen Staaten besonders vertreten war (Brachmann 2008). In diesen Verbreitungsmedien agierten Reformergruppen aus ihren jeweiligen Positionen heraus, nicht nur die philosophisch orientierten Aufklärer, sondern auch praktisch orientierte Philanthropen mit ihrer Orientierung an Natur, Vernunft und Menschenfreundlichkeit in der Erziehung. Mit einem zwischen 1785 und 1792 publizierten mehrbändigen Werk, der *Allgemeine(n) Revision des gesammten Schul- und Erziehungswesens. Von einer Gesellschaft praktischer Erzieher*, lieferten Philanthropen auch ein enzyklopädisches Werk, das umfassend Fragen von Bildung und Erziehung behandelte und Reformvorstellungen präsentierte (Tenorth 2010, S. 80-120). Stets wirkten sich diese Konstruktionen auf die Beschaffenheit des bestehenden Grundlagenmediums Buch, als Schulbuch, als Lehrbuch oder als Katechimus, aus. Wenn dies für Schulmedien galt, kam mit der Entstehung einer spezifischen Kinder- und Jugendliteratur ein emergentes Medium für den privaten Bereich hinzu, das auch auf die veränderte Konstruktion von Kindheit reagierte (Herrmann 2005).

Pestalozzi: Innerlichkeit

Selbstverständlich blieben auch Kindheitskonstruktionen bestehen, die den Aspekt des öffentlichen Zugriffs auf Kindheit nicht in den Vordergrund rückten. Europaweite Berühmtheit erlangte um 1800 das Schrifttum von Johann Heinrich Pestalozzi (1746-1827), ein schweizerischer Pädagoge und Sozialreformer. Pestalozzi prägte durchaus Kindheitsvorstellungen in seiner Zeit und danach. Während Kinder im Hinblick auf den aufgeklärten Untertanen bzw. den Bürger in den Blick (um)erzogen werden mussten, stand für Pestalozzi und andere weiterhin der sog. Mensch im Vordergrund. Der Mensch mag ein gesellschaftliches Wesen sein, so Pestalozzi und andere Autoren, aber seine „Natur" und ihre Entfaltung, die „Menschenbildung", seien das höchste Gut und nicht die Bildung öffentlicher Personen. Also standen bei ihm nicht politische Projekte wie die Französische Revolution und die Modernisierung der Mentalität durch Aufklärung im Zentrum des pädagogischen Wissens, sondern die Kenntnis der menschlichen Entwicklungsgesetze. Das Kind sei bei ihm ein „tätiges, sinnliches, emotionelles und spielendes Wesen", dessen Entfaltung durch das Erweckungsmittel der „Liebe“ ausgelöst wird (Fuchs 1995, S. 119). Besonders nach 1800 zeige sich in Pestalozzis Werk seine Abwendung von der Französischen Revolution und seine Hinwendung zu einer idealisierten Innerlichkeit des Menschen (Oelkers 1995), die spiritueller, religiöser und apolitischer ausfällt als das Medium Kindheit, das in diesem Kapitel analysiert wurde. Diese Positionen werden weiterhin große Anziehungskraft entfalten und sich im 19. Jahrhundert unter veränderten Bedingungen der Massenschulbildung behaupten. Versuche, Schule als Familie sowie Lehrer und Lehrerinnen als Väter und Mütter zu definieren und somit auf eher privat-familiäre Verhältnisse zurückzuführen, stellen weitere Motive dieser anderen Konstruktion von Kindheit dar.

Gelehrte und Universitäten

In diesem Kapitel wurde das Spezifizierungsmedium Kind in seinen Auswirkungen auf Erziehungseinstellungen und auf das Grundlagenmedium Schulbuch sowie als Angelpunkt eines Programms der umfassenden, zunehmend verpflichtenden Beschulung charakterisiert. Dennoch fiel natürlich das Medium Kind nicht vom Himmel. Sowohl in seinen theologischen als auch in seinen philosophischen Ausprägungen war dieses Konstrukt zweifelsohne selbst ein Ergebnis von Bildung. Denn Theologen und Philosophen, aber zunehmend auch Juristen und Mediziner, spielten als Universitätsabsolventen die zentrale Rolle bei der Konturierung dieser Leitvorstellungen. Die Stellungnahmen, die hier im Zentrum der Darstellung standen, entstanden entweder im Betrieb der Universitäten, wie bei Kant, oder in der neuen Öffentlichkeit der Aufklärungszeit, wie bei Rousseau. Dort stand im 18. Jahrhundert die auf Deutsch gehaltene Vorlesung zunehmend im Vordergrund – was auch eine Umorientierung dessen, an wen man sich mit solchen Darlegungen wandte, bedeutete. Die Entwicklung der Zeit scheint weg von der grenzüberschreitenden Gemeinschaft der auf Latein kommunizierenden Gelehrten hin zu einer neuen Gemeinschaft, die sich über eine gemeinsame Sprache definiert, zu gehen. In der ansonsten sehr trägen Universität, die weiterhin vorlesungsbasiert, mit der Hilfe von Kompendien und Diktaten ihren Lehrbetrieb organisierte (Hammerstein 2005, S. 385) und Forschung als methodisch kontrollierte Entdeckung von neuen Erkenntnissen teilweise an die neu gegründeten wissenschaftlichen Akademien faktisch abgegeben hatte (Porter 1996), war diese Sprachumstellung die vermutlich stärkste Medieninnovation. Der Anwuchs des lesenden Publikums und der Zahl von Autoren sowie die Umstellung der Lehrsprache zeigen, dass die Orientierung auf ‚öffentlich‘, was hier nur in Bezug auf

Kinder und ihre Erziehung/Beschulung diskutiert wurde, auch die höhere und Universitätsbildung tangierte.

Das Medium Kind wirkte zusammen mit anderen Transformationen in Politik, Wirtschaft, Gesellschaft und Kultur (Überblick dieser Kräfte in: Leschinsky & Roeder 1983) und führte zu einem gesamtgesellschaftlich neuen Stellenwert von Bildung und Erziehung, die zunehmend in öffentlicher Verantwortung stehen sollten. Die Zeit moderner Schule und moderner Bildungssysteme begann, und die enorme Aufgabe ihrer Verwirklichung förderte die Fortentwicklung weiterer Spezifizierungsmedien der Bildung und der Erziehung.

Fragen

1. Erklären Sie den Begriff von Kindheit als Spezifizierungsmedium der Bildung und der Erziehung.
2. Geben Sie kurz die Hauptthesen der Geschichte der Kindheit von Philippe Ariès wieder und diskutieren Sie, inwiefern diese Thesen heute noch Bestand haben.
3. Erläutern Sie das Verhältnis zwischen Ur-Sünde und Kindheit im Christentum und beschreiben Sie die Erziehungskonsequenzen dieser Vorstellung.
4. Erklären Sie den Begriff der Göttlichkeit der Kindheit und seine pädagogischen Konsequenzen, wie diese sich bei Jan Amos Comenius zeigen.
5. Wie setzt sich diese Tradition eines positiven Kindheitsbildes im 18. Jahrhundert fort? Präsentieren Sie dabei die Grundideen von John Locke und Jean-Jacques Rousseau und ihre Konsequenzen auf Bildungsmedien.
6. Wie ist es möglich, dass Kindheit zu einem öffentlichen, ja staatlichen Problem wurde und dabei die traditionell christliche Thematisierung von Erziehung als Ur-Recht der Eltern (besonders der Väter) abgeschwächt wurde?
7. Hatte das aufklärerische Kindheitsbild Auswirkungen auf bestehende Bildungsmedien, besonders bei Schulbüchern? Geben Sie ein Beispiel.

Weiterführende Literatur

Neumann, J. & Sträter, U. (Hrsg.) (2000). *Das Kind in Pietismus und Aufklärung*. Berlin: de Gruyter.
Sehr gelungener Sammelband über die unterschiedliche religiöse und intellektuelle Prägung der Kindheitsbilder.

Bosse, H. (2012). *Bildungsrevolution, 1770-1830*. Heidelberg: Winter.
Medienhistorisch fokussierte Analysen der großen Verschiebungen, die im Bereich der Erziehung und Bildung während der Aufklärung stattgefunden haben. Einige Kapitel bieten sehr viel Material für die Diskussion einer medienzentrierten Sicht auf die Bildungsentwicklung.

Hammerstein, N. & Herrmann, U. (Hrsg.) (2005). *Handbuch der deutschen Bildungsgeschichte. Band II: 18. Jahrhundert. Vom späten 17. Jahrhundert bis zur Neuordnung Deutschlands um 1800*. München: Beck.
Überblick über praktisch alle Themen der Bildungsgeschichte in den deutschen Staaten. Lesenswert und sehr gut als (umfassende) Einführung.

Miller, P. (1998). *Transformations of Patriarchy in the West, 1500-1900*. Bloomington & Indianapolis: Indiana University Press.
Ungewöhnliche und breite Untersuchung über die Veränderungen des Patriarchats in der europäischen Kultur, die die Diskussion über Vaterrecht, Staatsrecht, Schulpflicht und Kindheit als öffentliches Problem neu erhellte.

Neugebauer, W. (1985). *Absolutistischer Staat und Schulwirklichkeit in Brandenburg-Preußen*. Berlin & New York: de Gruyter.
Mustergültig recherchierte Arbeit über „Schulwirklichkeit" im aufstrebenden Staat Preußen. Aufgrund der relativ reichen Quellenlage sind auch wichtige Passagen zu Fragen der Medienentwicklung enthalten.

Sommerville, C. J. (1992). *The Discovery of Childhood in Puritan England*. Athens: University of Georgia Press.
Wenig bekannte Diskussion über die Kindheitskonstruktionen einer relativ kleinen, aber ziemlich entscheidenden Gruppe innerhalb einer religiösen Gruppierung in England.

Stichweh, R. (1991). *Der frühmoderne Staat und die europäische Universität. Zur Interaktion von Politik und Erziehungssystem im Prozeß ihrer Ausdifferenzierung*. Frankfurt/M: Suhrkamp.
Umfassende Analyse der Transformationen von Erziehung und Bildung im Übergang zum modernen Bildungssystem. Theoretisch anspruchsvoll, aber auch historiographisch reichhaltig.

9. Schulbank: Die Konsolidierung der geordneten Massenschule

Das 19. Jahrhundert gilt als eine Zeit des Fortschritts. Man begeisterte sich für Neues und hatte großes Vertrauen, dass der Fortschritt nicht nur materiell dank verbesserter Ernährung, Versorgung und Behausung, sondern auch moralisch und zivilisatorisch dank Wissenschaft und Bildung wirken würde (Osterhammel 2009, S. 81-82). Dieser Optimismus machte keinen Halt vor den ‚Kleinigkeiten des Alltags'. Im Bereich der materiellen Ausstattung von Bildungsinstitutionen war Fortschrittsoptimismus beispielsweise in einer Lehrerkonferenz in Wien um 1870 eindeutig zu spüren: „Die Schulbank hat im Kampfe gegen die Jahrhunderte andauernde Gedankenlosigkeit eine kurze, aber sehr interessante Geschichte. Erst seit einer gewissen Zeit ist die Bedeutung der unscheinbaren Schulbank für die Schulgesundheitspflege erkannt worden, und noch vor 25 Jahren herrschte in aller Welt bezüglich der Schulbank völlige Prinzipienlosigkeit. In der Stadt setzte der Tischler, auf dem Dorfe der Zimmermann widersinnige Marterhölzer ungestraft in die Welt. Nordamerika hat zuerst energisch mit dem unverantwortlichen Schlendrian, welcher die Forderungen der ärztlichen Welt gar nicht beachtete, aufgeräumt; es hat zuerst die Bank der Größe des Kindes angepaßt, es hat sie mit einer Lehne versehen, es hat zweisitzige, ja sogar einsitzige Bänke gearbeitet, eiserne Gestelle erfunden und auch Bedacht genommen auf Bänke für Schulen mit geringen Geldmitteln" (Schwab 1870, S. 27).

Das lange 19. Jahrhundert – damit ist nicht das rein kalendarische Jahrhundert, sondern die Zeit zwischen der Französischen Revolution (1789) und dem Ersten Weltkrieg (1914) gemeint –, steht im Zentrum dieses Kapitels. Die vielfältigen Entwicklungen dieser Zeit, in der die Welt sich unumkehrbar veränderte und moderne Strukturen der Industrialisierung, der Wissenschaft und der Politik weltweit in unterschiedlicher Intensität zum Thema wurden (Osterhammel 2009), werden im Folgenden nicht anhand allgemeiner Medieninnovationen wie der Photographie (ab den 1840ern), der kabelgebundenen, elektrischen Telegraphie (ab Mitte des 19. Jahrhunderts), oder dem Kino (ab 1895) behandelt. Hier wird ein schlichtes Spezifizierungsmedium der Bildung und der Erziehung im Zentrum stehen, weniger spektakulär in Gestalt und Wirkungsweise, aber umso strukturierender bei der Massifizierung und Ordnung institutionalisierter Bildung: die Schulbank, einschließlich des begleitenden Tisches.

Analog zum Spezifizierungsmedium Kind im vorigen Kapitel wird hier zunächst die Charakterisierung der Schulbank als Medium der Bildung und der Erziehung begründet und dabei der Blick auf eine große Umorganisation der institutionalisierten Bildung gelenkt (9.1.). In einem zweiten Schritt werden die Transformationen der Schulbank und des Schultisches sowie deren strategische Funktion in der Bereitstellung geordneter Massenschulverhältnisse vertieft (9.2.). In einem dritten Schritt wird die Frage der Schulbank nicht als eine rein technische, pädagogische oder lokale behandelt, sondern in ihren politischen und kulturellen Zusammenhängen weiter diskutiert und somit als Zeichen der Entstehung moderner Gesellschaften gedeutet (9.3.). Erneut: Die enormen Veränderungen des 19. Jahrhunderts können keineswegs in allen ihren Facetten auf dieses Spezifizierungsmedium reduziert werden. Dennoch steht mit der Schulbank ein Medium im Zentrum des Kapitels, das die Transformationen von Bildung, aber auch von Erziehung, in den Fokus rückt, und zwar sowohl auf der kleinen Ebene der pädagogischen Technik als auch auf der globalen Ebene einer ungleichen modernen Welt.

9.1 Sitzen und die Unterrichtsordnung: Die Schulbank als emergentes Medium des 19. Jahrhunderts

Sitzen, um zu lernen, hat selbstverständlich eine viel längere Geschichte. Bereits in der Antike gab es Sitzmöglichkeiten für Schreiber, die vermutlich auch von Schulkindern benutzt worden sind. Aus der Geschichte sind Bilder und Überreste von Hockern und Bänken erhalten, die auch fürs Lernen benutzt wurden. Darüber hinaus kennt man den Begriff des Lehr-Stuhls, von dem aus Lehrende ihre Botschaften verkündeten und erläuterten, und der den Namen für eine Lehreinheit an Universitäten lieferte. Besonders für diejenigen Institutionen, in denen auch geschrieben und nicht nur gelesen wurde, waren nicht nur Sitzbänke, sondern auch Flächen für das Schreiben eine Selbstverständlichkeit (Liedtke 2004). Und trotzdem saßen die Lernenden sehr oft einfach auf dem Boden.

Sitzen und Lernen

Langes und systematisches Sitzen ist in der Geschichte der Menschheit keine Selbstverständlichkeit. Vielmehr entstand dieses nicht zufällige und keineswegs kurzweilige Sitzen allmählich.

Wortgeschichtlich und historisch hängen Sitzen und beruhigende Wirkungen zusammen. Mit der Fixierung des Körpers am Gestühl wird eine Art Beruhigung ermöglicht, die als besonderes günstig für die Herstellung von Aufmerksamkeit, bspw. in den Diskussionen über das Syndrom der Hyperaktivität, betrachtet wird: „Das Sitzen hat die Eigenschaft, alle Reizregionen, die das Lernen stören, die nicht dem bloßen Speichern und Kombinieren der Vorgänge der Großhirnrinde dienen, gut abzuschirmen“ (Eickhoff 1993, S. 189). Mehr noch: „Das Sitzen setzt den Stoffwechsel herab und schirmt alle Reizbezirke ab“ (Eickhoff 1997, S. 495). Mit der Beruhigung des Körpers konnten die Energien der Lernenden zugunsten mentaler Vorgänge und Rezeptivität umgeleitet werden. Die leibliche Fixierung ermöglichte somit eine andere Art von ‚Bewegung‘, denn der Sitzende „schreitet fort“, und zwar „in Räume des Inneren. In Räume inneren Suchens und innerer Bildungen“ (Eickhoff 1997, S. 490). Wenn man Lernen nicht nur als mentalen Vorgang, sondern als Prozess begreift, in dem körperliche Grundlagen enorm wichtig sind (heute nennt man dies *embodied learning*, vgl. Stolz 2015), ist eine Geschichte des Sitzens eine eminent wichtige. Sitzen ist ein Tun, man muss sich dazu bringen; Sitzen ist nicht einfach ein Unterlassen des Handels. Dieses Tun stellt eine Bedingung für eine besonders systematische und langwierige Form des Lernens dar. Auf dem harten Boden stundenlang oder in ungünstigen körperlichen Stellungen zu sitzen, fördert das Lernen, bspw. der Schriftsprache oder der Inhalte eines wissenschaftlichen Faches, keineswegs.

Schulbank als apparatives Spezifizierungsmedium

Reichen diese Eigenschaften des Sitzens, die durch den Einsatz von Schulbänken gefördert werden, aus, um die Schulbank als emergierendes Mittel der Bildung und der Erziehung im 19. Jahrhundert zu charakterisieren? Die Schulbank kann als *Mittel* gesellschaftlicher Vernetzung charakterisiert werden, zwar nicht im Sinne von „gesellschaftsweit“, aber doch in dem Sinne, dass es Kommunikationen erleichtert, die sich nicht im privaten Austausch erschöpfen. Dieses Mittel erlegt der Kommunikation eine besondere Form auf: Beispielsweise ist eine Lehransprache in einer privaten Unterweisungssituation eine andere, als wenn ein Lehrender eine große Gruppe anspricht und sich nicht mehr an einem Individuum orientiert, sondern an den unterstellten Möglichkeiten und Fähigkeiten der Gesamtgruppe. Natürlich ist hier dieses Kollektiv und nicht die Schulbank die entscheidende Größe. Aber sehr lange Zeit gab es sehr viele Kinder in Schulen, die trotzdem nicht als Gruppe angesprochen wurden, sondern, wie wir sehen werden, einzeln. Insofern erleichtert es die Schulbank erheblich, eine Anzahl von Kindern *als Gruppe* anzusprechen. Somit wird der Gruppenunterricht ermöglicht. Das spezifische Mittel Schulbank bietet ein „Programm" an, weil die Form dieses Mittels besondere Körperstellungen vorgibt und andere ausschließt bzw. erschwert (bspw. mit dem Nachbarn in den hinteren Bänken zu sprechen). Dieses Programm überdauert die Zeit und ist auch in anderen Schulräumen wirksam. Die Schulbank als Apparat speichert und überträgt Inhalte, und damit sind in erster Linie nicht die Markierungen gemeint, die Generationen von Lernenden auf den Schulbänken und -tischen eingeritzt haben, sondern eher Inhalte und Informationen, die beim Design der Schulbänke einfließen und in ihr materialisiert und übertragen werden. Die Schulbank kann somit als ein apparatives Spezifizierungsmedium der Bildung und der Erziehung definiert werden.

Kollektiver Einzelunterricht

Dieses Medium begleitete, zuweilen unbeachtet, zentrale Transformationen von Bildung und Erziehung seit dem ausgehenden 18. Jahrhundert. Auf breiter Ebene fand eine massive Veränderung der Situationen statt, in denen Kinder und Jugendliche systematisch und institutionalisiert lernten. Es gab einen Übergang von älteren, unsystematischen und vielfach kritisierten Formen des Zusammenlernens zu einem geordneten, disziplinierten und durchdachten Sitzen in Lerngruppen. In sehr vielen Schulen Europas war es bis ins 19. Jahrhundert hinein üblich, dass der Lehrer einzelne Kinder oder eine kleine Gruppe von Kindern aufrief, prüfte und das Geschriebene korrigierte, während der Rest der Anwesenden sich selbst beschäftigte. Dieser „kollektive Einzelunterricht" – unterrichtet wurde man oft individuell, als ob man zu Hause wäre, aber dies fand in der Schule, d.h. in der kollektiven Situation statt – war spätestens im 18. Jahrhundert wegen seiner unsystematischen Anlage, des damit verbundenen Zeitverlustes und der ungenügenden Beaufsichtigung der Kinder stark in die Kritik geraten (Charakterisierung in: Janzer 1991, S. 29-84). Der Übergang, von dem hier die Rede ist, ist nicht in erster Linie eine Frage der engen pädagogischen Technik – wie man eine Frage formuliert oder Lob und Tadel einsetzt –, sondern eine grundsätzliche Frage der kollektiven Ordnung und somit der Organisation.

Der ‚Zusammenunterricht'

Sitzen in Reihen, nach vorne schauen, gruppenweise unterrichtet zu werden, d.h. die Merkmale des sog. Frontalunterrichts, stellten eine große Herausforderung für die Interaktionen in den älteren Klassenzimmern dar. Gewiss, man kannte die Universitätsvorlesung, und es gab immer wieder sehr geordnete Stadtschulen oder die berühmten Schulen des Jesuitenordens. Aber diese strenge Struktur der Kommunikation, in der es klare Regeln

Abb. 9.1: de Barros, J. *Grammatica da lingua portuguesa com os mandamentos da santa madre igreja*, Lissabon (1539).

dafür gibt, wer spricht und wer zuhört, war keineswegs allgemein vorhanden, oder sie war nur bei sehr kleinen Gruppen wirksam (Kirk 1988). In einer Zeit, in der die Pädagogisierung der Kindheit, zunehmend einschließlich der Mädchen, in öffentlichen Institutionen auf der Tagesordnung stand, war man mit kleinen Gruppen oder gelegentlicher Unterweisung und Kontrollen nicht mehr zufrieden. Für Elementarschulen verlangte man im 18. Jahrhundert, dass man endlich einen „Zusammenunterricht", den bereits Comenius befürwortet hatte, einrichten sollte (Petrat 1979). Der gruppenweise Zusammenunterricht versprach, eine ordentliche Unterweisung größerer Schulen zu erleichtern. Erst in einer bestimmten räumlichen Konstellation könnte man stetige und wiederkehrende Routinen einrichten, die möglichst ununterbrochene Tätigkeit aller Lernenden überwachen sowie Ablenkung, Streiche und Müßiggang unterbinden sollten. Eine durchdachte und systematische Verteilung der Körper von Lehrenden und Lernenden im Raum sollte ermöglichen, dass alle diese Vorgänge sichtbar werden und somit für Ordnung, Disziplin und konzentriertes Lernen sorgen (Caruso 2010).

Zweite Inklusion

„Der moderne Staat" – so ein deutscher Beobachter im Jahr 1878 – „hat mit Inaugurirung des Schulzwanges auch die Pflicht übernommen, die physischen Nachtheile, welche dieser Zwang auf die Jugend übt, mit allen ihm zu Gebote stehenden Mitteln zu verhüten oder doch zu vermindern. (...) Auch ist die sorgfältige körperliche Pflege in unserer schulwüthigen Zeit, welche am liebsten das Kind vom 2. bis zum 20. Lebensjahre in die Schulräume einpferchen möchte, so sehr zur Nothwendigkeit geworden, daß eine Vernachlässigung desselben sich bitter rächen würde" (Herberich 1878, S. 83). Die Idee einer Schulpflicht, die mit dem Medium öffentlicher Kindheit zum Kern des institutionalisierten Bildungsprogramms wurde, implizierte ganz konkret langes Sitzen. Wenn alle, zumindest prospektiv, in die Schule gehen sollten, auch Frauen, Arme und Menschen in anderen Kulturen, stellte sich zunehmend die Frage, was mit diesem für damalige Verhältnisse langen Schulbesuch geschehen sollte. Der herkömmliche Unterricht als etwas nicht stetiges und mit sehr viel Ablenkung und Möglichkeiten des Nichtstuns verbundenes, garantierte keineswegs eine disziplinarische und qualifizierende Wirkung. Die prospektive Inklusion aller Heranwachsenden in der Schule durch den verpflichtenden Schulbesuch erforderte aus diesem Grund eine zweite Inklusion, nämlich diejenige der kollektiven und dauerhaften Aufmerksamkeit und der stetigen und kontrollierten Tätigkeit. Erst Schulen, in denen rationalisierte und geplante Organisationstechniken zur Anwendung kommen sollten, würden garantieren, die individuelle und kollektive Aufmerksamkeit zu lenken und die ansonsten unübersichtlich verteilte Schülerschaft zu disziplinieren (Foucault 1975/1994).

Sitzen in höheren Schulen und Universitäten

Es gibt unzählige Dokumente und Skizzen über Schulgebäude, die zeigen, dass sehr oft Sitzbankreihen parallel zu zwei oder drei der vier Wände platziert wurden, so dass sich die Schüler aus verschiedenen Bänken ins Gesicht schauen konnten. Die Lyzeen (Gymnasien) in Frankreich beispielsweise hatten noch im 19. Jahrhundert an drei der vier Wände jeweils zwei Bankreihen, die Bänke waren also an den Rändern des Raumes aufgestellt und ließen die Mitte des Raumes frei (Le Cœur 2011, S. 92). Auch in den Lateinschulen der deutschen Staaten gab es sehr oft eine dürftige Möblierung und in einigen Schulen fand sich nur ein einzelner Tisch, ansonsten waren nur Sitzbänke vorhanden (Lange 1967, S. 110). Auf Bänken zu sitzen, bedeutete also nicht, dass man auch einen Tisch hatte, sogar in denjenigen Schulen, die wir

Abb. 9.2: Bilder von der Missionsanstalt Kribi im südlichen Kamerun. Quelle: *Illustrierte Zeitung 3* (1899), S. 769.

heute Sekundarschulen nennen könnten. Der Dichter Paul Verlaine (1844-1896) erinnerte sich mit Bitterkeit an die Möblierung in seiner gymnasialen Zeit Mitte des 19. Jahrhunderts in Paris: „Man kann sich keinen Grund vorstellen, um den Kindern von Familien, die teuer für die Schule zahlen, solche Amphitheatern anzubieten, die nur aus Schulbänken ohne Schultische vorne bestanden, und sonst gar nichts Komfortables hatten" (zit. in Le Cœur 2011, S. 99). Obwohl die Frage der Schulbank besonders auf Grund der Vermehrung von Elementar- und Primarschulen intensiv diskutiert wurde, betraf diese Lage besser gestellte Schulen ebenfalls. Interessanterweise scheint im französischen Fall die Umstellung in den Lyzeen auf Schulbankreihen Vorgaben umgesetzt zu haben, die zunächst für die Primarschulen erlassen worden waren (Le Cœur 2011). Während dieses Jahrhunderts vermehrten sich jedoch die Orte der Wissensvermittlung in der altehrwürdigen Institution der Universität, die mit der Integration moderner Forschung eine allmähliche Transformation durchmachte. Forschung im modernen Sinne hatte nicht so sehr mit dem Hörsaal zu tun, dem klassischen Ort des gemeinsamen Sitzens, sondern eher mit Laboren, Seziertischen, Sammlungen und Naturkabinetten voll mit neuartigen Apparaten. Neue Disziplinen entstanden in den Natur-, Sozial- und Geisteswissenschaften, die auch vielfältigere Formen der Wissensvermittlung erforderten. Jedoch blieben das gemeinsame Sitzen, das Zuhören und der Lehrstuhl zentrale Einrichtungen universitärer Bildung.

Die kollektive frontale Sitzordnung, die das Bild der traditionellen Schule prägte, wurde erst im Laufe des 19. Jahrhunderts für einen Großteil der Lernenden auf der ganzen Welt Wirklichkeit. Obwohl diese Sitzordnung zur Norm wurde, muss man immer die Vielfalt der Unterweisungssituationen und Bildungsinstitutionen im Auge behalten. Beispielsweise gab es immer wieder Schularrangements, in denen nicht nur die zentralisierte Ordnung des Gruppenunterrichts bestand, sondern auch dezentrale Tische, Spielecken und Bänke, die ebenfalls das individuelle Lernen erleichterten (Göhlich 1993). Aber der Aufstieg der frontalen Unterrichtsorganisation im 19. Jahrhundert war derart durchdringend, dass man ob des Erfolgs dieser Sitzordnung zunehmend beunruhigt wurde. Unter den neuen Umständen einer sitzenden Schulkindheit wurde die „Sitzsamkeit" der Schulordnung selbst zum Problem.

9.2 Das Massenschulwesen und die Transformationen der Schulbank

Am Anfang dieser Entwicklung waren die Sitzmöglichkeiten an den Schulen durchaus disparat. Gewöhnlich saßen auf einer längeren Bank so viele Kinder, wie darauf passten oder, wie erwähnt, auf dem Boden. Die Reformer des 19. Jahrhunderts sahen in diesen einfachen Einrichtungen ein großes Problem für die neue Zeit der Massenbildung, und aus diesem Grund musste die Unterrichtsordnung erheblich verändert werden. Da dieses nicht rationalisierte und nicht frontale Sitzen immerhin zur traditionellen Ordnung der Schule gehörte, bestanden einige Reformvorschläge zuerst auf eine angemessene Abwechslung zwischen Stehen, Sitzen und Bewegen, um die Nachteile dieser Lage zumindest abzumildern.

Wechselseitiger Unterricht

Im Rahmen der Umgestaltung älterer, unsystematischer Unterweisungsszenerien erregte zu Anfang des 19. Jahrhunderts das System des wechselseitigen Unterrichts englischer Prägung großes Aufsehen, unter anderem auch, weil hier noch geordnetes Sitzen mit geordnetem Stehen und Bewegen kombiniert wurde.

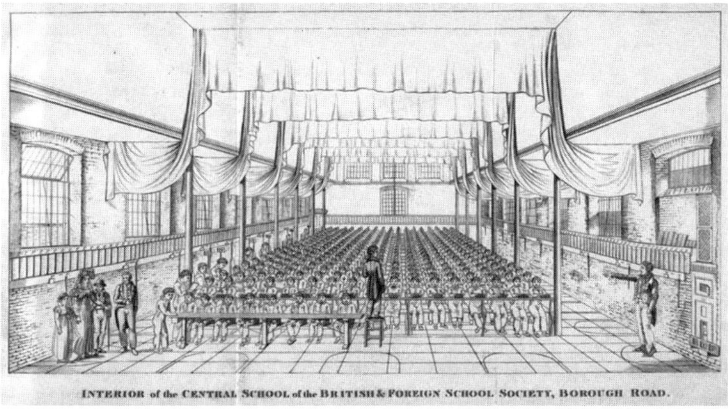

Abb. 9.3: Bild einer Schule des wechselseitigen Unterrichts; Unterrichtshelfer stehen neben den Sitzreihen; der Lehrer steht auf der rechten Seite; in der Mitte, auf einem Hocker, der Haupthelfer des Lehrers. Quelle: *A Manual of the system of teaching reading, writing, arithmetic, and needle-work*. London: Longman and Co, 1821.

Die Grundidee dieses in außergewöhnlich kurzer Zeit berühmt gewordenen Vorschlags war keineswegs neu. Seit Menschengedenken gab es Szenen, in denen die wechselseitige Unterweisung der Kinder angewendet wurde, und zwar in den verschiedensten Lernorten wie Schule, Werkstatt und Familie. Nun setzten englische Reformen diesen Pfad fort und gaben strenge Regeln für die Kind-Kind-Kommunikation im Klassenzimmer vor. Das System des wechselseitigen Unterrichts sah eine Einteilung von mehreren hundert Kindern in relativ präzise definierte Klassen vor. Diesen wurden die Kinder nicht nach ihrem Alter, sondern ausschließlich nach ihrem Kenntnisstand in den einzelnen Fächern zugeordnet. Jeder Klasse stand jeweils ein fortgeschrittener Schüler vor. Die Rolle des erwachsenen Lehrers bestand hauptsächlich darin, aus dem Kreis der besseren bzw. älteren Schüler die Unterrichtshelfer und Aufseher auszuwählen und ihren Einsatz im Unterrichtsalltag zu koordinieren. Somit oblag dem Lehrer eher die übergeordnete Leitung des Unterrichtsverlaufs als die eigentliche Unterweisungsarbeit mit den Schülern (Hamilton 1989).

Bei so großen Schulen mit Kindern unterschiedlichen Alters und Leistungsniveaus, klassifiziert in vielen kleinen Klassen, war eine geordnete Routine zentral. Dazu gehörte eine Strenge Zeitplanung mit unterschiedlichen Übungen des Lesens, Schreibens und Rechnens. Kinder mussten mitunter aus den langen Bänken austreten und einige Übungen und Wiederholungen an den Ta-

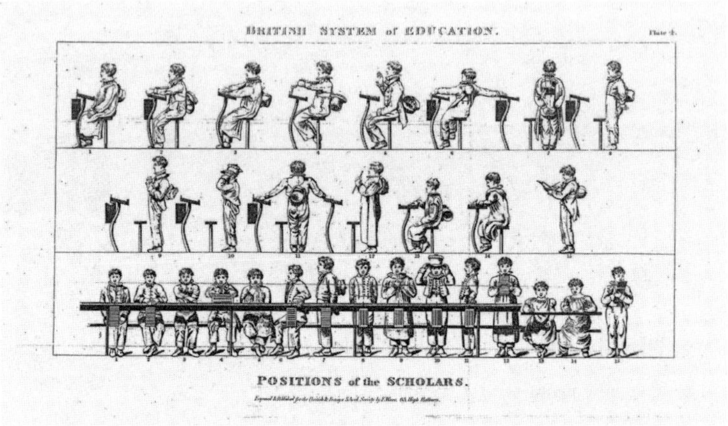

Abb. 9.4: *Manual of the System of Primary Instruction*. London: Printed for the British and Foreign School Society, 1834, Tafel IV.

feln absolvieren, die an den Wänden des Schulzimmers hingen. Aufstehen, Austreten, klassenweise zum Übungsplatz und zurück zu den Bänken zu gehen, musste streng geregelt und koordiniert sein, dafür setzte man u.a. Glocken und Pfeifen ein, um diese Bewegungen, fast wie beim Militär, idealerweise exakt zu organisieren. Möglichst wenig sollte dem Zufall überlassen werden.

Genau der Wechsel zwischen Sitzen, Stehen und Gehen wurde damals als eine der Vorzüge des Systems wahrgenommen. Ein anonymer Beobachter, vermutlich aus dem Umfeld des Militärs brachte dies zum Ausdruck: „Nicht ohne Zweck läßt man die Kinder im gleichen Schritt gehen, mit den Füßen stark auftreten und im regelmäßigen Takt in die Hände schlagen. Diejenigen, die in diesem Gebrauch nur einen lächerlichen Zeitvertrieb sehen, irren sich; aber, wäre es auch nur Zeitvertrieb, so wäre es schon nützlich, wenn sie gleichen Schritt halten. (...) Sieht man nicht auch, daß man durch diese Vorsicht die Summe der Bewegungen jedes Individuums vermehrt, und daß diese den Bedürfnissen der Natur so günstige, aus ihren Gesetzen so weislich geschöpfte Vermehrung mächtig dazu beyträgt, die Kräfte, die Gesundheit zu entwickeln, und die sanfte Fröhlichkeit zu erzeugen? Nein, alle diese Exercitien und Takthalten sind keine Kleinigkeiten" (Anonym 1817, S. 301). In diesem Sinne war zunächst mit dem System des wechselseitigen Unterrichts nicht nur das Bild geordneter Sitzreihen verbunden, sondern ebenfalls die Idee der geregelten Bewegungen. Die Beruhigung der Füße, die mit der sitzenden

Kindheit einhergeht (Burke 2018), scheint nicht die einzige Erwartung der Zeit gewesen zu sein.

Ärzte und Pädagogen

Nach 1830 stand das System des wechselseitigen Unterrichts stärker in der Kritik und wurde allmählich aufgegeben. Zur Mitte des Jahrhunderts dominierte das Ideal einer weitgehend sitzenden, von einem Erwachsenen unterrichteten Kindheit. Die kollektive Sitzordnung wurde nicht nur zum Vorbild, sondern auch zur alltäglichen Erfahrung in vielen Schulen. Es ist daher nicht verwunderlich, dass ab 1830 einige Ärzte ihre Sorgen um die meist sitzende Schulkindheit öffentlich machten. Ärzte wurden zu geschätzten Experten in dieser Frage. Ein zeitgenössischer Beobachter formulierte es folgendermaßen: „Während der Erzieher durch eine vernünftige Abhärtung den Körper des Kindes vor Krankheit zu schützen suchte, also prophylaktisch wirkte, beschränkte sich die Thätigkeit der Aerzte auf die Heilkunde." Aber nun hätten die Ärzte sich dem präventiven Gesichtspunkt gewidmet und würden sich für die Schulbank insofern interessieren, als eine gut durchdachte Sitzmöglichkeit viele Gebrechen gar nicht entstehen ließe (Herberich 1878, S. 82-83).

Spätestens die Schrift des Zürcher Schularztes Hans Conrad Fahrner „Über die Construction des Schultisches" (1863) entfachte eine Diskussion, die nicht allein eine pädagogische, sondern auch eine ärztliche und hygienische war. Eine zwischen Ärzten und Pädagogen kontroverse Frage war die nach der Distanz zwischen Platte und Sitz. Ärzte bevorzugten die sog. „Minusdistanz". Dabei wurde der Rand des Tisches nicht vor die vordere Kante des Sitzes gestellt, sondern einige Zentimeter über den Sitz. Für die Minusdistanz sprach der Umstand, dass Kinder während des Unterrichts im Allgemeinen und der Schreibübungen im Besonderen nicht leicht gebeugt nach vorne sitzen mussten. Ärzte waren alarmiert wegen der von ihnen wahrgenommenen Zunahme von Verkrümmungen und sogar Kurzsichtigkeit führten einige auf schlechtes Sitzen zurück. Mit der Minusdistanz konnte der Tisch bei gleichzeitiger Unterstützung durch die Lehne benutzt werden, weil das Kind nicht nach vorne gebeugt war, um die Tischplatte zu erreichen. Lehrer und Pädagogen plädierten hingegen für die „Plusdistanz", d.h. der untere Rand des Tisches sollte sich einige Zentimeter vor dem Ende der Sitzfläche befinden. Hauptargument für die Plusdistanz war der für Lehrer wichtige Umstand, dass diese Kombination das leise Aufstehen aus den Bänken erleichterte. Bei einer Klassenführung, in der die antwortenden Schüler stehen mussten, war dieser Aspekt nicht zu unterschätzen. Die Null- und Minus-Distanz war günstig für die Schreibarbeiten. Hingegen war die Plus-Distanz für die Bewegungen im Klassenzimmer geeigneter, schließlich mussten die Schulkinder wiederholt die Plätze einnehmen und verlassen (Müller 2013, S. 152). Der Zürcher Arzt Fahrner fragte mit gewisser Eindringlichkeit: „Thun wir gut, wenn wir das Sitzen benachtheiligen zum Vortheile des Stehens?" (Fahrner 1865, S. 26) Eine Lösung bestand darin, Klapp-Sitze und/oder Klapp-Pulte einzusetzen, aber die beweglichen Teile der Schulbank bereiteten weitere Probleme. Sie waren reparaturbedürftig, machten unerwünschte Geräusche, und die Kinder könnten damit spielen.

Die andere zentrale Schulbankfrage war ihre Größe. Lange Zeit saß man einfach auf nicht eigens für Kinder hergestellten Bänken. Stimmen wurden laut, die davor warnten, dass bei Kindern, die mit hängenden Beinen auf der Schulbank saßen, die Beine einschlafen könnten. Man sollte sich daher auf die Durchschnittsgröße der Kinder konzentrieren, wenn man die gewünschten Effekte der Aufmerksamkeit und der konzentrierten Arbeit erzielen wollte. Fahrner, der großangelegte Erprobungen in den Schulen Zürichs organisierte, empfahl sieben unterschiedliche Bankgrößen für das Schulpflichtalter (Fahrner 1865, S. 32). Er und andere Ärzte wollten mit den Messungen der Kinder die Unterschiede in der Körpergröße errechnen, so dass unterschiedlich große Bänke für unterschiedlich große Kinder empfohlen werden könnten. Dies war jedoch auch aus der Perspektive der Schulausstattung ungünstig. Denn diese weitgehende Anpassung der Schulbankgröße an die Größe der Schulkinder hätte bedeuten können, dass Bänke unterschiedlicher Größe im gleichen Zimmer stehen würden, was bei einer festen Bestuhlung, sehr oft am Boden verschraubt, schwierig zu realisieren gewesen wäre (Herberich 1878, S. 89).

Die Diskussionen über diese und andere Fragen, wie zur Sitzlehne oder Fußleiste, gingen weiter. Es standen mehrere Systeme in Konkurrenz, und Schulpolitiker schauten auf die Fortschritte und Veränderungen hinsichtlich dieser Fragen in anderen Ländern (Hlinica 2003). Die Entwicklung der wirklichen Schulausstattung ging aber langsamer voran, als die zum Teil hitzigen Diskussionen der Zeit vermuten lassen. Zwar wurden städtische Kommissionen für die Reform und den Austausch der Schulbänke in vielen wichtigen Städten eingesetzt, darunter Zürich unter Fahrner zwischen 1864 und 1866 (Kost 1985, S. 97), oder in der aufstrebenden Metropole Berlin im Jahr 1866 (Dokumente in: Landesarchiv Berlin, A Rep. 020-01, N°343). Die Ersetzung älterer Schulbänke dauerte jedoch Jahrzehnte. Bei den Winken für die Aufsicht des Schulbetriebes von 1910 im bayerischen Straubing

Abb. 9.5.: Frontseite des Klassenzimmers bei der zentralen Übungsschule für Lehrerbildung in Madrid. Die Schilder mahnen zu „Stille" und „Fleiß". Quelle: de Iturzaeta, J. F. (1846), *Sistema misto general o sea régimen de las escuelas de instrucción primaria, elemental y superior.* Madrid: Imprenta de D. Victoriano.

hieß es beispielsweise noch: „Notwendig eliminiert und entfernt werden müssen jene Bänke, die nach ganz altem System angefertigt sind und an deren Tischdecken wegen ihrer starken Neigung Leisten angebracht sein müssen, damit die Hefte und Bücher nicht herunter fallen. Die Leisten üben einen schmerzlichen Druck auf den Vorderarm des Kindes aus und entsprechen den Anforderungen der Gesundheitspflege und des Unterrichtes auf keine Weise" (zit. in Caruso 2003, S. 313).

Einrichtung von Klassenzimmern

Um das Medium Schulbank/Schultisch herum kristallisierte sich die sonstige Normausstattung der Schulen heraus. Die durch die Schulbank ermöglichte Sitzordnung formte nicht nur die Unterrichtskommunikation, sondern ‚wies' anderen wichtigen Lehr- und Lernmedien der Zeit ihren Platz ‚an'. Allen voran war der Tisch des Lehrers vorne zu fixieren, gegenüber den Sitzreihen der Schüler und Schülerinnen (Mann 1838, S. 25). Es ging um eine Übersicht über die gesamte Schule, um Unaufmerksamkeit und Unerlaubtes zu vermeiden. Die frontale Disposition der Möbel war nötig, weil „das Auge der schnellste aller Sinnen ist, und der Geist der Kinder gehorcht ihm sofort und folgt alles, wohin das Auge führt" (Mann 1838, S. 26). Insgesamt war beim Frontalunterricht auch die Frontwand eingehender zu planen und sogar zu schmücken. Wenn Kinder kontinuierlich nach vorne schauend saßen, dann sollten sie nicht irgendwelche abgenutzten Möbel und Bilder sehen, sondern eine ordentliche ästhetische Erfahrung machen. In der Tradition der Erziehung durch die Dinge, die Rousseau postuliert hatte, galt das Schulhaus insgesamt, seine Verteilung, Räume und auch Verzierung, ohnehin als „geheimer Miterzieher" (für die Schweiz: Helfenberger 2013).

Neue Lehrmittel

Der Aufstieg eines weiteren didaktischen Mediums, der Wandbilder für den Unterricht, stand ebenfalls im Zusammenhang mit der Durchsetzung einer systematischen und frontalen Sitzordnung in den Klassenzimmern. Bilder hatten bereits in Comenius' Buch *Orbis sensualium pictus* eine zentrale Rolle gespielt (vgl. Kap. 8). Seit dem ausgehenden 18. Jahrhundert entwickelte man jedoch vergrößerte Bilder für den Gruppenunterricht. Größere Wandtabellen mit Buchstaben, Silben und ganzen Wörtern wurden zunehmend überall in Europa im 19. Jahrhundert verlegt. Allerdings waren sie zunächst, bspw. im Zusammenhang mit dem wechselseitigen Unterricht, nicht unbedingt mit einem reinen frontalen und „sitzenden" Unterricht verbunden. Hierbei waren diese Tafeln, wie bereits gezeigt, für den Unterricht kleinerer Gruppen durch einen Schüler aus den oberen Klassen vorgesehen, und dies fand im Halbkreis stehend an der Wand statt. Richtige Wandbilder, die Bilder kollektiv für die Gesamtklasse und nicht eher individuell wie beim Schulbuch erfahrbar machten, setzten hingegen stärker die sitzende und gemeinsam aufmerksame Gruppe voraus. Schulwandbilder wurden stärker in der zweiten Hälfte des 19. Jahrhunderts industriell produziert. Tausende von Wandbildserien wurden verlegt. Die Unterrichtung vieler Themen des Elementar- und des höheren Unterrichts wurde mit deren Unterstützung erleichtert. Die Schulwandbilder sollten dabei helfen, didaktische Prinzipien wie die Anschaulichkeit des Unterrichts im Rahmen der Massenschulsysteme umzusetzen (Stach 2000). Auch mit dem Einzug von Naturalien, Wandkarten für den Geographieunterricht oder sog. Rechen- und Lesemaschinen änderte sich an der zentralen Rolle der Sitzordnung eher wenig, bzw. sie wurden explizit für diese Ordnung konzipiert. Nur in reicheren, höheren Schulen entstanden spezielle Räume für Experimente oder Beobachtungen, die eine andere Sitzordnung erforderten. Aber sogar in diesen besser ausgestatteten Sekundarschulen blieb die Schulbank in Sitzreihen das wichtigste Medium der Strukturierung der Unterrichtsszenarien, allerdings vielerorts mit einigen Abänderungen wie aufsteigende Sitzreihen.

Kritik der Schulbank

Die Konsolidierung des modernen Klassenzimmers als Ordnung des Sitzens rief jedoch diejenigen auf den Plan, die diese Entwicklung problematisch fanden. Besonders in den letzten Jahrzehnten des 19. Jahrhunderts wurde die Schulbank nicht nur als ein Apparat betrachtet, der verbessert werden sollte, wie bereits bei der Diskussion durch die Mediziner erwähnt. Vielmehr stand eine grundsätzliche Ablehnung bzw. die Suche nach Alternativen auf der Tagesordnung. Ein deutscher Turnlehrer, Jacob Happel (1833-1916), publizierte eine *Geschichte der Schulbank* in Antwerpen bereits 1875. Dort kritisierte er die existierenden Schulbänke als „Torturinstrumente" gegen Kinder (Herman et al. 2011, S. 102). Aber diese Grundsatzkritik sollte erst in reformpädagogischen Kritiken fruchten. Der Siegeszug der Schulbank im Kontext konsistenten Schulbesuchs (lange Zeit, besonders auf dem Land, besuchten Kinder die Schule nur im Winter, wenn keine Feldarbeiten anstanden) wurde von der Forderung begleitet, dass Schulen auch die körperliche Betätigung der Kinder und Jugendlichen fördern sollten. Bereits im Umfeld der Diskussion um die Schulbank schlugen Ärzte vor, Kinder verstärkt durch Gymnastik gezielt und methodisch zu kräftigen (Kost 1985, S. 82). Eine eigentümliche Mischung aus Schulbankakzeptanz und stärkerer Körperaktivität zeigte sich bspw. in Vorschlägen, das Turnen im Klassenzimmer und nicht auf dem Hof zu praktizieren. Dabei sollte die Schulbank selbst zum Turnapparat werden. Man organisierte – wie in Hamburg zu Beginn des 20. Jahrhunderts – Spannungs-, Gleichgewichts- und Kräftigungsübungen, indem Kinder die festgeschraubten Schulbänke zur Abstützung, zum Festhalten und zur Gewichtsverlagerung benutzten (Schoning 1998).

Schulbank und Familie

Obwohl die Sitzsamkeit der Schulkindheit offensichtlich war, war das Problem auch im Bereich der Familienerziehung bekannt. So wurden Werke publiziert, die das Turnen an der Schulbank in „Schule und Haus" empfahlen (Brauer 1909). Zunehmend waren Hausaufgaben zu Hause zu erledigen, und insgesamt saßen die Kinder zu Hause, zumal in den Städten, viel länger als bisher. Im Jahr 1876 wurde bspw. in einer pädagogischen Zeitschrift eine Neuerung angepriesen: „Man wird häufig beobachtet haben, daß die Kinder oft krumm und schief sitzen, während sie ihre häuslichen Schularbeiten anfertigen und daß hieraus sich für die Gesundheit noch sehr nachtheilige Folgen entwickeln können, selbst wenn die Kinder in der Schule auf brauchbaren Bänken sitzen." Dafür gab es eine verstellbare „Schulbank für's Haus", die wärmstens empfohlen wurde. „Die neue Construktion dieser Subsellien ist derartig, daß durch Drehung einer einzigen Kurbel gleichzeitig die Tafel höher, das Fußbrett niedriger und die Lehne weiter zurückgestellt werden kann. An der Lehne ist außerdem

Abb. 9.6.: Schreber 1858, S. 23.

der gewölbte Theil beweglich, damit er nach der Größe der Kinder sich höher oder tiefer beseitigen läßt. Ferner ist durch eine einfache Vorrichtung die Möglichkeit gegeben, die geneigte Tafel wagrecht (sic) zu stellen, damit sie von den Kindern auch zu anderen Zwecken, als zum Schreiben zu benutzen ist" (Dr. N. 1876, S. 272-273). Diese Sorge um die für den sitzenden Nachwuchs nachteiligen Auswirkungen motivierte orthopädische Erfindungen. Zum Beispiel der Geradehalter vom Leipziger Arzt Moritz Schreber (1808-1861): „Um (...) die fehlerfreie Art des Sitzens bei der Arbeit möglich zu machen, bedarf es durchaus einer äusseren Vorkehrung; denn selbst die strengste Beaufsichtigtung ist nicht im Stande, dies auf die Dauer durchzuführen, schon deshalb nicht, weil es vom Kinde zu viel verlangen hiesse, die Aufmerksamkeit auf seine Arbeit zu concentriren und gleichzeitig immerwährend auch an seine Haltung zu denken. (...) Ich liess daher einen Geradhalter anfertigen, der sich nach mehrfachen Proben an meinen eigenen Kindern und an den Pfleglingen meiner orthopädischen Heilanstalt in der in der nachstehenden Form am zweckmässigsten bewährt hat" (Schreber 1858, S. 21).

Schreber empfahl ausdrücklich seinen Geradehalter „für den Privatgebrauch" (Schreber 1858, S. 22). Obwohl dieser aber scheiterte und nicht allgemein eingesetzt wurde, stand Doktor Schreber mit anderen Versuchen, der sitzenden Kindheit abzuhelfen, in Verbindung, die erfolgreicher wurden. Nach ihm wurden die ersten Schrebergärten benannt, die in den 1860er Jahren in Leipzig auf Initiative eines Schuldirektors entstanden. Auch hier stand die Sorge um das zu lange sitzende Kind Pate: Gartenarbeit empfahl sich als Abmilderung der schulischen Sitzordnung.

Reformpädagogik

Das Unbehagen gegenüber den Erfolgen der Schulexpansion und der Intensivierung der Schularbeit, u.a. dank der Schulbänke und deren Verbesserung, war ein zentrales Motiv der Kritik an der Schule um die Jahrhundertwende. Als Reformpädagogik wurde ein breites Spektrum an Ideen, Institutionen und Vorschlägen bezeichnet, die eben eine Reform bestehender Erziehung und Schulbildung anstrebten. Während im Deutschen mit dem Wort „Reform" – analog zu Reformhaus und Reformkleidung – eine umfassende Kritik des städtischen Lebens verbunden war, standen in anderen Kontexten mit dem Begriff der „neuen Erziehung" bzw. der „neuen Schule" andere Vorstellungen im Vordergrund. Reformpädagogen und -pädagoginnen vertraten unterschiedliche, manchmal gegensätzliche, Ideologien, und ihre Präferenzen für die Reform der Schule waren äußerst disparat. Allen gemeinsam war jedoch die Sicht, dass Kinder und Jugendliche den Angelpunkt jeglicher pädagogischen Beschäftigung bilden sollten. Man wähnte sich im jungen 20. Jahrhundert in einem „Jahrhundert des Kindes" und vertrat eine Pädagogik „vom Kinde aus", wie es damals hieß (Oelkers 1992).

Maria Montessori

Sitzen auf Schulbänken wurde zum wichtigen Kritikthema der Reformpädagogen, wie die Behandlung dieses Phänomens bei den vielleicht international bedeutendsten Autoren dieser Richtung – Maria Montessori und John Dewey – zeigt. Bereits im ersten Jahrzehnt des 20. Jahrhunderts kritisierte die Ärztin und Pädagogin Maria Montessori (1870-1952) die Entwicklungen des vorigen Jahrhunderts scharf. Die Rede von einer „orthopädischen Schulbank", schrieb sie, sei eine „schreckliche Offenlegung", denn, um Probleme wie Skoliose zu vermeiden, sollte man nicht an der Schulbank herumdoktern, sondern eher die Art der Schularbeit ändern (zit. in Meda 2016, S. 63). Sie kritisierte grundsätzlich das stundenlange Sitzen. Zwar legte sie in ihren Reformvorschlägen für Kindergärten und Schulen großen Wert auf die Fragen von Hygiene, Mobiliar und Einrichtung – sie machte sich bspw. für sehr kleine Tische und Stühle im Kindergarten stark –, sah dabei aber die Schulbank als das Symbol für alles, was in ihren Augen schief lag: „Und dazu kommen noch die Schulbänke, die manchmal wahre Maschinen aus Eisen und Holz sind, mit Fußbänken, Sitzen und Tischplatten, die sich mechanisch drehen, damit sie dem Kinde jede Bewegung ersparen und zugleich den durch das lange Stillsitzen verschuldeten Verkrümmungen entgegenwirken. Wir sehen in diesen Bänken das teure Erzeugnis falscher Schulhygiene" (Montessori 1926, S. 145). Als Alternative beschrieb sie die Einrichtung eines Kinderheims im lombardischen Palidano (Italien), wobei man sich von der „Tyrannei der einförmigen und schönen ‚hygienischen' Mode unserer Tage" frei gemacht habe und Möbel sowie Gebrauchsgegenstände des Alltagslebens ins Heim eingekehrt seien: „Wenn man anstatt der Schulbänke solche einfachen und gefälligen Möbelstücke anfertigte, dann würde auch die Schuleinrichtung uns offenbaren, daß aus etwas Häßlichem etwas Schönes werden kann, wenn man alles Überflüssige entfernt" (Montessori 1926, S. 147). Pädagogik, Gesundheit und sogar Ästhetik sprachen bei Montessori gegen die siegreiche Schulbank.

John Dewey

Sie stand mit solchen Bedenken nicht allein. In den letzten Jahren des 19. Jahrhunderts suchte der Direktor einer Experimentalschule in der Stadt Chicago nach Schulbänken und -tischen, die in jeder Hinsicht – „ästhetisch, hygienisch und pädagogisch" – zu seinem aktiven Schulkonzept passten. Der noch relativ junge John Dewey (1859-1952), vielleicht der bekannteste Pädagoge des 20. Jahrhunderts, war nicht sehr zufrieden mit dem ansonsten vielfältigen Angebot an schulischen Sitzmöglichkeiten. Einer der Verkäufer antwortete ihm beim Vorführen der Schultische: „Ich fürchte, dass wir nicht haben, was Sie suchen. Sie möchten etwas, auf dem die Kinder arbeiten können; aber diese Bänke sind fürs Zuhören" (Dewey 1899/1915, S. 32, Übersetzungen MC). Ihm sei ein Licht aufgegangen, wie zentral dieses Spezifizierungsmedium für die gesamte Problemlage der modernen Schulbildung war: „Genauso wie der Biologe das ganze Tier aus einem oder zwei Knochen rekonstruieren kann, wenn wir den durchschnittlichen Schulraum vor unserem geistigen Auge hätten, hätten wir die Reihen von hässlichen Tischen, in geometrischer Form angeordnet (...)" (Dewey 1899/1915, S. 32). Dieses Sinnbild moderner Schulordnung gäbe sehr nachteilige Möglichkeiten für die Schularbeit vor: „Eine andere Sache, die von diesen Schulräumen mit ihren Schultischen und -bänken nahegelegt wird, ist, dass alles so arrangiert ist, dass man so viele Kinder wie möglich handhaben kann; es geht um den Umgang mit einer Masse von Kindern, wie mit einem Aggregat von Einheiten und dies schließt ein, sie als passive Wesen zu behandeln" (Dewey 1899/1915, S. 33).

Schulmöbel und Reformpädagogik

Der österreichische Schriftsteller Joseph August Lux (1871-1947), der viel über künstlerische Erneuerung, Jugendstil und städtischen Wohnungsbau publizierte, fand sehr klare Worte gegen diese Schulordnung und die damit einhergehende „Kathederherrlichkeit". „Der Lehrer soll nicht in fürchterlicher Ehrwürdigkeit wie

Abb. 9.7: Freiluftschule in Haarlem, Niederlande, 1918. Quelle: Nationaal Archief / Spaarnestad Photo / Het Leven, SFA022818969.

der strenge Herrgott oder wie der olympische Donnerer dort oben thronen, er soll lieber als Freund unter den Jungen sitzen, vor ihnen, und diese sollen zwanglos um ihm gruppiert sein, denn auf die gewinnende Freundlichkeit und auf den intimen Geist kommt es ja bei der erzieherischen Aufgabe der Schule in erster Linie an. Deshalb würde ich in einer solchen Schule mit den besten Bänken aufräumen und an ihre Stelle bewegliche kleine Tische und Sessel stellen, die beliebig angeordnet werden, namentlich dann, wenn die Kinder aus Interesse an den Unterweisungen so dicht als möglich an den Lehrer heranrücken wollen" (zit. in Schonig 1998, S. 43). Die Konsequenz war der langsame Einzug anderer Schulmöbel ins Klassenzimmer, wie bewegliche Bestuhlung, Gruppentische und unterschiedliche Möbel für unterschiedliche Aktivitäten. Trotzdem sollte man die lange Wirkungsdauer der Schulbank für die Ordnung der Schule nicht unterschätzen. In den öfter reformpädagogisch orientierten Freiluftschulen war es sogar möglich, kein Schulhaus zu haben, während die Schulbänke weiterhin die Unterrichtsszenerie dominierten.

9.3 Die Schulbank und die moderne Industriegesellschaft

Der Einsatz und die Beschaffenheit von Schulbänken stellten gewiss nicht nur eine pädagogische Frage dar. Wie bereits gezeigt, konnte die Schulbank auch zum Symbol einer ganzen institutionellen Ordnung werden. Wenn man eine Kritik an der Schule formulieren wollte, konnte man diese Kritik an der Frage der Schulbank gut versinnbildlichen. Genauso stand die Schulbank als *Zeichen* weiterer Entwicklungen, die über die Frage der Einzelschule hinausgingen. Im Folgenden sollen Thematisierungen der Schulbank als Medium der Bildung und der Erziehung präsentiert werden, die das Aufkommen moderner, global vernetzter Gesellschaften im Kontext zunehmender Industrialisierung aus der Perspektive dieses Spezifizierungsmediums berücksichtigten.

Sitzordnung und Weltanschauung

Lange Zeit galt die Position eines Schülers im Schulraum als Hinweis auf seinen Status. Zuweilen ging es um den Stand, zuweilen aber auch um Leistung. Bereits im Mittelalter wurde angemahnt, dass einzelne Schüler ihre Sitzordnung nicht verändern und keinen höheren Platz als angewiesen einnehmen durften. Diese Sitzordnung nach Ständen blieb in einigen Schulen bestehen, und um 1800 gab es immer noch in einigen Anstalten sog. Bürger- und Bauernbänke (Lange 1967, S. 69). Auch im 19. Jahrhundert war die Frage des gemeinsamen Sitzens in der Schule in die Vorstellungen von Gesellschaft eingebunden. Horace Mann (1796-1859), der Leiter der Schulbehörden im US-Staat Massachusetts und damals ein überaus bekannter Verfechter allgemeiner Pflichtschulen, sah in seiner Diskussion über die Beschaffenheit von Schulbänken ebenfalls eine Gefahr seiner Weltanschauung. Er merkte an, dass manche Schulbänke eine abgeschlossene Unterlage hatten, um Bücher und andere Gegenstände aufzubewahren. Das sei nicht nur unpraktisch, weil die Schlüssel verloren gehen könnten: „Es drängt sich dabei ein schreckliches Bild in die Gedanken, wenn man daran denkt, dass die frühesten Assoziationen der Kinder bezüglich Sicherheit und Eigentum Schlösser und Verstecke sein müssen, anstatt Ehrlichkeit und Gerechtigkeit!“ (Mann 1838, S. 21, Übersetzungen MC) Ebenfalls sei die räumliche Disposition der Schulbänke und Lehrertisch – streng gegenüber – darin begründet, dass „das Gesellschaftsprinzip ansonsten nicht frei fließen würde“ (Mann 1838, S. 28).

Sitzordnung und Rechtsgleichheit

Die Schulbank und die Sitzordnung boten über Manns allgemeine Bemerkungen hinaus eine Plattform für eine weitere Entwicklung des Jahrhunderts. Es ging um die Einführung von Rechtsgleichheit für – zunächst – weiße, erwachsene Männer und die Erprobung demokratischer und republikanischer Staatsstrukturen unter den Bedingungen kapitalistischer Transformation, die ja gerade Ungleichheit innerhalb von und unter den Nationen förderte. Henry Barnard (1811-1900), ein sehr bekannter Schulpolitiker, erster nationaler Beauftragter für Bildungsfragen der Vereinigten Staaten (1867-1870) und langjähriger Leiter des *American Journal of Education* (1855-1881), machte Mitte des Jahrhunderts eine ausgedehnte Europareise, bei der er zahlreiche Schulen besichtigte. In München kam er in eine Volksschule mit angeblich vielen armen Kindern. Nicht nur sei die Schule exzellent ausgestattet, die Kinder würden darüber hinaus gar keinen so ärmlichen Eindruck machen. Er fragte nach den Berufen der Eltern und stellte fest, dass Kinder u.a. von Handwerkern, Hofangestellten, Ärzten und Hausmeistern diese Schule besuchten. Barnard war erstaunt: „Meine Folgerung aus dieser interessanten Szene war, dass Kinder von deutschen Armen sich in einem sehr anderen Zustand befinden müssen als die Kinder von englischen Armen, um so einen Verkehr zu ermöglichen, so dass die reichen Schichten ihre Söhne und Bauernkinder an den gleichen Schultischen unterrichten lassen" (Barnard 1854, S. 316, Übersetzung MC). Auch David Page, ein Schuldirektor aus Newburyport im Bundesstaat Massachusetts (USA), lobte das dort neu eingerichtete System der *common schools* – steuerfinanzierte und staatlich beaufsichtigte Primarschulen – mit Hinweis auf dieses gemeinsame Sitzen auf der Schulbank. In einer emphatischen Rede sah er die Zeit gekommen, dass „das blinde Publikum" sich der Idee öffentlicher Schulen öffne. „Sie haben irgendwie herausgefunden, dass Reiche und Arme sich in der gleichen Schule treffen, auf den gleichen Schulbänken sitzen, in der gleichen Klasse rezitieren, den gleichen Lehrer schätzen und respektieren können" (Page 1844, S. 34, Übersetzung MC). Die Erfindung einer republikanischen Ordnung in den USA erforderte geradezu, dass die Kinder unterschiedlicher Schichten zusammen in den Schulen saßen, damit diese junge Republik der Gefahr der Entzweiung trotzen und eine Chance auf Fortdauer und Entfaltung haben konnte (Kaestle 1983).

Sitzordnung und soziale Schichtung

Das 19. Jahrhundert gilt als die Zeit, in der in vielen Ländern Europas und Amerikas die Bildung von „Bürgern" angestrebt wurde (Frauen mussten zunächst draußen bleiben). Man hatte dort nun zunehmend mit parlamentarischen Demokratien oder Republiken zu tun. Die Institutionen der modernen Politik mit Wahlen, Volksvertretungen und Gewalteinteilung basierten zunehmend, aber noch nicht vollends, auf dem Volkswillen, der von den Bürgern im Wahlakt kundgetan wurde. Staaten unterschiedlicher politischer Verfassungen nahmen sich zunehmend der Aufgabe an, diese Bürger zu formen bzw. zu „bilden" (Tröhler, Popkewitz & Labaree 2011). Hinsichtlich dieser Grundidee einer Bürgerschaft spielte die Idee einer formellen Gleichheit eine zentrale

Rolle, und ein Sinnbild sowie Grundlage dieser Gleichheit war die Schulbank. Es ist keineswegs unwichtig, dass in den USA die ersten Modelle für rein individuelle Schulbänke entwickelt wurden. Wenn bis dahin Schulbänke mindestens für zwei Kinder gebaut worden waren, schien die Idee eines autonomen Individuums, was die Grundlage moderner und wirtschaftlicher Ordnung bildete, bis in die Beschaffenheit des Mediums Schulbank Eingang gefunden zu haben.

Die Gleichheit, die von der neuen Sitzordnung ausging, war immer wieder von Fragen der Finanzierung bedroht, wie sich in den Diskussionen um das Schulgeld, das im 19. Jahrhundert noch vielerorts zu bezahlen war, zeigte. In Chile argumentierten Liberale für die Schulgeldfreiheit mit Hinweisen auf die Sitzordnung. Wenn man das Schulgeld beibehielte, sei das für eine Republik ungünstig. „Dieser Umstand würde die Ungleichheit der sozialen Klassen, gegen die das Gesetz immer vorgehen muss, gleich an den Schulbänken fördern und stärken. Das arme Kind würde den Unterricht wie ein Almosen empfangen; das reiche Kind wie eine Ware (...)" (Amunátegui & Amunátegui 1856, S. 128). Auf der Insel Kuba, damals noch eine spanische Kolonie, befand ein Schullehrer, dass man die bestehende Regelung, wonach öffentliche Armenschulen auch zahlende Kinder von Vermögenden aufnehmen dürften, günstig war. „Will man die Mauer, die das arme vom reichen Kind trennt, zerstören? Möchte man die aristokratischen, angeborenen Instinkte unwirksam machen? Dann lasst alle auf den gleichen Sitzbänken sitzen; lasst sie seit ihrer Kindheit einander lieben, ihre gesellschaftliche Stellung und Ansprüche vergessen, und so werdet Ihr vieles für die Verbesserung der Menschheit erreicht haben" (Dumás Chancel 1868, S. 42-43). Sogar wenn Kinder durch das Geld ungleich gemacht wurden, die Schulbank machte sie alle gleich. Das egalitäre Potential des gemeinsamen Sitzens war vielen Beobachtern der Zeit durchaus bewusst.

Sitzordnung und andere Ungleichheiten

Natürlich hatte diese Gleichheit Grenzen. Mädchen sollten – so die stärkere Norm in diesem Jahrhundert – nicht zusammen mit Jungen sitzen. Auch rassistisch motivierte Trennungen in der Sitzordnung kannte man, wenn man nicht gleich separate Schulen für Farbige wie in den USA einrichtete. Und auch in anderen Weltregionen waren westliche Beobachter, Missionare und Kolonialbeamte verblüfft, weil Teile der lokalen Bevölkerung nicht wollten, dass Kinder in den Schulen zusammensitzen. Besonders dramatisch zeigte sich diese Konstellation in dem „Kronjuwel" des britischen Kolonialreiches, Indien, wo die Idee von Missionaren, auch sog. Unberührbare in die Schulen zuzulassen, auf den heftigen Widerstand der lokalen Bevölkerung stieß. Höhere Kasten in Indien bangten um ihre ‚Reinheit', wenn man auf der gleichen Schulbank mit Unberührbaren sitzen musste; es sei ja unvermeidlich, dass Kinder von Unberührbaren höherkastige Kinder dort berühren und somit ihren sozialen Status gefährden könnten (Constable 2000). Die Diskussionen um diese und andere Probleme des Zusammensitzens zeigt, wie stark die Schulbank und das Zusammensitzen in der Schule gesellschaftliche Hierarchien aufgrund der damit assoziierten Gleichheit in Frage stellten.

Staat und Lehrmittel

Die neu entstandenen zentralen Bildungsverwaltungen in diesem Jahrhundert, sei es auf nationaler Ebene oder auf der Ebene von „Bundesstaaten" wie in Deutschland und den USA, nahmen sich in ihrer Eigenschaft als Fachverwaltungen selbstverständlich der Frage der Regulierung der Schulbank an. Obwohl der Schulbau und die Schulausstattung lange Zeit den Gemeinden überlassen blieb, traute man sich zunehmend, allgemeine Regeln für die Beschaffenheit von Schulbänken zu erlassen. Viele Staaten begannen damit, Normen bzw. Standards zu erlassen und die nachteiligsten Schulmöbel auszusondern, beispielsweise in Frankreich (1880), Italien (1888) und Spanien (1905) (Moreno Martínez 2005). In diesem Sinne war die Schulbank in kritische Prozesse der Geschichte des 19. Jahrhunderts wie Staatsregulierung, wachsende Normierung des Lebens und Rationalisierung eingebunden. Selbstverständlich tangierten diese Veränderungen auch die übrigen Bildungsmedien, allen voran die Schulbücher, die zunehmend genehmigt werden mussten und, in einigen Fällen, von staatlichen Lehrmittelverlagen produziert wurden (für Zürich, vgl. Tröhler & Oelkers 2001).

Industrialisierung und Wirtschaft

Nicht zuletzt wurde die Schulbank zunehmend zu einem Industrieprodukt und, als solches, auch zum Sinnbild für die Verschiebungen in den Wirtschaftsstrukturen der Zeit. Nicht länger der lokale Zimmermann oder Tischler, sondern kapitalstarke Investoren bauten auf der Versorgung der Schulen mit neuartigen Sitzen. Die Differenzierung in unterschiedliche Größen, die zunehmend nötige Metallverarbeitung der beweglichen Teile der Schulbänke sowie die Tatsache, dass diese im Zeitalter der Massenschulbildung zu einem regelrechten Massenprodukt wurden, verstärkten diese Entwicklung. Es gibt zahlreiche Patente für Schulbänke seit dem 19. Jahrhundert, was zeigt, dass die Erfinder sich durch die Anmeldung ihrer Innovationen Hoffnungen auf Gewinne machten. Systematische Auswertungen, wer sich überhaupt Gedanken über die Beschaffenheit von Schulbänken machte, um sie beim Patentamt anzumelden, gibt es wenige. Für Belgien wurde für die Zeit 1900 bis 1950 festgestellt, dass ca. die Hälfte der identifizierten Erfinder Kunst-, Turn-, Klassenlehrer oder Mitglieder von lokalen Schulausschüssen waren, also Menschen, die Antworten auf praktische Probleme des Klassenzimmers suchten. Die andere Hälfte bestand aus Fabrikanten, Architekten, Ärzten und Tischlern. Bei dieser Auswertung zeigt sich auch, dass diese Erfindungen transnational rezipiert wurden: Die Hälfte der in Belgien angemeldeten Schulbankpatente kamen von Erfindern aus Deutschland, Frankreich, den Niederlanden, Russland, der Schweiz, Spanien, Rumänien und Luxembourg (Herman et al. 2011, S. 100-101).

Globale Abhängigkeiten

Schließlich war die Schulbank ein Gegenstand, der im internationalen Austausch Sinnbild westlicher Dominanz wurde. Beispielsweise waren auf der Weltausstellung in Paris 1878 mehr als 100 Schulbänke und -tische ausgestellt (Herman et al. 2011, S. 102), die meistens aus den nordwestlichen industrialisierten Ländern kamen. Oft wurden ganze Klassenzimmerarrangements und nicht nur eine einzelne Bankreihe gezeigt. Bereits innerhalb Europas war den Zeitgenossen klar, dass die Schulbank internationale Ungleichheit und Abhängigkeitsverhältnisse symbolisierte. In Italien standen die Schulen lange Zeit unter dem Druck, die neuen und als besser empfundenen Sitzmöglichkeiten importieren zu müssen. Erst im Jahr 1885 öffnete in Bari eine Produktionsstätte für Schulbänke (Meda 2016, S. 58). Diese Abhängigkeiten erschienen noch stärker, wenn man außerhalb Europas und in den USA die Frage nach geeigneten Schulbänken stellte. In der Stadt Buenos Aires (Argentinien) entstand in den 1850er Jahren eine schulpolitische Kontroverse über die besten Schulbänke im Zusammenhang mit nationalem Stolz und Importkosten. Der Pädagoge Marcos Sastre (1808-1877) hatte bereits in einer anderen Provinz seine „argentinischen" Schultische eingeführt, die von dem bekannten Publizisten, Pädagogen und späteren Präsidenten des Landes, Domingo Faustino Sarmiento (1811-1888), kritisiert wurden. Als die Schulen der aufstrebenden Stadt nach langer Zeit der Vernachlässigung auf Vordermann gebracht werden sollten, beschloss Sarmiento, nicht die lokale Schulbank Sastres einzuführen, sondern an deren Stelle Schulbänke und Schultische aus den USA zu importieren. Modellschulen unter öffentlicher Beteiligung wurden eingerichtet, und die neuen Schulmöbel galten als Symbol des Forstschritts und der neuen liberalen Zeit. Aber genau die hohen Importkosten dieser Schulbänke verschafften dem politisch nicht so einflussreichen Marcos Sastre einen Vorteil. Mit

Genugtuung ließ er, nun auch für die Schulen der Stadt verantwortlich, die importierten Schulbänke durch die nach seinem Design hergestellten ersetzen, und sie an allen Jungenschulen der Stadt einführen (Caruso & Rodríguez Wehrmeister 2018).

‚Zivilisierung' und Verwestlichung

Überhaupt galten die Sitzmöglichkeiten in der Schule als Zeichen von Zivilisation und angeblicher Überlegenheit Europas und den USA. Sarmiento selbst stellte in seinen Beobachtungen in den Schulen Europas und Nordamerikas fest, dass die Frage der Schulbank eng mit der fehlenden Zivilisierung seiner Landsleute zusammenhing: „Die Krankheit unseres Volkes und, so kann man sagen, unserer spanischen Abstammung, dasjenige, das uns im Zustand der Barbarei festhält, kommt aus der Nachlässigkeit und aus dem Fehlen solcher kleinen, aber vermehrten Annehmlichkeiten, die das Leben anderer Völker komfortabel machen. (...) Wo ein Stein oder ein Stück Holz genug sind, um sich zu setzen, dort fällt die Hälfte der Anreize menschlicher Aktivität weg" (Sarmiento 1849, S. 356, Übersetzungen MC). Das Zivilisationsdefizit, so seine Diagnose, sei nicht einmal eine Frage der Armut. „Der Sohn eines unserer Reichen sitzt stundenlang auf einem kleinen Holzhocker; seine Beine hängen; es gibt keine Lehne für den Rücken; er schreibt auf Tischen, von denen man glaubt, sie wurden gebaut, um die Extremitäten zu quälen (...)" (Sarmiento 1849, S. 357).

Der Argentinier Sarmiento stand nicht allein mit seiner Bewunderung Europas in der Frage der Schulbank und der Sitzordnung. Der ägyptische Generalinspektor für Bildungsfragen monierte in den 1870er Jahren genau die herkömmliche Ordnung des Sitzens in der ältesten (gegr. 975) und prestigeträchtigsten höheren Schule des sunnitischen Islams, Al-Azhar in Kairo: „Was dort erstaunlich ist, ist die Menschenmenge, die sich in die Hallen drängt (...) Ein Tausend Studenten von unterschiedlichem Alter und unterschiedlicher Farbe (...) verstreut in kleinen Gruppen, die Mannigfaltigkeit der Kleider" (zit. in Mitchell 1991, S. 80). Lehrer säßen einfach auf dem Boden, lehrten und kontrollierten nicht einmal die Anwesenheit der Studierenden oder deren Fortschritt. Die Studierenden bewegten sich von einer Gruppe zu der anderen oder nahmen sich grundlos einen anderen Text vor als den, mit dem sie sich bisher beschäftigt hatten. Einige schliefen auf ihren Matten, die im großen Hof von Al-Azhar ausgebreitet waren. Aber das Schlimmste seien „der Lärm und die ständigen Bewegungen" (zit. in Mitchell 1991, S. 81). Für gebildete Ägypter aus den modernisierten Eliten, die in Europa studiert hatten, stand fest, dass „Ordnung" in Bildungsinstitutionen einziehen sollte, und die war u.a. durch Sitzreihen, Frontalunterweisung und moderne Schulbänke zu erreichen. Den Reformern in Ägypten war ersichtlich, dass die Selbstbehauptung des Landes unter veränderten internationalen Bedingungen – Ägypten war noch keine europäische Kolonie – u.a. mit einer umfassenden Modernisierung und Expansion des Bildungswesens und des Militärs zusammenhing. Aber nicht die herkömmliche und unsystematische Unterweisung von kleinen Gruppen um einen Lehrer wurde hier angestrebt, sondern das Vorbild europäischer Unterweisung in festen Klassen, mit einem Lehrplan und – augenfällig – mit einer Sitzordnung, die den Lärm und die Unruhe in den Hallen entscheidend mindern sollte. Diese Überlegungen standen unter dem Leitwort, man solle endlich „Methode" in die alten Institutionen einziehen lassen. Von Südamerika bis in die arabische Welt etablierte sich das Bild einer in Sitzreihen geordneten Schule als die Zukunft der lokalen Bildungsinstitutionen. Die Verwestlichung von Bildung und Erziehung kannte viele Facetten – Inhalte, Schulbücher, Lehrerbildung, Schulverwaltung; aber die Sichtbarkeit der Schulbankreihen und der damit ermöglichten systematischen Unterweisung stand ganz oben auf dem Arbeitsprogramm der selbstbetriebenen Zivilisierung.

Fragen

1. Charakterisieren Sie die Schulbank als apparatives Spezifizierungsmedium der Bildung und der Erziehung.
2. Erklären Sie den Begriff der „zweiten Inklusion" und sein Verhältnis mit der Geschichte der Schulbank.
3. Steht die transkontinentale Verbreitung des wechselseitigen Unterrichts aus England für die Durchsetzung einer breiten „Sitzamkeit" in den Elementarschulen? Begründen Sie Ihre Antwort.
4. Geben Sie die Hauptargumente von Ärzten und Pädagogen bei der geforderten Reform der Schulbank wieder.
5. Erklären Sie das Verhältnis der Schulbank zur restlichen Einrichtung des Klassenzimmers im 19. Jahrhundert.
6. Wie stand die Reformpädagogik zur Frage der Schulbank?
7. Warum stand die Schulbank für ein Sinnbild moderner politischen Gleichheit?
8. Inwiefern steht die Schulbank als Symbol für globale Abhängigkeiten und Verwestlichung?

Weiterführende Literatur

Berg, Chr. (Hrsg.) (1991). *Handbuch der deutschen Bildungsgeschichte. Band IV: Von der Reichsgründung bis zum Ende des Ersten Weltkriegs. 1870-1918.* München: Beck.

Umfassende Darstellung aller wichtigen Dimensionen der deutschen Bildungsgeschichte im deutschen Kaiserreich. Eigenes Kapitel über Medien.

Jeismann, K.-E. & Lundgreen, P. (Hrsg.) (1987). *Handbuch der deutschen Bildungsgeschichte. Band III: Von der Neuordnung Deutschlands bis zur Gründung des Deutschen Reichs. 1800-1870.* München: Beck.

Umfassende Darstellung aller wichtigen Dimensionen der deutschen Bildungsgeschichte im kritischen 19. Jahrhundert. Eigenes Kapitel über Medien.

Kraul, M. (1984). *Das deutsche Gymnasium, 1780-1980.* Frankfurt/M.: Suhrkamp.

Hervorragende und originelle Darstellung der längeren Geschichte der symbolträchtigsten Institution der deutschen Bildungslandschaft.

Oelkers, J. (1992). *Reformpädagogik. Eine kritische Dogmengeschichte.* Weinheim & München: Juventa.

Breit angelegte und diskussionslustige Analyse der Rhetorik der Reformpädagogik. Ideengeschichtlich angelegt, bildet das Buch ein gutes Beispiel neuerer Ideengeschichtsschreibung.

Simon, B. (1960/1974). *The Two Nations and the Educational Structure, 1780-1870.* London: Lawrence & Wishart.

Klassische Untersuchung über Klassenstruktur und segmentierte Bildungslandschaft im Land der industriellen Revolution. Immer noch sehr lesenswert, nicht zuletzt aufgrund der wichtigen Rolle der Arbeiterbewegungen in der Darstellung.

Tyack, D. (1974). *The One Best System. A History of American Urban Education.* Cambridge/Mass.: Harvard University Press.

Wichtige Untersuchung zur Bürokratisierung und Modernisierung des allgemeinen Schulsystems in den USA während der Zeit des Progressivismus.

10. Beschleunigter Medienwandel und Bildungsentwicklung im 20. Jahrhundert

Spezifizierungsmedien = Erfolgsgeschichte?

Sollte ein Leser dieses Lehrbuchs nur die letzten zwei Kapitel lesen, würde diese Person vermutlich ein sehr einseitiges Bild der Zusammenhänge von Bildungs- und Medienentwicklung erhalten. Denn die Spezifizierungsmedien ‚Kindheit' und ‚Schulbank' scheinen eine regelrechte Erfolgsgeschichte gewesen zu sein. In der Tat verschoben diese Spezifizierungsmedien, freilich im Wechselverhältnis mit anderen Medien, Wahrnehmungen und Thematisierungen, generierten neue Gelingensbedingungen und Programme und zementierten die Grundlagen der modernen institutionalisierten Bildung. Diese Person würde folgende Schlussfolgerung aus den zwei letzten Kapiteln ziehen: Medien sind stets mächtig, wenn sie Bildung eine Form geben; insbesondere Spezifizierungsmedien sind allesamt erfolgreich und zielgenau in ihrer Wirkung.

Dieses Kapitel sollte diese Erwartung etwas dämpfen. Zwar ist die durchaus beeindruckende globale Erfolgsgeschichte institutionalisierter Bildung im 20. Jahrhundert nicht zu relativieren und dieses Jahrhundert war auch dasjenige einer beschleunigten Medienentwicklung und -differenzierung. Medien, die im Laufe des 19. Jahrhunderts entstanden – wie Photographie und Tonträger – wurden im 20. Jahrhundert zu Massenware und Alltagserfahrung. Mehr noch: Das Kino um die Jahrhundertwende stellte einen regelrechten Einschnitt in die Medienlandschaft dar und wurde zum Leitmedium industrieller Gesellschaften in der ersten Hälfte des Jahrhunderts. Radio, Fernsehen, Videokameras, Unterrichtsmaschinen, Schullabore, um nicht gleich die neue Welle digitaler Medien in ihrer Vielfalt hier aufzuzählen, sind Ausdruck einer nie dagewesenen Mediendynamik. Und dennoch – so die These dieses Kapitels – konnten die konsolidierten Bildungsinstitutionen der Herausforderung dieser Innovationswellen im Bereich der Medien durchaus trotzen. Nicht umsonst wird immer noch heute die Klage laut, dass die Arbeit der Bildungsinstitutionen – der Vorlesung und des Unterrichts, um zwei zentrale Elemente zu erwähnen – sich in den letzten hundert Jahren wenig verändert hat. Das stimmt natürlich nicht in Gänze, aber diese verbreitete

Kritik zeigt, dass nicht unbedingt jede Medienrevolution ihre volle Wirkung im Bereich der institutionalisierten Bildung entfaltete.

Anders verhält sich die Lage freilich in weiteren Bereichen. Dass die Familienerziehung mit dem Aufkommen des Fernsehens sich überhaupt oder wenig verändert hat, kann man nicht behaupten. Und dass Musik auf unterschiedlichen Tonträgern keine Auswirkungen auf Jugendkulturen gehabt hat, auch nicht. Im Dickicht der neuen und neuesten Medien des 20. Jahrhunderts werden die nächsten Ausführungen jedoch nur diejenigen Entwicklungen in den Blick nehmen, in denen emergente Leitmedien auf Schule bezogen wurden. So werden in diesem Kapitel erstens die Entwicklungen des Schulkinos und Schulfunks als sinnliche Erweiterungen des Lernens behandelt (10.1). In einem zweiten Schritt fokussiert das Kapitel diejenigen Versuche einer stärkeren Ersetzung von Lehrkräften durch andere Medien, und zwar in der Form von Unterrichtsmaschinen und Bildungsfernsehen (10.2). Als Ausblick wird in aller Kürze die globale Dimension neuester Medienentwicklungen sowie einführende Themen gegenwärtiger Digitalisierung im Zentrum stehen (10.3).

10.1 Gelesenes, Gehörtes, Gesehenes: Schulkino und Schulfunk

„Die Deutschen thun nicht viel, aber sie schreiben desto mehr. Wer dereinst ein Bürger der kommenden Jahrhunderte auf den gegenwärtigen Zeitpunkt der deutschen Geschichte zurückblickt, so werden ihm mehr Bücher als Menschen vorkommen. (...) Wir sind ein Schreibervolk geworden und können statt des Doppeladlers eine Gans in unser Wappen setzen. (...) Das sinnige deutsche Volk liebt es zu denken und zu dichten, und zum Schreiben hat es immer Zeit. Es hat sich die Buchdruckerkunst selbst erfunden, und nun arbeitete es unermüdlich an der großen Maschine. (...) Was immer wir auch in der einen Hand haben mögen, in der anderen haben wir gewiß immer ein Buch“ (Menzel 1828/1836, S. 3-4). Der Literaturhistoriker Wolfgang Menzel (1798-1873) prägte seinerzeit die Rede von den Deutschen als einem Volk von Dichtern und Denkern. Der Dichter, der hier gemeint ist, ist nicht der Vortragende, sondern der Schreibende. Und auch der Denker ist nicht der Erleuchtete, der in Einsamkeit Erkenntnis und Einsicht erlangt, sondern ein Schreibender, der seine Gedanken aufs Papier bringt und möglichst publiziert. Vielleicht könnte man diese Überspitzung der Charakterisierung der Deutschen – die damals noch in ihrer großen Mehrheit eigentlich Bauer/innen und nicht Schriftsteller/innen waren – auch auf andere Nationen übertragen und Engländer sowie Nordamerikaner als Völker des Geldes, die Franzosen als Volk der Mode und des Luxus, die Spanier als Volk überbordender Körperlichkeit etc. charakterisieren. Wie man sieht, nationale Stereotypisierung, dieser Mechanismus nationaler Abgrenzung und Selbststilisierung, erfolgte im 19. Jahrhundert auch über den Rekurs auf Medien.

Medien und Nationalismus

Die Erfindung der Nationen hatte im 19. Jahrhundert definitiv ihren Lauf genommen. Allmählich strebten Gruppen und Gemeinschaften, die sich bis dahin in erster Linie als Anhänger/innen einer Religion, Sprecher/innen einer bestimmten Sprache, Mitglieder einer Berufsgruppe, oder Bewohner/innen einer Landschaft oder Region verstanden, danach, zu Nationen zu werden. Diese Identifikation mit anderen Menschen, die man nicht kannte, als Teil einer ‚Nation' erfolgte – so eine These – besonders über die Verbreitung von Texten, insbesondere in der Tagespresse. Erst durch dieses Medium wurde massenweise plausibel gemacht, dass bspw. nicht Sizilianer/innen oder Toskaner/innen zählten, sondern etwas, was man fortan „Italiener" nannte (Anderson 1990). Die Wende zum 20. Jahrhundert leitete eine neue Phase des Nationalismus ein. Die nationale Begeisterung, die sich leicht in Kriegsbegeisterung zeigen konnte, griff um sich. Diese Zuspitzung, so eine Hypothese in der Forschung, hing auch mit dem enormen Zuwachs von Emotionen hervorrufenden Bildern in der öffentlichen Kommunikation zusammen. Bilder wirkten – so die Vermutung – bei der Produktion von Kriegsenthusiasmus mit. So wurden zunehmend in Zeitschriften, die mitunter eine sehr hohe Auflagezahl haben konnten und in der Zeit nicht zufällig „Illustrierte" genannt wurden, photographische Bilder von Kriegsgeschehnissen publiziert. Diese Bilder, so eine Analyse des Deutsch-Französischen Kriegs von 1870/71, der die Gründung des Deutschen Reiches unter Bismarck ermöglichte, hätten sich zunehmend vom traditionellen heroischen Ideal entfernt und zeigten nunmehr formierte Massen und das arbeitsteilige Gefüge von Führung und Gefolgschaft auf dem Kriegsfeld (Becker 1999). Das neue gesellschaftsübergreifende Medium der Photographie verlieh diesen Darstellungen zusätzliche Kraft und vermeintliche Objektivität (vgl. Silverman 2015).

Selbstverständlich konnte bei so einer veränderten Medienumwelt der Medienverbund Schule nicht unberührt bleiben. Diese wurde nun zur „Schule der Nation" (in Anlehnung an Becker & Kluchert 1993) anstatt einer Schule des Christentums oder der aufklärerischen Vernunft. Die Involvierung von Schule in diesem Trend – über Rituale und Feste, aber auch über einen nationalistisch geprägten Geschichtsunterricht – verlieh dem bildbasierten Nationalismus zusätzliche Intensität und Reichweite. Obwohl diese Konstellation in Europa am Ende des 19. Jahrhunderts dominant wurde, wurde sie auch über Nachahmung, Adaption und Kolonialismus allgemeiner. Auch in Südamerika, in Japan oder Indien strebte man nun danach, eine ‚richtige' Nation zu werden. Entscheidend hierbei war nicht allein die Rolle von ‚inneren' Bildern nationaler Zugehörigkeit, die ja auch im frühen Nationalismus existierten und bei der Lektüre von bspw. einer Zeitung entstehen konnte, sondern von materialisierten Bildern der Photographie, die abstrakten und letztlich imaginären Gebilden wie demjenigen der Nation einen neuartigen Wirklichkeitseffekt verliehen (Baxmann 1995).

Bilder und Schulunterricht

Obwohl ein Visualisierungsschub von Kultur, Journalismus und sogar Wissenschaft – hier spielte auch das Mikroskop eine Rolle – im 19. Jahrhundert nicht zu übersehen war, war er im Bereich der institutionalisierten Bildung eher randständig. Zentrale Prozesse bei der Herausbildung von modernen Bildungssystemen im 19. Jahrhundert wie die Systematisierung von Schulformen und Schulstufen, die Konsolidierung von Bildungsverwaltungen als Fachverwaltungen (auch zunehmend von rein religiösen oder rein juristischen Belangen differenziert), oder die Professionalisierung des Lehrerberufs mit eigener Aus- und Fortbildung sowie Karrierestufen erfolgten weitgehend auf der Grundlage der alten Papiertechnologien des Textes. Schulunterricht hat im Laufe der Zeit dennoch stärker Bilder eingesetzt. Realistische Bilder wie diejenigen der Schulwandbilder, die in einigen Bereichen sehr systematisch und wissenschaftsorientiert gestaltet waren aber selten auf Photographien zurückgriffen, überragten (Stach & Müller 1988). Und dennoch war die aufkommende Medienumwelt der massenhaft reproduzierten Bilder keineswegs ein Selbstläufer in den Bildungsinstitutionen. Der oberpfälzische Schulinspektor Eugen Leipold beschrieb den Inhalt eines Schaufensters mit Postkarten in der Stadt Regensburg kurz nach der Jahrhundertwende mit einem gewissen Unbehagen. Es gäbe Ansichtskarten, die böse seien: „verliebte Szenen, rohe Saufgelage, der dicke schwammige Bierbauch, die rote Trinkernase, der besoffene Zecher, daneben Glücksschwein mit Glücksklee im Maule, Prügelszene von Eheleuten (...)" (Leipold 1912, S. 160).

Kino und Kindheit

Die Steigerung dieser Ängste um die Moralität von Kindern und Jugendlichen erlebte man mit der Popularisierung des Kinos nach

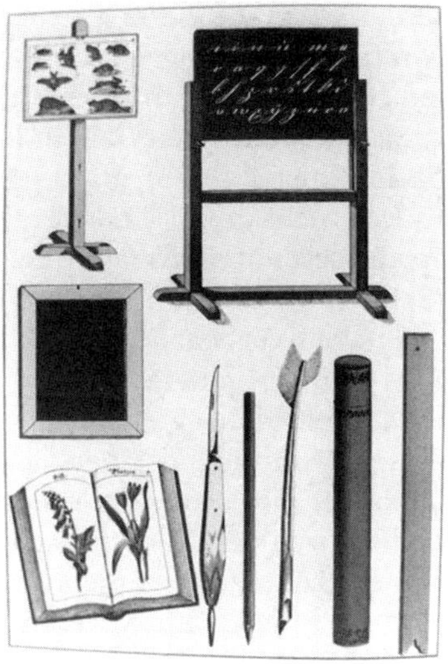

Abb. 10.1: Unterrichtsmaterialien. Bebilderte Lehrmittel gehören nun zum Standardrepertoire von vielen Schulen. Aus: Anonym (1890). *Bilder zum ersten Anschauungs-Unterricht für die Jugend : ein Bilderbuch enthaltend 30 Bildertafeln in Farbendruck*. Eßlingen: Schreiber.

1895. Wenn bereits einzelne Photographien einen starken und ungünstigen Eindruck bei den Heranwachsenden hinterlassen könnten, dann galt dies umso mehr für die bewegten Bilder des Kinos, die den Wirklichkeitseffekt von Photographien ungemein steigerten. Ein Volksschullehrer aus dem Rheinland mahnte 1914 an: „Es ist ohne weiteres einzusehen, daß solche und ähnliche Darbietungen die Kinderseele im höchsten Maße vergiften. Auch ist nicht zu verkennen, daß durch Kinodramen wie die genannten das Familienleben nachteilig beeinflußt wird. Es ist jedenfalls tief bedauerlich, wenn im Lichtspielhaus gezeigt wird, wie der Sohn gegen seinen Vater steht, oder wie die Tochter das Haus verläßt, um anderswo das Glück zu suchen. (...) Die Gefahren des wahllosen Kinobesuches sind also für Jugendliche ungeheuer groß" (Anonym 1914, S. 148). Geschwindigkeit und Bewegung der Bilder produzierten starke Eindrücke, die als Herausforderungen der schulischen *und* der familiären Ordnung galten. Solche medienskeptischen Appelle erfolgten in den unterschiedlichsten Ländern. Für den argentinischen Lehrer und Gründer der wissenschaftlich ambitionierten Erziehungswissenschaft in Argentinien, Víctor Mercante (1870-1934), stand fest, dass das Kino „eine seelenlose Schule anbietet, ohne Ideale, vulgär, derb, kriminell, nicht selten gefährlich". Dies sei gegen alles, was die Schule eigentlich intendiert. Die spezifische kognitive Gefahr bestünde darin, dass die Bilder des Kinos eine „Einstellung der Mühelosigkeit" (*facilismo*) förderten (zit. in Serra 2011, S. 84). Solche Kritiken kamen auch von frühen Anhängern aktiver Unterrichtsmethoden, sie beklagten „die Unterordnung des Kinder-Ichs unter die im Film gezeigte Sachgesetzlichkeit“ (zit. in Ruprecht 1976, S. 106). Diese skeptische Einstellung rechtfertigte letztlich das absolute Verbot des Kinobesuchs durch Kinder unter sechs Jahren im deutschen Lichtspielgesetz von 1920 (ab 1929 erweitert bis auf die zehnjährigen) (Schütz & Wegmann 1989, S. 375).

Schulfilmbewegung

Obwohl Vorbehalte gegen das neue Leitmedium des Kinos gewiss weit verbreitet waren, versprach es dennoch in den Augen vieler Reformer einen qualitativen Sprung in der Welt der Bildungsinstitutionen. Einerseits könnten Kinder und Jugendliche einfacher und schneller lernen, weil ihre Aufmerksamkeit nunmehr durch den Film einfacher herzustellen wäre; andererseits würden Lehrer diese Ergebnisse mit weniger Mühe erreichen und aufgrund dieser attraktiveren Kommunikation weniger disziplinarisch auftreten. Die neuen medialen Möglichkeiten kombinierten sich zuweilen mit dem Programm der Reformpädagogik und des kindeszentrierten Lernens (Gaycken 2012). Es überrascht daher nicht, dass einige Pädagogen für einen optimistischen Blick auf das neue Medium plädierten, wie in einem öffentlichen Vortrag in München im Jahr 1917 geschehen. Es seien geistige Gewinne aus dem Einsatz des Kinos zu erwarten: „Wenn schon der kindliche Geist sich dem Zauber des bewegten Lichtbildes mit besonderer Willigkeit hingibt und wenn es andererseits heute bereits als eine unbestrittene Tatsache bezeichnet werden darf, daß durch das Lichtspiel in einer von allen bisherigen Unterrichtsmethoden abweichenden Weise der Jugend große Bildungswerte vermittelt werden können, so dürfen die Behörden nicht mehr länger zögern, praktische Wege zu suchen und zu beschreiten, der Schulkinematographie in allen Schulgattungen Eingang zu verschaffen“ (zit. in Terveen 1959, S. 57). Es wurde zuweilen versucht, das neue Medium in den Dienst von Bildungsinstitutionen und -zielen zu stellen, und somit zu funktionalisieren, anstatt die neuen medialen Möglichkeiten glatt abzulehnen. Bereits im Jahr 1907 formierte sich mit der Kinematographischen Reformvereinigung eine Gruppe, die die Einführung von Filmen in Schulen befürwortete. Aber erst während der Weimarer Republik gab es echte Lehrfilmvorführungen in Schulen, die von einem Büro des Zentralinstituts für Erziehung und Unterricht im Preußischen Kultusministerium ausgeliehen wurden. Gleichzeitig entstanden ähnliche Zertifizierungs- und Ausleihstellen in mehreren europäischen Ländern (Niethammer 2016, S. 34). Die Karriere des neuen

Bildungsmediums erlebte international einen Höhepunkt, als der Völkerbund, die Vorgängerorganisation der Vereinigte Nationen, auch aus Sorge um die Moralität der Kinder bei Filmvorführungen, ein eigenes internationales Büro für Lehrfilme in Rom im Jahr 1927 etablierte.

In den Vereinigten Staaten waren zahlreiche Förderer des Kinos als Bildungsmittel in den frühen 1920er Jahren aktiv. Zunächst unter starkem puritanischem Einfluss, trieben sie die Sache des Bildungs- und Schulkinos voran, um moralischen Schutz für Kinder und Jugendliche angesichts des Unterhaltungskinos zu fördern. Einige dieser Organisationen, wie die *Society for Visual Education* (gegr. 1920) existieren heute noch. Auch Fachzeitschriften für den neuen Medienbereich entstanden, von denen einige Kritiken, Empfehlungen und Analysen von Lehrfilmen bis in die 1970er Jahre hinein veröffentlichten (vgl. Orgerson, Orgerson & Streible 2012, S. 17). In den 1930er Jahren wurde in den USA der erste umfassende Katalog von Schulfilmen publiziert, in dem das mittlerweile sehr zahlreich gewordenen Material nach Fächern, Themen und Schulstufe klassifiziert wurde. Es entstanden Filmabteilungen in Schulbibliotheken, oder gleich separat in Filmotheken, bei denen Lehrkräfte Filme ausleihen konnten.

Schulfilm und Nationalsozialismus

Obwohl Stummfilme in der Unterhaltungsindustrie bereits in den 1930er Jahren der Vergangenheit angehörten, war dies bei den Unterrichts- und Lehrfilmen der Zeit nicht der Fall. Die unter den Nationalsozialisten produzierten Lehrfilme hatten beispielsweise keine Tonspur. Die Nationalsozialisten, und nicht nur sie, erwarteten vom schulischen Einsatz dieses Mediums wichtige Wirkungen. In einem Erlass des Reichsministers für Wissenschaft, Erziehung und Volksbildung, Bernhard Rust (1883-1945), sollte der Film als „gleichberechtigtes Lernmittel überall dort an die Stelle des Buches usw. treten, wo das bewegte Bild eindringlicher als alles andere zum Kinde spricht“ (zit. in von Keitz 2004, S. 71). Es ist nicht erstaunlich, dass Lehrfilme in der NS-Zeit für die Verbreitung von regimekonformen Vorstellungen eingesetzt wurden. Der genannte Erlass erwähnte explizit das neue Fach der Rassen- und Völkerkunde als Einsatzort von Lehrfilmen. Nicht nur die Auswahl der Themen auch formelle Aspekte der Bildbearbeitung wie Belichtung, Einstellung und Schnitt können Bilder unterschiedlich wirken lassen, um Zustimmung und Ablehnung bei den Zuschauern/innen zu erreichen. Ebenso ließen die Begleithefte, mit deren Hilfe die Lehrkräfte die Unterrichtsstunde gestalten sollten, keinen Zweifel über die gewünschte Deutung des Gezeigten, sei es in rassistischer, sei es – wie beim Antikommunismus oder beim Begriff Heimat – in ideologischer Hinsicht (Niethammer 2016).

Begrenzter Einsatz von Schulfilmen

Für manche Beobachter der Zeit war der Einsatz von Filmen im Klassenzimmer wesentlich mehr als eine nette Ergänzung zum Normalplan der Unterrichtung. Thomas Alva Edison (1847-1931), der umtriebige US-amerikanische Erfinder, prophezeite 1913: „Bücher in Schulen werden bald obsolet werden". Er sah einen umfassenden Umbruch von Lerngewohnheiten: „Schüler werden bald über das Auge unterrichtet. Es ist möglich, alle Zweige des menschlichen Wissens mit Filmen zu behandeln" (zit. in Cuban 1986, S. 11). Dies trat aber keineswegs ein, nicht einmal im technikbegeisterten US-Amerika. Die Schwierigkeiten eines breiten Einsatzes des Kinos als massenhaftes Bildungsmedium blieben beträchtlich: Die Apparate waren teuer und wurden nur allmählich handlich. Die Filmrollen konnten bis in die 1930er Jahre leicht Feuer fangen, was sie für den Schulgebrauch gefährlich machte. Die Filme waren häufig nur wenige Minuten lang, und konnten somit keine zentrale Rolle in der Gestaltung des Unterrichts einnehmen. Die Kosten für Anschaffung, Reproduktion und Aufbewahrung blieben hoch. Viele Lehrkräfte fanden manche Filme einfach unpassend für ihre Klasse, und dies nicht nur aus moralischen Überlegungen. Eine gewisse Zurückhaltung der vielen weiblichen Lehrkräfte bei der Handhabe der damals noch kompliziert zu bedienenden Projektoren ist auch dokumentiert. Erhebungen in den USA aus der Mitte des 20. Jahrhunderts zeigten einen eher seltenen Gebrauch von Lehrfilmen in Klassenzimmern: Sie wurden desto weniger eingesetzt, je höher die Schulstufe war. Am Ende waren die vielen praktischen Schwierigkeiten, die mit dem Einsatz von Lehrfilmen zusammenhingen, zumindest genauso wichtig wie die ideologischen und moralischen Vorbehalte für die Durchsetzung von Filmen im Medienverbund Schule (Cuban 1986, S. 15-18).

Hörfunk und Schulfunk

Wenn Photographie, aber stärker noch das Kino eine Verschiebung der Kommunikation innerhalb des Visuellen – sehen anstatt lesen – einleiten sollten, gab es seit den 1920er Jahren eine weitere Entwicklung, die die dominante Stellung des Grundlagemediums Buch im Klassenzimmern hätte herausfordern können. Mit dem Rundfunk stand ein weiteres Massenmedium zur Verfügung, das andere Kommunikationskanäle ansprach und für das auch ein bildungsorientierter Einsatz diskutiert wurde. Im Gegensatz zu Kino und Film, aufgrund der Lizenzierung von Sendern, schien der Hörfunk kontrollierbar. In der Weimarer Republik war er ohnehin als Staatsfunk organisiert, und löste nicht die kulturellen Ängste aus, die für den stärker „privaten" und schwer regulierbaren Konsum von Filmen charakteristisch war. Im Jahr 1923 gab es die erste einstündige Rundfunksendung in Deutschland. Die Entwicklung zum Massenmedium war schwindelerregend: Im Jahr 1938 gab es mehr als neun Millionen Empfangsgeräte im Deutschen Reich. Dazu gab es seit 1924 die Deutsche Welle, die mit einem „Bildungsauftrag" ausgestattet wurde, und seit 1926 einen spezifischen Schulfunk (Lersch 2001). Ebenfalls in den USA kam es in den 1920er Jahren zum Ausbau von *educational stations,* häufig in Kooperation mit Hochschulen organisiert. Aber auch in ärmeren Umgebungen, wie in Mexiko, war die Verbreitung des Rundfunks mit ihrer möglichen Wirkung in der Ferne inklusive seines Bildungsauftrags nicht zu vernachlässigen (Roldán Vera 2008).

Obgleich der Rundfunkvortrag damals mitunter als „Weltuniversität" im Bereich der allgemeinen Bildung charakterisiert wurde (Schütz & Wegmann 1989, S. 384), suggerierte er keine so weitgehende Ersetzung des Grundlagemediums Buch in Schulen wie bei dem Einsatz von Filmen denkbar war. Man sprach eher vom Radio als einem „Hilfslehrer" (Cuban 1986, S. 19). Insgesamt blieb die Verbreitung des neuen Mediums ebenfalls hinter den Erwartungen zurück. Es gab allerdings konsistente und breitangelegte Versuche, einen Schulfunk für alle Schulstufen zu etablieren. Dies war in Schweden seit 1928 der Fall: ein dünn besiedeltes Land, wo die Expansion des Bildungsradios bis in die 1970er Jahre hinein reichte und eine explizite sozialintegrative Rolle im Kontext des Aufbaus des Wohlfahrtstaates hatte (Runcis & Sandin 2010). Aber der Einsatz von Radios in Klassenzimmern war nirgends für den Schulalltag zentral, und dies, obwohl der Preis von Empfangsgeräten, die Komplexität der Bedienung und andere praktische Schwierigkeiten, die die Verbreitung des Lehrfilms erschwerten, beim Rundfunk seit den 1930er Jahren nicht länger vorhanden waren (Cuban 1986, S. 25-27). Insgesamt scheinen die Spezifizierungsmedien Schulkino und Schulfunk die grundlegenden Strukturen des im 19. Jahrhundert konsolidierten Gruppenunterrichts und des damit zusammenhängenden Medienverbundes nicht wesentlich verändert zu haben. Gesehenes und Gehörtes ersetzen keineswegs Gelesenes.

Neue Medien und Massenindoktrinierung

Die relative Schwäche der neuen Medien der ersten Hälfte des 20. Jahrhunderts beim Umbau von Bildungsinstitutionen ist jedoch nicht auf den Volksbildungsbereich zu übertragen. Wie bereits bei der Erörterung der Zusammenhänge von vermehrten Bildern und gesteigertem Nationalismus angeklungen, waren die emergenten Medienumwelten gesamtgesellschaftlich durchaus wirksam. Meistens außerschulisch organisiert, griffen politische Propaganda und Kriegsmobilisierung im Zeitalter der Politik der Massen vollends auf das neue Instrumentarium zurück. Die ersten Jahrzehnte des 20. Jahrhunderts waren u.a. mit beiden Weltkriegen (1914-1918 und 1939-1945) sowie mit der russischen Oktoberrevolution (1917), der Regierungsübernahme der Faschisten in Italien (1923), der Machtergreifung der Nationalsozialisten in Deutschland (1933) und dem Spanischen Bürgerkrieg (1936-1939) u.a. reich an dramatischen politischen und kulturellen Verschiebungen. Diese Vorgänge hingen wesentlich von der Mobilisierung der jeweiligen Anhängerschaften ab. Wie bereits für die NS-Zeit angesprochen, wurde in jedem dieser Fälle die Schule zwar als Institution gesellschaftsweiter Reichweite verstärkt in den Dienst der jeweiligen Zielsetzungen genommen und instrumentalisiert. Dennoch blieb die Schularbeit nur eine der möglichen Mobilisierungsinstitutionen. Die Wirkung der Schule scheint eher langfristig und für die zunehmende Dynamik der Politik der Zeit zu langsam zu sein.

Der Einsatz von Kino als Volksbildungsmedium war besonders, aber nicht allein in Ländern zu beobachten, die sich inmitten einschneidender Transformationsprozesse befanden. Die Idee, dass das „Wanderkino" eine neue Einrichtung der Volksbildung werden könnte, zirkulierte früh und jenseits der revolutionären Welt (vgl. Terveen 1959, S. 36-37). Aber im Rahmen kultureller Missionen fand der Einsatz von Kino in der Volksbildung im republikanischen Spanien (1931-1939) oder im Rahmen der Mexikanischen Revolution nach 1910 seine größte Wirksamkeit. Auch nach 1945 wurde das Kino zum Mittel der Wahl bei den ambitionierten Umerziehungsprojekten ganzer Bevölkerungen. In diesen Fällen versuchten die siegreichen Alliierten des Zweiten Weltkriegs, die politische Kultur von Ländern wie Japan und Deutschland durch eine Mischung aus repressiven und pädagogischen Mitteln erheblich zu verändern, sodass die Bevölkerungen dieser Länder nie wieder Krieg, Eroberung und Massenmord unterstützen würden. Man wollte den besiegten Deutschen und Japanern nicht nur ihre Verbrechen, darunter den Holocaust, zeigen, sondern auch Prinzipien demokratischer Ordnungen und die Segnungen rechtsstaatlicher Strukturen näher bringen (Wüstemeyer 1997). Selbstverständlich wurde bei diesem Vorhaben der Umerziehung der Hörfunk ebenfalls eingesetzt (Hilgert 2015). Das Kino wurde schließlich auch in den Dienst von Befreiungs-, Dekolonialisierungs- und Transformationsprojekten in Asien, Afrika und Lateinamerika gestellt. Besonders zwischen 1960 bis 1975 wurde die Unabhängigkeit zahlreicher asiatischer und afrikanischer Länder von Projekten einer verstärkten visuellen Lernstrategie begleitet (Goldfarb 2010).

Massenmedien und Jugendkulturen

Die Wirksamkeit dieser Medienumwelten war nicht nur in unmittelbar politischen Prozessen zu spüren. Der Einsatz von Massenmedien wie Hörfunk, Kino und zunehmend Fernsehen begleiteten und verstärkten ab den 1950er Jahren die Entstehung von Jugendkulturen, die sich von der dominanten Kultur der Zeit absetzten und in Formen wie Rock 'n' Roll und Popmusik von der Erwachsenengesellschaft mit Ablehnung, oder mindestens mit Skepsis rezipiert wurden (Di Spurio 2017). Kürzere Röcke für Frauen und lange Haare für Männer verursachten allmählich eine Verschiebung der familiären Erziehung, besonders deren Reichweite in die Adoleszenz hinein. Die Jugendkultur zeigte sich nicht nur in der zunehmenden Ablehnung traditioneller Autorität in den Schulen, sondern auch in eigenen ‚papiernen' Bildungsmedien, wie Schülerzeitschriften, die neue Vorstellungen von Partizipation, Geschlechterrollen, Musik u.v.m. transportieren konnten (vgl. Kabaum 2017). Einige allgemeine Medien, wie bspw. die Comics (Kesper-Biermann 2018), aber auch die kommerziellen Jugendzeitschriften, problematisierten Geschlechter- und Generationenverhältnisse und thematisierten auch die Sexualaufklärung in einer sehr expliziten Art, die die alleinige traditionelle Sorge um Gesundheit und, nach der Erfindung der Pille, unerwünschte Schwangerschaft hinter sich ließ und Fragen des Begehrens, der Lust und der Ambivalenz menschlicher Liebesbeziehungen stärker thematisierte (globale Perspektive in Zimmermann 2015, S. 80-114).

Diese Erfolgsgeschichte der neuen Medien Kino und Rundfunk sowie der stärker bebilderten Printmedien im neben- und außerschulischen Bereich wird durch die begrenzte Kraft dieser Medien bei der Umgestaltung der Schularbeit selbst kontrastiert. Die Wirkmächtigkeit dieser Medien auf Bildung und Erziehung ist deshalb nicht pauschal zu bestimmen. Wenn Kino als allgemeines Bildungsmedium durchaus Wirkungen hatte, war dies für das Spezifizierungsmedium Schulkino nicht der Fall. Nicht zuletzt stand die zunehmende Trennung der schulischen Medienumwelt von der Medienumwelt der Familie und der Gesamtgesellschaft im Zentrum der Kritiken einer neuen Generation von Reformpädagogen/innen, die die Künstlichkeit von Schule bemängelten. Es mag hierbei Ausnahmen gegeben haben, beispielsweise war der Einsatz von Schallplatten in Schulen – sei es bei Schulritualen und

Zeremonien, oder beim Musikunterricht – keineswegs verpönt und entsprach der zunehmenden Bedeutung von Tonträgern in der Gesamtgesellschaft. Bildungsinstitutionen blieben jedoch lange eine Welt, in der das alte Grundlagenmedium Buch weiterhin vorherrschte und dies in einer gesamtgesellschaftlichen Umwelt, in der nicht nur Gelesenes, sondern auch Gehörtes und Gesehenes wichtiger wurde. Diese Grundkonstellation würde sich mit dem Aufstieg des Fernsehens zum Leitmedium der zweiten Hälfte des 20. Jahrhundert zuspitzen.

10.2 Unterrichtsmaschinen und Bildungsfernsehen: Der technokratische Traum der Ersetzung des Lehrers

Die neuen Medien des 20. Jahrhunderts wurden im Laufe der Zeit flexibler und einfacher zu bedienen. Die apparative Struktur dieser neuen Medien mag erheblich an Komplexität gewonnen haben. Diese blieb aber den gewöhnlichen Nutzern/innen verborgen, während die „interfaces", also die Schnittstellen zwischen Apparat und Nutzer/innen, benutzerfreundlicher wurden. Denn viele dieser Medien unterstanden den Gesetzen der Massenproduktion und der Vermarktung und mussten für ihre Massentauglichkeit eine relativ einfache Handhabe der Geräte gewährleisten. Die Verbesserung und Optimierung vieler Apparate wurden im Zuge ihrer Einführung als Marktprodukte ausgefeilter. Dies beflügelte Hoffnungen und Phantasien eines maßgeblich auf Apparate gestützten Wohlstandglücks in vielen entwickelten Ländern.

Apparate und Regulierung des Unterrichts

Die neuen Möglichkeiten verbesserter Apparate trugen nach dem Ende des Zweiten Weltkrieges seltsame Blüten. Denn diese Möglichkeiten verstärkten die Vorstellung von einer gut kontrollierbaren, bis ins Detail rational gestalteten und stärker technisierten Arbeit der Bildungsinstitutionen. Seit längerer Zeit faszinierten Automaten und Maschinen die Menschen. Aber seitdem diese komplexer wurden und eingerichtet waren, Informationen zu vermitteln und einfache Rückmeldungen zu geben, bestand vielfach die Idee, die unzuverlässigen Menschen durch Maschinen für die Unterrichtung, wenn nicht gleich zu ersetzen, dann sie doch an den Rand zu drängen. Die bereits erwähnten Vorstellungen, dass der Lehrfilm das Buch ersetzen könnte bzw. dass der Rundfunk ein Unterrichtsassistent werden konnte, bedeuteten eben, dass die Lehrkräfte weniger erklären und zeigen sollten. Ein Teil dieser zentralen Aktivitäten des Erklärens und des Zeigens wären in fremde Programme des Films und der Radiosendung verlagert. Die Lehrerschaft, ein Kernelement im Medienverbund der Schule, sah diese Gefahr durchaus. Bereits in den 1920er Jahren dichtete ein Lehrer in den USA: „Mr. Edison sagt / dass der Rundfunk den Lehrer ersetzen wird. / Bereits kann man Fremdsprachen durch die Aufnahme des Phonographen lernen. / Die bewegenden Bilder werden dasjenige veranschaulichen, / was der Rundfunk nicht vermitteln kann. / Lehrer werden in die hinterste Provinz abgelegt / (...) Vielleicht werden Lehrer in Museen gezeigt / Bildung (*education*) wird zum Knöpfe drücken / Vielleicht kann ich eine Stelle an der Kontrollkonsole ergattern" (zit. in Cuban 1986, S. 4-5, Übersetzung MC).

Diese Projekte einer potenziellen Ersetzung der Lehrerschaft waren nicht nur didaktisch-pädagogisch attraktiv. Filme und aufgenommene Sendungen streiken nicht, verlangen nicht mehr Gehalt und missachten auch keine Anweisungen. Dies galt auch für die sog. Unterrichtsmaschinen, die für eine Zeitlang für Furore im Bereich der Bildungsmedien sorgten. Bereits in den ersten Jahrzehnten des 20. Jahrhunderts gab es eine enge Verbindung zwischen einem stärkeren Einsatz von Apparaten und Maschinen in den Klassenzimmern einerseits und der Zielsetzung der Individualisierung der Klassenzimmerarbeit andererseits. Diese individuell zu handhaben Lehr- bzw. Lernmaschinen würden die kollektive Unterweisung, die ja angeblich die individuellen Unterschiede nicht berücksichtigen könne, obsolet machen. Ein Psychologieprofessor war der erste der sich anschickte, regelrechte Unterrichtsmaschinen zu konzipieren und herzustellen. Seit den 1920er Jahren pries Sidney Pressey (1888-1979) in den USA seinen „automatisierten Lehrer" an und andere von ihm patentierten maschinellen Erfindungen, die jedoch sämtlich zu kommerziellen Flops wurden. Nur in einem Bereich wurden Maschinen früh mit zunehmendem Erfolg eingesetzt: beim Prüfen. Man konnte nun hunderte Personen testen – meistens mit *multiple choice* Instrumenten – und dabei profilierten sich Unternehmen wie die *International Business Machines* (IBM), das bis heute in diesem Bereich tätig ist (Petrina 2002).

Lehr- und Lernmaschinen

Nicht nur die Fortschritte bei der Herstellung von besseren, von Kindern einfacher zu handhabenden Maschinen aktualisierten das Versprechen von Lehr- und Lernmaschinen in den 1950er Jahren. Viel mehr war die gespürte Dringlichkeit einer Optimierung der Lernerträge im Kontext der Konkurrenz der Gesellschaftssysteme im Kalten Krieg maßgeblich. Im Jahr 1957 gelang es der Sowjetunion, den ersten künstlichen Erdsatelliten, den Sputnik, in den Himmel zu schicken. In der für die Militärindustrie sehr kritischen Raumfahrtindustrie schien somit das kommunistische Land die Oberhand zu haben. Die Reaktionen auf diesen Erfolg der Sowjets waren teilweise heftig. Kapitalistische Länder machten sich große Sorgen um die eigene technische Überlegenheit, die nun durch den Satelliten konkret herausgefordert war. Unter dem gehörigen Druck von Militär und Wirtschaft erreichte das darauffolgende Wettrennen in Fragen von Wissenschaft und Technik den Bereich der Bildung, und hier wiederum die wissenschaftliche Grundbildung der Bevölkerung. Man sah in dem Einsatz von bis dahin größtenteils geschmähten Lehr- und Lernmaschinen einen gangbaren Weg, Lernergebnisse schnell und zuverlässig zu verbessern. Nicht nur in den USA, auch in Deutschland verspürte man diese Dringlichkeit und schickte sich an, solche Maschinen zu entwickeln, zu verbessern und zu verallgemeinern, und zwar mit kräftiger Unterstützung der Industrie (Hof 2018).

Programmierter Unterricht

Lehrmaschinen arbeiten auf der Grundlage von einem im Voraus definierten Programm. In der Regel wurde der Lehrstoff sehr kleinteilig präsentiert und die Reihenfolge und Geschwindigkeit dieser Lehrstoffpräsentation hing von den Antworten der Lernenden auf bestimmte, von der Maschine präsentierten, Kontrollfragen ab. Je nach Lernergebnis und Antworten der einzelnen Lernenden kam der eine oder der andere Teil des Lehrprogramms zum Einsatz. Man versprach sich von dieser Bearbeitung des Stoffes einen stark individualisierten Lernrhythmus mit zeitnahen Rückmeldungen. Kinder – so die damalige Einschätzung, die auf den berühmten Psychologen Burrhus Frederic Skinner (1904-1990) zurückging – bleiben hochmotiviert, weil sie sofort die Bestätigung ihrer korrekten Antworten erhalten bzw. eine Korrektur schnell erfolgen kann. Diese Logik der kleinteiligen Präsentation des Stoffes konnte auch ohne Unterrichtsmaschinen erfolgen. Wenn dies ohne Maschinen geschah, nannte man den Unterricht programmierten Unterricht. In diesem Fall erfolgte der Unterricht weiterhin auf der Grundlage von Büchern bzw. Unterrichtsmappen, die Unterrichtssequenzen bis ins Detail vorgaben. Man erwartete von der Lehrkraft die pünktliche Durchführung der Stunde nach dieser Maßgabe. Besonders diese Variante ohne teure Maschinen wurde in Ost- und Westdeutschland sowie in der Schweiz probeweise angewendet (für letzten Fall: Hoffmann & Horlacher 2014). Insgesamt schien das Grundlagemedium Buch den Angriff der Maschinen pariert zu haben und den Sieg über die Vorherrschaft im Medienverbund der Schule davonzutragen. Zwar mögen einige Bücher nach den Vorgaben des programmierten Unterrichts umgestaltet worden sein. Aber das Buch blieb als Gegenstand und Apparat unangefochten.

Schulfernsehen

Eine ungleich größere Herausforderung der weiterhin dominanten Stellung des Grundlagemediums Buch und der damit zusammenhängenden Position der erklärenden und zeigenden Lehrkraft stellte das Leitmedium der zweiten Hälfte des 20. Jahrhunderts, das Fernsehen, dar. Fernsehen faszinierte seit den ersten regelmäßigen Übertragungen in den USA im Jahr 1929 die Zeitgenossen. Das Fernsehen kombiniert nämlich mehrere Stärken anderer Medien. Erstens wurde es mit der hohen Wirkungskraft von Filmen in Verbindung gebracht. Die Kombination von bewegten Bildern und Ton förderte den Wirklichkeitseffekt des dort Gezeigten. Zweitens war das Fernsehen niedrigschwelliger als der Kinobesuch. Man muss nur zum Wohnzimmer laufen, um in den Genuss des Fernsehkonsums zu gelangen. Dies war dem Rundfunk nicht unähnlich, dessen Empfänger zu Hause verfügbar waren. Auch analog zum Rundfunk hat man mit dem Fernsehen drittens die Möglichkeit, am gleichen Gerät verschiedene Programme zu empfangen und auszuwählen. Viertens stand das Fernsehen für eine besondere „Intermedialität" – also für die Beziehung zwischen zwei Medien – wegen der Übertragung von Bild und Schall. Aufgrund dieser Eigenschaften war durchaus denkbar, dass das Fernsehen alle anderen Massenmedien ersetzen könnte. Nur die Möglichkeit der stärkeren Individualisierung des Unterrichts, charakteristisch für die Unterrichtsmaschinen, fehlte.

Schulfernsehen als Hilfsmittel

Solche wirkliche und unterstellte Wirkmächtigkeit musste Bildungsplaner und -reformer geradezu begeistern. Es verwundert nicht, dass dieses neue Kommunikationsmedium seit Mitte des Jahrhunderts im Zentrum der Aufmerksamkeit, auch im Hinblick auf die Arbeit im Klassenzimmer, stand. Larry Cuban, ein US-amerikanischer Bildungshistoriker, der pionierhafte Untersuchungen im Bereich der Geschichte der Bildungsmedien publizierte, differenzierte drei Einsatzintensitäten für das Schulfernsehen. Im ersten Konzept war der Fernsehapparat ein simples *Hilfsmittel* für den weiterhin zentralen Unterricht der Lehrkraft. Übertragene Lektionen waren möglich, die das bereits Erklärte wiederholten bzw. vertieften. Der Lehrer hatte hier die Kontrolle und entschied, ob und wann das Hilfsmittel eingesetzt wurde. Dies war zweifelsohne der häufigste Einsatz von Fernsehen in den Schulen. Darüber hinaus gab es den *ergänzenden* Unterricht durch das Fernsehen. Hier musste die Lehrkraft die Klasse auf die Fernsehlektion vorbereiten und dann auf der Grundlage der übertragenen Lektion Diskussion und Übungen gestalten. Bei dieser zweiten Konstellation war die

Lehrkraft nicht so autonom wie im ersten Fall (Cuban 1986, S. 29). In einigen Schuldistrikten der USA wurde dieses Konzept flächendeckend umgesetzt.

Schulfernsehen als Hauptmittel der Unterrichtung: Samoa

Der interessanteste Einsatz, weil er radikaler war, erfolgte wenn *die weitgehende Unterrichtung* durch das eigens konzipierte Fernsehprogramm übernommen wurde. Hier waren die Inhalte und Sendungen umfangreicher und verpflichtender. Eine Assistenz im Klassenzimmer sorgte für weitere Überwachung und Koordination, aber inhaltlich stand die übertragene Lektion im Zentrum. Nun war die Lehrkraft als Hilfsmittel des Programms vorgesehen. Es gab weltweit mehrere Versuche, die Fernsehapparate als Surrogat für die Lehrkraft zu etablieren. Bekannt aufgrund ihrer breiten Anlage war die Einführung von Schulfernsehen im amerikanischen Außengebiet Samoa im Südpazifik. Dort begann 1964 ein gewagtes Experiment, nämlich den erklärenden und zeigenden Teil des Unterrichts weitgehend durch ausgestrahlte Lektionen zu organisieren. Es ging um eine weitgehend neue Planung und Durchführung des Unterrichts selbst, und zwar flächendeckend. Der Gouverneur wollte angesichts schlecht ausgebildeter Lehrkräfte und magerer Lernergebnisse eine Modernisierung der Unterrichtung forcieren. Seit 1899 auf der Insel als Kolonialmacht präsent, hatten die Amerikaner erst 1921 mit Schulgründungen begonnen, die die bis dahin gängigen christlichen Missionsschulen aus der Zeit der spanischen Herrschaft ersetzen sollten. Besonders die Frage des Englischunterrichts als Fremdsprache motivierte den verstärkten Einsatz von Schulfernsehen. Bei dieser Entscheidung wirkten jedoch nicht nur mächtige private Stiftungen, die bis heute die Bildungspolitik in den USA prägen, sondern auch Hersteller von Fernsehgeräten und der Verein der kommerziellen Fernsehsender, welche Vorerkundungen und Machbarkeitsstudien finanzierten, die – wen wundert's – allesamt positiv und ermutigend ausfielen.

Es wurden Lektionen vorbereitet, getestet und produziert. In der Regel sah der Stundenplan viel kleinteiliger aus, denn es waren kurze Lektionen (ca. 20 Minuten), die dann mit kurzen Übungen (ca. 15-20 Minuten) unterstützt wurden, und auch Zeiten des Alleinlernens (*study period*) waren nicht länger als 20 Minuten. Insgesamt lernten Kinder vom Fernsehen ca. ein Drittel der Zeit mit einer leicht abnehmenden Tendenz nach der vierten Klasse (Schramm, Nelson & Betham 1981, S. 48-53). Im Laufe der Zeit sank die Unterstützung von Lehrern und Schulkindern für das zunächst mit enthusiastischen Erwartungen initiierte Experiment. Besonders in den höheren Klassen wurde kritisch gefragt, ob ein fachlich wertvoller Unterricht durch Schulfernsehen überhaupt angeboten werden konnte. Langsam wurde in der zweiten Hälfte der 1970er Jahre das Experiment zurückgenommen. Gewiss liefen viele der produzierten Lektionen weiterhin, aber es wurde nicht länger verlangt, dass diese das Rückgrat des Unterrichts bilden sollten. Spätestens 1980 stand fest, dass die Lehrkräfte den Unterricht planen und durchführen sollten, manchmal mit Unterstützung einzelner Fernsehsendungen, aber die Substanz der Unterrichtsarbeit blieb in Lehrerhand.

Schulfernsehen als Entmachtung der Lehrerschaft: El Salvador

Durchaus politische Auswirkungen hatten einige dieser Programme eines weitgehenden Einsatzes von Fernsehen in den Schulen, als versucht wurde, dadurch unruhige, schlecht ausgebildete, oder eigensinnige Lehrende auszuschalten. Im Fall von El Salvador, einem kleinen Land in Zentralamerika, das zwischen 1981 und 1992 einen sehr blutigen Bürgerkrieg zwischen linken Aktivisten und rechten Kräften und Paramilitärs erlebte, waren die nicht technologischen Konsequenzen der Entmachtung von Menschen durch Apparate zu bezeugen. Die US-amerikanische Regierung stand, aufgeschreckt durch den Sieg Fidel Castros auf Kuba 1959 und seine ersten bildungspolitischen Erfolge wie eine fulminante und massive Alphabetisierungskampagne, unter Druck. Daraufhin rief die US-amerikanische Regierung in den 1960er Jahren die „Allianz für den Fortschritt“ ins Leben. Kerngedanke dieser Allianz war, die lateinamerikanischen Länder soweit zu entwickeln und prosperieren zu lassen, dass diese nicht ins gegnerische Lager der kommunistischen Länder wechseln. Dafür wurden Reformen mit Hilfe von Experten in den verschiedensten Bereichen wie Infrastruktur, Gesundheit und Bildung eingeleitet. Diese von außen induzierte Modernisierung der Länder umfasste im Falle von El Salvador ein ambitioniertes Programm der landesweiten Einführung von Schulfernsehen. US-amerikanische Experten, hier besonders von der *Stanford University*, aber auch wirtschaftliche Interessen spielten dabei eine Rolle. Ohnehin waren diese Modernisierungsprogramme durch Außenschulden finanziert, was zusätzliche Kritik an dieser Strategie hervorrief. Die seit 1968 eingesetzte Reform wollte das Unterrichtsniveau insofern erhöhen, als die Erteilung des Unterrichts nunmehr durch vorsichtig geplante und ansprechend gestaltete Fernsehsendungen umorganisiert wurde. Für viel Geld wurden entsprechend Lektionen und Inhalte aufbereitet, was angesichts der ärmlichen Ausstattung der Schulen und der miserablen Bezahlung der Lehrkräfte die Spannungen verschärfte. Der Einsatz der Sendungen bedeutete eine Abwertung der Stellung und der Qualifikation der Lehrerschaft. Nicht Lehrer, sondern „Monitore“, wie sie hießen, sollten das Programm begleiten und die Übungen und Aufgaben kontrollieren. Die Primarschullehrer, die wahrlich sehr rudimentär ausgebildet waren, sahen dies als eine weitgehende Entwertung ihrer Arbeit. Lehrer handelten nicht mehr autonom, sondern waren zu einem Helfer eines von Fremden erdachten und gestalteten Programms geworden. Die damals durch Umfragen und Interviews bereits ermittelte, abnehmende Akzeptanz der Reform erfolgte nicht nur auf Grundlage einer pädagogischen Frage, sondern wegen einer politischen. Es ist vor diesem Hintergrund nicht erstaunlich, dass sehr viele Primarschullehrer zu den entstehenden, bewaffneten Untergrundbewegungen übergegangen sind, die dann im Bürgerkrieg gegen Großgrundbesitzer, Eliten und den „US-Imperialismus“ kämpften (Lindo & Ching 2012).

Stabilität des Medienverbunds Schule

Insgesamt scheiterten alle Versuche, Leitmedien des 20. Jahrhunderts mit ihren Spezifizierungsvarianten wie Schulkino und Schulfernsehen zu funktionalisieren. Es bestanden gewiss Nischen des Gebrauchs, besonders in reicheren Ländern, die die beträchtlichen Kosten solcher Medienmöglichkeiten tragen konnten. Aber die zunehmend als alt und starr geltenden Grundmuster der Schularbeit, die im 19. Jahrhundert konsolidiert worden waren, wurden keineswegs durch diese emergenten Spezifizierungsmedien der Bildung ersetzt. Der Medienverbund „Schule“ trotzte diesen Herausforderungen. Bedingte Anpassungen an die stärkere Präsenz von Bildern waren vorhanden, beispielsweise durch eine reichere Bebilderung von Schulbüchern. Die Schulkritik registrierte diese zunehmende Ausdifferenzierung der gesellschaftlichen und schulischen Medienumwelten. Die Künstlichkeit schulischer Ordnung, seit der Kulturkritik der 1960er Jahre ohnehin unter Beschuss, wurde angesichts dieser Entkopplung von Medienumwelten für jedermann sichtbarer. Diese institutionelle Resilienz – im Sinne der Fähigkeit, Herausforderungen und Krisen zu überstehen – ist sowohl bemerkenswert als auch problematisch. Der aufkommende Neoliberalismus der 1980er Jahre konnte u.a. auf der Grundlage des Bildes einer sich nicht verändernden Schule die Vorstellung einer Institution zeichnen, die aufgrund ihres öffentlichen Charakters nicht effizient sei und einem neuen Regime von Ressourcenzuweisungen, Evaluationen und Kontrollen unterstellt werden sollte, wenn man sie nicht gar gleich privatisieren sollte.

10.3 Global, vernetzt: Bildungsfernsehen und der Übergang zu digitalen Medienumwelten

Die Ablehnung des Leitmediums Fernsehen war breiter, als die spezifischen Situationen auf Samoa oder in El Salvador zeigen. Es gab mehrere Gründe für eine allgemeine Ablehnung in entwickelten Ländern. Das Fernsehen wurde im Namen wahrer Kultur und solider Bildung konsistent kritisiert: Man denke an die populären Ausdrücke wie „Glotze“ im Deutschen, „idiot box“ im Englischen, oder „elektronischer Schnuller“ (*chupete electrónico*) im Spanischen. Fernsehen als Unterhaltung sprach große Zuschauergruppen an und stand der Populärkultur mit ihren einfachen Zügen sehr nahe. Nicht zuletzt deshalb standen Intellektuellen- und Akademikerkreise dem neuen Medium sehr skeptisch gegenüber und wiesen wiederholt darauf hin, dass dieses Medium nur einfache Stoffe anbot. Darüber hinaus symbolisierten das Fernsehen und die damit einhergehend vermehrte Werbung für Massenprodukte den Charakter der modernen Gesellschaften als kapitalistische Konsumgesellschaften.

Sesamstraße: Fernsehen im paraschulischen Bereich

Analog zum Einsatz des Kinos in der Volksbildung und Massenpropaganda wurde Fernsehen, auch mit einem expliziten Bildungsauftrag, eher außerhalb der Schule erfolgreich. Das Fernsehen hatte erhebliche Auswirkungen auf Kinder- und Jugendkulturen sowie auf familiäre Sozialisation, wie die ewigen Diskussionen über Medienverweigerung, maximale Fernsehzeit oder über den Fernsehapparat im Kinderzimmer zeigen. Aber auch am Rande der Schule, sozusagen im paraschulischen Bereich, kann man auf eine global bekannte Fernsehsendung verweisen, die explizit zur Verstärkung von Lernen und Schule eingesetzt wurde: Sesamstraße, im englischen Original *sesame street*. Diese Sendung, seit 1969 ausgestrahlt, vermittelt unterschiedliche Lerninhalte mit der Hilfe von charakterstarken Figuren. Sie wurde bewusst als Bildungssendung geplant. Das Programm, für Kleinkinder konzipiert, war inhaltlich relativ umfangreich und umfasste Sprachkenntnisse, Zeit- und Raumkonzepte, Grundzüge logischer Konzepte wie Klassifikation und Relationierungen, Grundlagen von mathematischen Begriffen wie Korrespondenz und Zahlenverhältnisse sowie einige Denkwerkzeuge wie kausale Beziehungen, Inferenzen und Assoziationen (Morrow 2006, S. 52). Nicht zuletzt wegen dieser durchdachten Inhalte spricht man in dem Fall von Sesamstraße nicht lediglich von einem Drehbuch für die Aufnahme der Sendung, sondern von einem zugrundeliegenden Curriculum.

Bekannte Bildungs- und Lernforscher wie Jerome Bruner und Jerome Kagan wirkten bei der Konzipierung der Sendung mit. Inhalte, Zuschauerreaktionen und Gestaltung wurden in vielen wissenschaftlichen Arbeiten untersucht und bewertet. Kennzeichnend für ihren Entstehungskontext war das umfassendere Programm der kompensatorischen Bildung in den USA in den 1960er Jahren, das im Rahmen eines „Krieges gegen Armut" stand. Mit dem Programm *Head Start*, ein Kernstück dieser Strategie, sollten Kinder aus sozial schwachen Familien besonders gefördert werden, so dass ihre Bildungschancen erhöht würden. Hierbei wirkte Sesamstraße als niedrigschwellige Hilfe mit. Nicht alle Reaktionen aus dem Schulsystem auf die Sendung waren jedoch positiv. Elementarschullehrer beschwerten sich beispielsweise, weil sie nicht wüssten, was sie unterrichten sollten, wenn Kinder gleich mit besseren Kenntnissen in die erste Schulklasse kämen. Aber auch von wissenschaftlicher und kulturkritischer Seite wurde moniert, dass die Sendung alles Lernen auf Spaß und Unterhaltung reduziere (Davis 2008, S. 199-202).

Sesamstraße: Widerstände

Aber Widerstände gegen das Programm hatten auch einen anderen Hintergrund. Die 1960er Jahre waren entscheidend bezüglich der Politik der De-Segregation der separaten Beschulung von Weißen und Schwarzen in den USA. Obwohl bereits im Jahr 1947 die angeordnete separate Unterrichtung von weißen und mexikanischen Kindern in dem Gerichtsverfahren *Méndez versus Westminter School District* als verfassungswidrig eingestuft worden war (González 1990, S. 190-202), erreichte die Frage der gemeinsamen Beschulung aller Kinder erst mit der Entscheidung des US-Bundesverfassungsgerichts im Fall *Brown versus Board of Education*, das 1954 das Ende von separaten Schulen für Weiße und Schwarze anordnete, eine nächste Stufe. Auch Sesamstraße nahm sich dieser Problemlage an und vertrat offensiv, nicht zuletzt durch Puppen mit unterschiedlichen Farben, eine integrative Einstellung. Es ist daher nicht ganz überraschend, dass die Sendung von der *State Commission on Educational Television* des äußerst rassistisch geprägten Bundesstaates Mississippi nicht zugelassen wurde. Diese kurz danach revidierte Entscheidung fiel in einem Kontext, in dem progressive antirassistische Aktivisten wesentlich an der Gestaltung von *Head Start* beteiligt waren. Denn dieses Förderprogramm strebte nach einer größeren Chancengleichheit für Sozialbenachteiligte. Im Kontext eines Staates wie Mississippi, in dem die schwarze Bevölkerung sehr arm war, waren solche Initiativen nicht nur soziale, sondern auch antirassistische Programme (Hale 2012). Dass die Zeitenwende der De-Segregation und der kompensatorischen Bildung mit den gemischt farbigen Figuren der Sendung sichtbar und öffentlich wurde, war für wichtige konservative Gruppen aus der weißen Bevölkerung unerträglich (Cain 2017).

Sesamstraße: Globale Verbreitung

Das Format Sesamstraße wurde schnell für andere Kontexte interessant. Seit 1972 wurden mind. 40 Co-Produktionen organisiert, die die Inhalte der Sendung auf unterschiedliche kulturelle und sprachliche Spezifika bezogen. Brasilien (*Vila Sésamo*, 1972), Mexiko (*Plaza Sésamo*, 1972, das dann in ganz Lateinamerika zu sehen war) China (*Zhima Jie*, 1998), Ägypten (*Alam Simsim*, 2000), Tansania (*Lilimani Sesame*, 2007) und Pakistan (*Sim Sim Hamara*, 2011) waren u.a. die Länder, in denen diese, bezüglich Figuren und Handlungen abgeänderten, Versionen gesendet worden sind (Übersicht der Länder und Versionen in Cole 2016, S. 15-18). Im Falle Westdeutschlands, wo die Sendung seit 1969 ausgestrahlt wurde, wurde konstatiert, dass diese Sendung dabei half, einen Wechsel in der Perspektive auf das Verhältnis von Kind und Fernsehen einzuleiten. Wenn bis dahin Fernsehen hauptsächlich als Gefährdung der Kinder angesehen wurde, man könnte ja den Fernsehkonsum der Kinder zu Hause nicht kontrollieren (im Gegensatz zum reinen Schulfernsehen), standen in den 1970er Jahren etwas stärker positive Möglichkeiten im Vordergrund. Man konnte nun – beispielsweise indem man beim ZDF ein Jahr des Kinderfernsehens 1973 mit hochwertigen Programmen ausrief – „mit dem Fernsehen gegen das Fernsehen“ kämpfen (Schneider 2004, S. 222).

Insgesamt zeigt bereits die Geschichte der Sesamstraße die Züge der dichteren Weltverflechtung von Wirtschaftsräumen, Bevölkerungen und Kulturen, die unter dem Namen Globalisierung die Gegenwart moderner Gesellschaften prägt. Ebenfalls steht die Sendung für die US-amerikanische Dominanz in Fragen der Diskussion neuer Medien und Bildungsmedien. Nach dem Fall der Mauer, dem Ende des Kalten Krieges und der Jahrtausendwende existierte schließlich die Sendung in sehr wichtigen nicht westlichen Ländern in eigenen Versionen. Besonders dieser Punkt steht für eine neuartige Globalität in Fragen der Entwicklung von Bildungsmedien, weil diese nicht nur auf die klassischen, reicheren, westlichen Länder begrenzt blieb. Trotz des beträchtlichen Erfolgs der Sendung beschränkte sich dieser eher auf einen kleinen Bereich der Bildungsinstitutionen, nämlich auf die Kleinkinderbildung.

Computarisierung und Digitalisierung

Computarisierung und Digitalisierung, stärker als Fernsehen, wurden jedoch zum Kennzeichen globaler Gegenwart mit unterstellter Wirkung auf Bildung und Erziehung im Allgemeinen und auf Bildungsinstitutionen insbesondere. Dies war nicht immer der Fall. Besonders der Einsatz von Computern im Schulunterricht war zunächst nicht von Erfolg gekrönt. Man sprach von einer „Fassade-Aufnahme" oder, wie Larry Cuban dies knapp formulierte, waren Computer einfach ‚überverkauft' und ‚unterbenutzt' (*oversold and underused*) (Cuban 2001). Die Versuchung, Computarisierung und Digitalisierung von Schulen als eine neue Auflage der bereits gezeigten Dynamik von großen Versprechen und mageren Ergebnissen in der Geschichte von Medien- und Bildungsentwicklung zu charakterisieren, ist deshalb groß. Die Skepsis ist angebracht angesichts der Tatsache, dass das Reden über Medien und Medienwandel stets etwas Großspuriges hatte.

Wenn am Ende dieses Lehrbuchs eine Prognose, wahrlich nicht die Kernaufgabe eines Bildungshistorikers, erlaubt ist, fällt diese wie folgt aus: Die gegenwärtige Welle digitaler Kommunikation, die auf die Bildungsinstitutionen zurollt, wird nicht das gleiche Schicksal ereilen wie im Falle der gescheiterten Neuerungen von Schulfilm und Schulfernsehen. Das Tempo der Veränderungen ist atemberaubend. Man muss sich vergegenwärtigen, dass noch 1997 nur sechs Prozent aller Deutschen das Internet benutzten. Es folgte eine rapide Entwicklung, die mit der Ausbreitung mobiler Endgeräte – Tabletts und *smart phones* – seit 2007 verschärft wurde. Es besteht nun die Möglichkeit, digitale Kommunikation entkoppelt von Sitzen und Ort zu praktizieren. Nun „wurde digitale Kommunikation flächendeckend und kontinuierlich verfügbar" (Stalder 2016, S. 92).

Ein Laptop pro Kind

Neue Programme zur Reform der Medienumwelt von Schulen nahmen in dieser, sich rapide verändernden, Konstellation ihren Lauf. Mit der Initiative *One Laptop per Child* (OLPC) wurde ein Programm ins Leben gerufen, das sich noch heute entfaltet. Der Fokus der Initiative liegt zwar in den ärmeren und nicht industrialisierten Ländern des „Südens", aber das Modell, dass jedes Kind in der Schule mit Hilfe eines Laptops lernen sollte, ist nicht auf diese Länder beschränkt. OLPC entwarf und produzierte bezahlbare Laptops für Schulkinder mit der Unterstützung der Weltbank und namhaften Stiftungen. Mit dem Einsatz dieser Laptops ist nicht nur eine effizientere Verbreitung von Wissen verbunden, sondern auch eine starke Vorstellung von Individualisierung sowie ein Misstrauen gegenüber dem herkömmlichen *instructionism*, also dem traditionellen, erklärenden und mitteilenden Unterricht (Bender et al. 2012, S. 14). Man geht weniger von einem Modell der Übertragung von Wissen aus als von einem Lernmodell, in dem Kinder ihren eigenen Zugang zur Welt und ihr eigenes Wissen mit Hilfe der neuen Apparate „konstruieren“. Der Erwachsene steht nicht länger im Zentrum der Unterrichtsszenerie, als die Person, auf die man immer schauen muss, um überhaupt an Wissen zu gelangen. Hier konstruiert das Individuum seine/ihre Welt und teilt sie mit den anderen. Im Zentrum steht nunmehr dasjenige Werkzeug, das das auch mit ermöglicht: der Laptop. Gewiss bedeuten Laptops nicht den ersten Schub zu einer „Massenindividualisierung“ in den Schulen, denn Individualisierung schritt seit Mitte des 20. Jahrhunderts voran, auch auf der Grundlage von Papiertechnologien, die durch das Kopiergerät neue Möglichkeiten gefördert wurden, wie bei den Arbeitsblättern (Lee 2008). Ausmaß, Durchdringung und Kraft der neuen Individualisierungsmöglichkeiten im digitalen Zeitalter sin jedoch unerhört.

Nationale Programme der Versorgung mit Laptops

Die genannten Entwicklungen zeigen sich rasant, obwohl die Schwierigkeiten auf dem Weg zum digitalen Klassenzimmer beträchtlich sind. Man muss Lehrer auf die neue, eher dezentrale Arbeitsform vorbereiten, auch Inhalte sollen entsprechend multimodal bearbeitet und spezifische Software entwickelt werden. Wie so oft halten sich die Kosten nicht im ursprünglich veranschlagten Rahmen. Trotz dieser Schwierigkeiten und Herausforderungen wurden und werden enorme Investitionen getätigt, um diese Vision Wirklichkeit werden zu lassen. Besonders in sog. Entwicklungsländern übernahm der Staat mitunter eine Politik der allgemeinen Versorgung mit Laptops. Das kleine Land Uruguay in Südamerika gilt als das erste der Welt, in der das Ziel eines Laptops pro Schulkind Wirklichkeit wurde. Seit 2009 verteilt der Staat die Geräte und unterstützt ihre Anwendung in den Schulen (Mateu, Cobo & Moravec 2018). Auf einer anderen Ebene, und zwar nicht für den Pflichtschulbereich, werden in Indien seit 2011 die günstigen *Aakash Tablets* produziert, die besonders für Online-Kurse und den Zugang zu digitalisiertem Material für das Selbstlernen konstruiert wurden. Zwar benutzt man sie in einigen Schulen ebenfalls. Die Idee eines selbständigen, nicht gänzlich institutionalisierten Selbstlernens steht hierbei jedoch als neue Vorstellung der Massenbildung im Vordergrund (Phalkey & Chattapadhyay 2015). Bei diesen und anderen Programmen scheiden sich die Geister über Sinn und Wirkung von Laptops und Tablets in der Schule. Sicherlich werden sich die überbordenden Hoffnungen und inflationären Versprechen in kurzer Zeit keineswegs bestätigen lassen. Die Geräte scheinen, noch einmal, kein Wundermittel der Bildung zu sein.

Durchschlagskraft digitaler Medien

Eine zu schnelle Aburteilung der neuen digitalen Möglichkeiten, die ein erneutes Scheitern einer apparatsorientierten Strategie der Reform der Schularbeit wie beim Kino, Lehrmaschinen und Fernsehen sieht, verkennt die enorme Durchdringungskraft und Anpassungsfähigkeit der neuen Geräte. Laptops und Tablets sind ungleich einfacher zu bedienen als alte Filmprojektoren. Sie sind auch sehr flexibel im Hinblick auf die schier große Masse und Vielfalt von Inhalten im Gegensatz zur starren Sequenz des programmierten Unterrichts und der Unterrichtsmaschinen. Die Geräte sind sehr gut mit der mündlichen Unterweisung der Lehrkraft kombinierbar, und dies unterscheidet sie vom Schulfernsehen, das Lehrkräfte unter Umständen in der pädagogischen Arbeit marginalisierte. Kurz: Attraktivität für Heranwachsende, breites Spektrum ihres Einsatzes, Flexibilität in inhaltlicher Hinsicht und zumindest gute Kompatibilität mit dem bestehenden Medienverbund der Schule sind an sich äußerst günstige Voraussetzungen für eine durchschlagende Wirkung digitaler Medien in Bildungsinstitutionen. Die Entwicklung wird aber alles andere als linear und widerspruchslos verlaufen. Ein gutes Beispiel bildet die Reaktion der *high-tech community* im weltweit bedeutendsten Standort der digitalen Entwicklung, *Silicon Valley* in US-Bundestaat Kalifornien, auf den Einsatz der neuen Medien in Bildung und Erziehung. Bereits vor Jahren wurde registriert, wie Eltern, die in der neuen digitalen Industrie tätig sind, vermehrt computerfreie Schulen suchten (Richtel 2011). Nun pflegen Eltern aus diesen Kreisen auch einen strengen Umgang mit Smartphones und Tablets und nehmen diese restriktive Haltung sogar in den Verträgen mit den Kindermädchen verbindlich auf (Bowles 2018a, b).

Grenzen: Die ökologische Frage

Aber nicht nur Kontroversen und Dissense, die sehr häufig Bildung und Erziehung begleiten, könnten für eine Dämpfung dieser Entwicklung sorgen. Ein nicht immer genug beachteter Aspekt kommt hinzu: Es handelt sich bei Laptops und Tablets um komplexe Apparate, die beträchtliche Ressourcen verbrauchen. Die ökologische Seite dieser Unternehmung gerät nicht so häufig in den Blick der Diskutanten. Sollten jemals digitale Medien auf globaler Ebene die auf Papierbasis arbeitende Schule ablösen, wird sich die Frage von Materialverbrauch sicherlich stellen. Es geht dabei nicht so sehr um den enormen Energiekonsum der Geräte, der auch problematisch sein kann, weil die Effizienzgewinne im Bereich des Verbrauchs von der enormen Zunahme der Zahl der Geräte mehr als übertroffen werden. Dafür gäbe es heute bereits, zumindest prospektiv, eine Reihe von Lösungen. Vielmehr geht es darum, dass ein allgemeiner Einsatz dieser Medien im planetarischen Ausmaß aufgrund der schieren Masse an Geräten an seine Grenzen stoßen kann: Laut dem Büro der Vereinigten Nationen für Fragen der Bevölkerung (https://population.un.org/wpp/) gibt es 2018 1289 Millionen Kinder und Jugendlichen zwischen fünf und vierzehn Jahren. Bei dem gängigen Verschleiß des Materials in Schulen könnten Probleme mit dem Materialverbrauch, bspw. mit der Beschaffung von seltenen Erden für deren Herstellung, entstehen und auch Fragen von Entsorgung und Wiederverwendung von Batterien akut werden. Alternativen in diesen Bereichen sind sehr beschränkt vorhanden und Recycling kann hier eventuell allein nicht die Lösung bringen. Im Vergleich zum nachwachsenden Rohstoff Papier könnten Laptops und Tablets als neue Standardmedien der Bildung plötzlich nicht nur als lernförderlich und flexibel dastehen, sondern auch zerstörerisch wirken. Schließlich erinnern uns Medien aufgrund ihrer apparativen Seite daran, dass deren Einsatz als Bildungsmedien nicht nur eine binnengesellschaftliche Entwicklung ist, sondern eine weitere Umwelt, nämlich die sog. natürliche, mitgedacht werden muss.

Fragen

1. Legen Sie das Verhältnis zwischen Gelesenem und Gesehenem bei der Entwicklung des modernen Nationalismus dar.
2. Charakterisieren Sie die ablehnende und die funktionalisierende Sicht auf Kino in Bezug auf Kinder, Jugendliche und Schule.
3. Diskutieren Sie folgende These: Während Filmvorführungen durchaus erfolgreich in den Bereichen der allgemeinen Volksbildung und der politischen Mobilisierung waren, blieben sie in Bezug auf Schule außen vor.
4. Erwähnen Sie mediale Kontexte der Entstehung von Jugendkulturen seit den 1950er Jahren.
5. Differenzieren Sie Lehrmaschinen und programmierten Unterricht.
6. Vergleichen Sie den schulischen und den paraschulischen Einsatz von Bildungsfernsehen und geben Sie jeweils ein Beispiel.
7. An welchen Punkten unterscheidet sich der Umgang mit Computern seit den 1980er Jahren von der aktuellen Diskussion um Digitalisierung und mobile Lerngeräte?

Weiterführende Literatur

Caruso, M. & Kassung, Ch. (Hrsg.) (2014). Maschinen. In: *Jahrbuch für Historische Bildungsforschung 20.*

Schwerpunkt des Jahrbuchs für Historische Bildungsforschung mit mehreren Beiträgen zum Thema Lehr- und Unterrichtsmaschinen.

Cuban, L. (1986). *Teachers and Machines. The Classroom Use of Technology Since 1920.* New York & London: Teachers College Press.

Cuban, L. (2001). *Oversold and Underused. Computers in the Classroom.* Cambridge/Mass. & London: Harvard University Press, 2001.

Pionierhafte Untersuchungen über den Einsatz von Bildungsmedien in allgemeinen Schulen. Beide Werke wurden breit über das Feld der Historischen Bildungsforschung hinaus rezipiert und diskutiert.

Morrow, R. W. (2006). *Sesame Street and the Reform of Children's Television.* Baltimore: The Johns Hopkins University Press.

Umfassende Darstellung der Entstehung, Verbreitung und Auswirkungen der erfolgreichen Fernsehsendung. Die Verschränkung von Bildungs- und Lernforschung mit der sozialreformerischen Atmosphäre der Zeit bildet einen Schwerpunkt der Darstellung.

Postman, N. (1982/2003). *Das Verschwinden der Kindheit.* Hamburg: Fischer.

Medienkritische Analyse über das Fernsehen und die Krise der Kindheit in der Moderne. Pessimistischer Ton, aber dennoch lesenswert in der Argumentation.

Runcis, M. & Sandin, B. (2010). *Neither Fish nor Fowl. Educational Broadcasting in Sweden 1930-2000.* Lund: Nordic University Press.

Detaillierte Untersuchung über die Geschichte des Hörfunks in Schweden im Zusammenhang von sozialintegrativer und sozialpolitischer Zielsetzung.

Literatur

Alt, R. (1956). *Vorlesungen über die Erziehung auf frühen Stufen der Menschheitsentwicklung.* Berlin: Volk und Wissen.

Amunátegui, L. & Amunátegui, G. (1856). *De la instrucción primaria en Chile; lo que es, lo que debería ser.* Santiago: Imprenta del Ferrocarril.

Andersen, O. (1987). Mündlichkeit und Schriftlichkeit im frühen Griechentum. In *Antike und Abendland 33*(1), 29-44.

Anderson, B. (1990). *Imagined Communities: Reflections on the Origin and Spread of Nationalism.* London: Verso.

Anonym (1762). Ohne Zweifel würde in einem Staate (...). In *Wochenblatt zum Besten der Kinder III*(XCVIII), 49-64.

Anonym (1817). *Schulen der Menschheit.* Band 3. Wien: o. A.

Anonym (1914). „Kino und Jugend". In *Der Volksschullehrer 8*, 145-148.

Ariès, Ph. (1960/1996). *Geschichte der Kindheit.* München: dtv Wissenschaft.

Assmann, J. (1992/2002). *Das kulturelle Gedächtnis. Schrift, Erinnerung und politische Identität in frühen Hochkulturen.* München: Beck.

Assmann, J. (2003). *Die Mosaische Unterscheidung. Oder der Preis des Monotheismus.* München: Karl Hanser.

Augustinus (396-7/2002). *Über die christliche Bildung. De doctrina christiana.* Stuttgart: Reclam

Badinter, E. (2010). *Der Infant von Parma, oder Die Ohnmacht der Erziehung.* München: Beck.

Baines, J. (2007). *Visual and written culture in ancient Egypt.* Oxford: Oxford University Press.

Baker, D. (2014). *The Schooled Society. The Educational Transformation of Global Culture.* Stanford: Stanford University Press.

Baldzuhn, M. (2009). *Schulbücher im Trivium des Mittelalters und der Frühen Neuzeit.* 2 Bände. Berlin & New York: de Gruyter.

Baldzuhn, M. (2012). Das Ritual des Textverstehens. Zu Konzeption und Gebrauch des spätmittelalterlichen Schulbuchs. In Hellekamps, S., Le Cam, J.-L. & Conrad, A. (Hrsg.), *Schulbücher und Lektüren in der vormodernen Unterrichtspraxis* (S. 13-30). Wiesbaden: VS.

Barnard, A. (2012). *Genesis of Symbolic Thought.* Cambridge: Cambridge University Press.

Barnard, H. (1854). *National Education in Europe.* New York: Charles B. Norton.

Baxmann, I. (1995). Der Körper der Nation. In Siegrist, H., Vogel, J. & François, E. (Hrsg.), *Nation und Emotion* (S. 353-365). Göttingen: V&R.

Baudelot, Ch. & Establet, R. (1989). *Le niveau monte. Réfutation d'une vieille idée concernant la prétendue décadence de nos écoles.* Paris: Seuil.

Bauer, K. G. (1791). *Über die Mittel, dem Geschlechtstriebe eine unschädliche Richtung zu geben.* Leipzig: Bey Siegfried Lebrecht Crusius.

Becker, F. (1999). Bilder von Krieg und Nation. Der Frankreichfeldzug von 1870/71 in der deutschen Graphik und Malerei. In *Jahrbuch für Historische Bildungsforschung* 5, 133-166.

Becker, H. & Kluchert, G. (1993). *Die Bildung der Nation. Schule, Gesellschaft und Politik vom Kaiserreich zur Weimarer Republik.* Stuttgart: Klett-Cotta.

Bender, W. et al. (2012) *Learning to Change the World. The Social Impact of One Laptop Per Child.* New York: palgrave.

Boas, G. (1966). *The Cult of Childhood.* London: Warburg Institute.

Botticini, M. & Eckstein, E. (2012). *The Chosen Few. How Education Shaped Jewish History, 70-1492.* Princeton: Princeton University Press.

Bowles, N. (2018a). Silicon Valley Nannies are Phone Police for Kids. In *The New York Times*, 22. Oktober 2018. https://www.nytimes.com/2018/10/26/style/silicon-valley-nannies.html (22. Oktober 2018).

Bowles, N. (2018b). A Dark Consensus About Screens and Kids Begin to Emerge in Silicon Valley. In The New York Times, 26. Oktober 2018. https://www.nytimes.com/2018/10/26/style/phones-children-silicon-valley.html (26. Oktober 2018).

Böx, S. (2012). *Erziehung im Tierreich – eine vergleichende Perspektive.* Dissertation. Universität Rostock.

Brachmann, J. (2008). *Der pädagogische Diskurs der Sattelzeit. Eine Kommunikationsgeschichte.* Bad Heilbrunn/Obb.: Klinkhardt.

Brauer, G. A. (1909). *Das Turnen an der Schulbank für Schule und Haus und Spiele im Freien für die unteren Klassen.* Leipzig: Dürr.

Braunsberger, O. (1893). *Entstehung und erste Entwicklung der Katechismen des seligen Petrus Canisius.* Freiburg: Herder.

Brunner, H. (1957/1991). *Altägyptische Erziehung.* 2. unv. Aufl. Wiesbaden: Harrassowitz.

Burke, C. (2018). Feet, footwork, footwear and ‚being alive' in the modern school. In *Paedagogica Historica LIV*(I-II), 32-47.

Burke, P. (1989). *Küchenlatein. Sprache und Umgangssprache in der frühen Neuzeit.* Berlin: Wagenbach.

Burkhard, G. (1991), Die Lehre des Ptahhotep. In B. Janowski & E. Wilhelm (Hrsg.), *Texte aus der Umwelt des Alten Testaments* (S. 195-221), Band III, Lieferung 2. Gütersloh: Gütersloher Verlagshaus.

Burkhard, G. (1995). Schule und Schulausbildung im Alten Ägypten. In *Jesuitenkolleg Humanistisches Gymnasium Kronberg-Gymnasium Aschaffenburg 1620-1995* (S. 23-36). Aschaffenburg: n.d.

Burns, A. (1981). Athenian Literacy in the Fifth Century B. C. In *Journal of the History of the Ideas 42*(3), 371-187.

Bürsgens, W. (2003). Einleitung. In Cassiodor, *Institutiones divinarum et seacularium litterarum/Einführung in die geistlichen und weltlichen Wissenschaften.* Band 1 (S. 9-91). Freiburg et al.: Herder.

Busse, W. (1993). Sua gao oa lareowas beforan oaem folce, & oaet folc aefter: The Self-Understanding of the Reformers as Teachers in Late Tenth-Century England. In Schaefer, U. (Hrsg.), *Schriftlichkeit im frühen Mittelalter* (S. 58- 106). Tübingen: Narr.

Buttier, J-C. (2012). Un example de transfert pédagogique: le catéchisme politique. In *Paedagogica Historica 48*(4), 527-548.

Cain, V. (2017). From *Sesame Street* to Prime Time School Television: Educational Media in the Wake of the Coleman Report. In *History of Education Quarterly* 57(4), 590-611.

Calvin, J. (1541/1552). *Catechisme. C'est a dire, le formulaire d'instruire les enfans en la Chrestienté.* Genf: Crespin.

Carter, K. (2011). *Creating Catholics. Catechism and Primary Education in Early Modern France.* Notre Dame: University of Notre Dame Press.

Caruso, M. (2002). Biopolitik und Schulbuch. Veränderungen der Konzepte zur Verortung des Schulbuches in der Gestaltung des Volksschulunterrichts (Bayern, 1869-1918). In *Paedagogica Historica* 38(1), 283-299.

Caruso, M. (2003). *Biopolitik im Klassenzimmer. Zur Ordnung der Führungspraktiken in den Bayerischen Volksschulen (1869-1918).* Beltz: Deutscher Studien Verlag.

Caruso, M. (2010). *Geist oder Mechanik. Unterrichtsordnungen als kulturelle Konstruktionen in Preußen, Dänemark (Schleswig-Holstein) und Spanien, 1800-1870.* Frankfurt/M.: Peter Lang.

Caruso, M. & Rodríguez Wehrmeister, M. (2018). Significados divergentes de lo ‚popular'. Sarmiento, Sastre y sus aliados en la educación primaria de la ciudad de Buenos Aires durante el período liberal temprano (1852-1872). In *Historia y Memoria de la Educación* 7, 423-465.

Cassiodor (419-426/2003). *Institutiones divinarum et seacularium litterarum/Einführung in die geistlichen und weltlichen Wissenschaften.* 2 Bände. Freiburg et al.: Herder.

Chartier, R. (1995). *Forms and Meanings. Texts, Performances, and Audiences from Codex to Computer.* Philadelphia: University of Pennsylvania Press.

Chervel, A. & Manesse, D. (1989). *Comparaison de deux ensembles de dictées, 1873-1987.* Paris: INRP.

Chrisman, M. (1982). *Lay Culture, Learned Culture. Books and Social Change in Strasbourg, 1480-1599.* New Haven & London: Yale University Press.

Chrisman, M. (1988). Printing and the Evolution of Lay Culture in Strasbourg, 1480-1599. In Po-chia Hsia, R. (Hrsg.), *The German People and the Reformation* (S. 74-101). Ithaca: Cornell University Press.

Clanchy, M. (1979). *From Memory to Written Record. England 1066-1307.* Oxford: Oxford University Press.

Clemens von Alexandreia (c. 198/1934). *Des Clemens von Alexandreia ausgewählte Schriften.* München: J. Kösel & F. Pustet.

Cohen, S. (1981). Patriarchs and Scholars. In *Proceedings of the American Academic for Jewish Research* 48, 57-85.
Cohen, Y./Kedar, S. (2011). Teacher-Student Relationships: Two Case Studies. In K. Redner & E. Robson (Hrsg.), *The Oxford Handbook of Cuneiform Culture* (S. 229-247). Oxford: Oxford University Press.
Cohrs, F. (1900-1907). *Die Evangelischen Katechismusversuche vor Luthers Enchidirion*. Berlin: A. Hoffmann.
Cohrs, F. (1929). *Vierhundert Jahre Luther kleiner Katechismus: Kleine Geschichte seiner Entstehung und seines Gebrauchs*. Langensalza: Bayer.
Cole, M. (2005). Cross-Cultural and Historical Perspectives on the Developmental Consequences of Education. In *Human Development 48*, 195-216.
Cole, Ch. (2016). 0.29: The Global Sesame Effect. In Cole, Ch. (Hrsg.), *The Sesame Street Effect. The Global Impact of the Longest Street in the World* (S. 9-39). New York & London: Routledge.
Comenius, J. A. (1633/1987). *Informatorium der Mutterschul*. Leipzig: Reclam.
Constable, Ph. (2000). Sitting on the school verandah: The ideology and practice of 'untouchable' educational protest in late nineteenth-century western India. In *The Indian Economic and Social History Review* 37(4), 383-422.
Cook, M. (1997). The Opponents of the Writing of Tradition in Early Islam. In *Arabica* 44(4), 437-530.
Cook, S. et al. (2016). Hand Gesture and Mathematics Learning: Lessons from an Avatar. In *Cognitive Science* 41(2), 518-535.
Cribiore, R. (2001). *Gymnastics of the Mind. Greek Education in Hellenistic and Roman Egypt*. Princeton & Oxford: Princeton University Press.
Crofts, R. A. (1985). Printing, Reform, and the Catholic Reformation in Germany. In *Sixteenth Century Journal XVI*, 369-381.
Cuban, L. (1986). *Teachers and Machines. The Classroom Use of Technology Since 1920*. New York & London: Columbia University.
Cuban, L. (2001). *Oversold and Underused. Computers in the Classroom*. Cambridge/Mass. & London: Harvard University Press, 2001.
Davis, M. (2008). *Street Gang. The Complete History of Sesame Street*. London: Penguin.
de Kerckhove, D. (1995). *Schriftgeburten. Vom Alphabet zum Computer*. München: Wilhelm Fink Verlag.
deMause, Ll. (Hrsg.) (1974/2015). *Hört ihr die Kinder weinen. Eine psychogenetische Geschichte der Kindheit*. Frankfurt/M.: Suhrkamp.
Dewey, J. (1899/1915). *The School and Society*. Chicago: The University of Chicago Press.
Di Spurio, L. (2017). "Radiorrhea": An examination of mid-century youth and radio culture in Belgian pedagogies of leisure, 1945-1965. In *Paedagogica Historica* 53(5), 542-560.
Dolch, J. (1965). *Lehrplan des Abendlandes. Zweieinhalb Jahrtausende seiner Geschichte*. Ratingen: Aloys Henn.
Dr. N. (1876). Eine Schulbank für's Haus. In *Allgemeine Schulzeitung für das gesamte Unterrichtswesen* 53(35), S. 272-273.
Dreyer, B. (2006). Medien für Erziehung, Bildung und Ausbildung in der Antike. In J. Christes, R. Klein & Ch. Lüth (Hrsg.), *Handbuch der Erziehung und Bildung in der Antike* (S. 223-250). Darmstadt: WBG.
Drotner, K. (1999). Dangerous Media? Panic Discourses and Dilemmas of Modernity. In *Paedagogica Historica* 35(3), 593-619.
Dumás Chancel, M. (1868). *Guia del profesorado cubano para 1868*. Matanzas: Imprenta del Ferro-carril.
Ego, B. (2009). „In der Schriftrolle ist für mich geschrieben" (Ps 40, 8). „Mündlichkeit" und „Schriftlichkeit" im Kontext religiösen Lernens in der alttestamentarischen Überlieferung. In Schaper, J. (Hrsg.), *Die Textualisierung der Religion* (S. 82-104). Tübingen: Mohr Siebeck.
Ehlich, K. (1999). Der Katechismus – eine Textart an der Schnittstelle von Mündlichkeit und Schriftlichkeit. In *Zeitschrift für Literaturwissenschaft und Linguistik 116*, 9-33.
Ehrenpreis, S. (2008). Frühneuzeitliche Schulbücher als Medien der Säkularisierung? Zwei Fallbeispiele. In M. Pohlig, U. Lotz-Heumann & V. I. Ruth (Hrsg.), *Säkularisierungen in der Frühen Neuzeit. Methodische Probleme und empirische Fallstudien* (S. 236-276). Berlin: Duncker & Humblot.

Ehrenpreis, S. (2012). Katechismen und Katechese. Frühneuzeitliche Schulbücher als politisch-sozialer Konfliktstoff im Konfessionellen Zeitalter. In Hellekamps, S., Le Cam, J.-L. & Conrad, A. (Hrsg.), *Schulbücher und Lektüren in der vormodernen Unterrichtspraxis* (S. 49-64). Wiesbaden: VS.

Eickhoff, H. (1993). *Himmelsthron und Schaukelstuhl. Die Geschichte des Sitzens.* München & Wien: Hanser.

Eickhoff, H. (1997). Sitzen. In Wulf, Chr. (Hrsg.), *Vom Menschen. Handbuch Historische Anthropologie* (S. 489-500). Weinheim & Basel: Beltz.

Ernst, W. (2007). Fehlt die Zahl? Medien, mittelalterlich. In A. Laubinger, B. Gedderth & C. Dobrinski (Hrsg.), *Text – Bild – Schrift. Vermittlung von Information im Mittelalter* (S. 9-26). München: Wilhelm Fink.

Es tu scolaris? (1503). Augsburg: n.d.

Evans, G. (1977), Difficillima et Ardua: Theory and practice in treatises on the abacus, 950-1150. In *Journal of Medieval History 3*, 21-38.

Evans, G. (1978). The Development of Some Textbooks on the Useful Arts c. 1000-c. 1250. In *History of Education* 7(2), 85-94.

Ewald, J. L. (1800). *Ist es jetzt rathsam, die niederen Volksklassen aufzuklären?* Leipzig & Gera: Bey Wilhelm Heinsius.

Faulstich, W. (1996). *Medien und* Öffentlichkeiten *im Mittelalter, 800-1400.* Göttingen: V&R.

Faulstich, W. (2006a). *Mediengeschichte von den Anfängen bis 1700.* Göttingen: V&R.

Faulstich, W. (2006b). *Mediengeschichte von 1700 bis ins 3. Jahrtausend.* Göttingen: V&R.

Febre, L. & Martin, H.-J. (1958/1997). *The Coming of the Book. The Impact of Printing 1450-1800.* London & New York: Verso.

Foucault, M. (1975/1994). Überwachen und Strafen. Die Geburt des Gefängnisses. Frankfurt/M.: Suhrkamp.

Foucault, M. (1984/2005). Omnes et singulatim: Zu einer Kritik der politischen Vernunft. In: ders. *Schriften* (S. 165-199). Vol. 4. Frankfurt/M.: Suhrkamp.

Francke, A. H. (1702/1966). Kurzer und einfältiger Unterricht, wie die Kinder zur wahren Glückseligkeit, und Christlichen Klugheit anzuführen sind. In Francke, A. H., *Pädagogische Schriften* (S. 15-72). Osnabrück: Biblio-Verlag.

Frank, K. S. (1993). Lesen, Schreiben und Bücher im frühen Mönchtum. In Schaefer, U. (Hrsg.), *Schriftlichkeit im frühen Mittelalter* (S. 7-18). Tübingen: Narr.

Freyer, M. (2001). Rochows ‚Kinderfreund' – ein Beststeller der Schulgeschichte. In Schmitt, H. & Tosch, F. (Hrsg.), *Vernunft für das Volk. Friedrich Eberhard von Rochow im Aufbruch Preußens* (S. 187-192). Leipzig: Henschel.

Friedrich, M. (2000). Speners Konzeption der christlichen Erziehung. In Neumann, J. & Sträter, U. (Hrsg.), *Das Kind in Pietismus und Aufklärung* (S. 33-46). Tübingen: Max Niemeyer.

Fritz, Th. (1843). *Esquisse d'une histoire de l'éducation.* Strasbourg: Schmidt et Grucker.

Fuchs, M. (1995). Pestalozzis ambivalentes Bild vom Kind. In Oelkers, J. & Osterwalder, F. (Hrsg.), *Pestalozzi, Umfeld und Rezeption: Studien zur Historisierung einer Legende* (S. 95-122). Weinheim & Basel: Beltz.

Gawthrop, R. & Strauss, R. (1984). Protestantism and Literacy in Early Modern German. In *Past & Present 104*, 31-55.

Gaycken, O. (2012). The Cinema of the Future: Visions of the Medium as Modern Educator, 1895-1910. In Orgeron, D., Orgeron, M. & Streible, D. (Hrsg.), *Learning with the Lights Off. Educational Film in the United States* (S. 67-89). Oxford: Oxford University Press.

Giesecke, M. (1991). *Der Buchdruck in der frühen Neuzeit.* Frankfurt/M.: Suhrkamp.

Giesecke, M. (1992). *Sinnenwandel, Sprachwandel, Kulturwandel. Studien zur Vorgeschichte der Informationsgesellschaft.* Frankfurt/M.: Suhrkamp.

Giesecke, M. (2006). *Die Entdeckung der kommunikativen Welt. Studien zur kulturvergleichenden Mediengeschichte.* Suhrkamp: Frankfurt/M.

Göhlich, M. (2003). *Die pädagogische Umgebung. Eine Geschichte des Schulraums seit dem Mittelalter.* Weinheim: Deutscher Studien Verlag.

Göhlich, M. (2006). Medium Kind? In Andresen, S. & Diehm, I. (Hrsg.), *Kinder, Kindheiten, Konstruktionen* (S. 53-72). Wiesbaden: VS.

Goldfarb, B. (2010). Ein pädagogisches Kino. Entwicklungstheorie, Kolonialismus und der afrikanische Film nach der Unabhängigkeit. In Holert, T. & von Osten, M. (Hrsg.), *Das Erziehungsbild. Zur visuellen Kultur des Pädagogischen* (S. 73-104). Wien: Schlebrügge.

González, G. (1990). *Chicano Education in the Age of Segregation*. Denton: University of North Texas Press.

Goody, J. (1986). *The Logic of Writing and the Organization of Society*. Cambridge et al.: Cambridge University Press.

Götselius, Th. (2007). The Vivid Alphabet: Media and Mass Literacy in the Early Modern Military State. In *Historical Studies in Education* 19(2), 53-81.

Green, I. (2004). *The Christian's ABC. Cathecisms and Catechizing in England c. 1530-1740*. Oxford: Clarendon Press.

Gregor der Große (590/1986). *Regula Pastoralis*. Leipzig: St. Benno.

Grendler, P. (1989). *Schooling in Renaissance Italy. Literacy and Learning 1300-1600*. Baltimore & London: The John Hopkins University Press.

Günther, S. (2013). „Das Buch ist ein Gefäß gefüllt mit Wissen und Scharfsinn". Pädagogische Ratschläge muslimischer Denker. In Gemeinhardt, P. & Günther, S. (Hrsg.), *Bildung und Erziehung von der römischen Kaiserzeit bis zum klassischen Islam* (S. 357-379). Tübingen: Mohr Siebeck.

Haarmann, H. (2002/2009). *Geschichte der Schrift. Von den Hieroglyphen bis heute*. München: Beck.

Hadot, I. (1989). Erziehung und Bildung bei Augustin. In Mayer, C. & Chelius, K. H. (Hrsg.), *Internationales Symposion über den Stand der Augustinus-Forschung* (S. 99-130). Würzburg: Augustinus-Verlag.

Hale, J. (2012). The Struggle Begins Early: Head Start and the Mississippi Freedom Movement. In *History of Education Quarterly* 52(4), 506-534.

Halverson, J. (1992). Havelock on Greek Orality and Literacy. In *Journal of the History of Ideas* 53(1), 148-163.

Hamilton, D. (1989). *Towards a Theory of Schooling*. London, New York & Philadelphia: The Falmer Press.

Hammerstein, N. (2005). Universitäten. In Hammerstein, N. & Herrmann, U. (Hrsg.), *Handbuch der deutschen Bildungsgeschichte. Band II: 18. Jahrhundert* (S. 369-401). Müchen: Beck.

Harten, H.-C. (1990). *Elementarschule und Pädagogik in der Französischen Revolution*. München: Oldenbourg.

Hauschild, S. (2013). *Skriptorium. Die mittelalterliche Buchwerkstatt*. Darmstadt: WBG.

Havelock, E. A. (1986/2007). *Als die Muse schreiben lernte. Eine Medientheorie*. Berlin: Wagenbach.

Hein, W. (2012). *Die Mathematik im Mittelalter. Von Abakus bis Zahlenspiel*. Darmstadt: BVG.

Helfenberger, M. (2013). *Das Schulhaus als geheimer Miterzieher. Normative Debatten in der Schweiz von 1830 bis 1930*. Bern: Haupt.

Herberich, J. M. (1878). Geschichte der Schulbank. In *Quartalschrift der Katholischen Schulzeitung* 1(2), 82-93.

Herman, F., van Gorp, A., Simon, F. & Depaepe, M. (2011). The school desk: from concept to object. In *History of Education* 40(1), 97-117.

Herrmann, U. (2005). Kinder- und Jugendliteratur. In Hammerstein, N. & Herrmann, U. (Hrsg.), *Handbuch der deutschen Bildungsgeschichte. Band II: 18. Jahrhundert* (S. 485-499). München: Beck.

Heywood, C. (2010). Centuries of Childhood: An Anniversary – and an Epitaph? In *Journal of the History of Childhood and Youth* 3(3), 341-365.

Hilgert, Chr. (2015). *Die unerhörte Generation. Jugend im westdeutschen und britischen Hörfunk, 1945-1963*. Göttingen: Wallstein.

Hlinica, S. (2003). *Disziplinierte Schulkörper. Die Schulbank als Erziehungsapparat*. Wien: Selene.

Hof, B. (2018). From Harvard via Moscow to West Berlin: Educational technology, programmed instruction and the commercialisation of learning after 1957. In *History of Education* 47(4), 445-465.

Hoffmann, S. (2002). *Geschichte des Medienbegriffs*. Hamburg: Felix Meiner Verlag.

Hoffmann-Ocon, A. & Horlacher, R. (2014). Technologie als Bedrohung oder Gewinn? Das Beispiel des programmierten Unterrichts. In *Jahrbuch für Historische Bildungsforschung* 20, S. 153-176.

Horn, K.-P. (1996). Die ,Gesellschaft für deutsche Erziehungs- und Schulgeschichte' (1890-1932). In Böhme, G. & Wiegmann, U. (Hrsg.), *Außeruniversitäre Erziehungswissenschaft in Deutschland. Versuch einer historischen Bestandsaufnahme* (S. 91-112). Köln et al.: Böhlau.

Husén, T. (2003). Comenius and Sweden, and Bengt Syktte's Sophopolis. In *Scandinavian Journal of Educational Research* 47(4), 387-398.

Illich, I. (1990/2010). *Im Weinberg des Textes. Als das Schriftbild der Moderne entstand.* München: Beck.

Illich, I. (1993). Lectio Divina. In Schaefer, U. (Hrsg.), *Schriftlichkeit im frühen Mittelalter* (S. 19-35). Tübingen: Narr.

Illick, J. E. (1974/2015). Kindererziehung in England und Amerika im siebzehnten Jahrhundert. In deMause, Ll. (Hrsg.), *Hört ihr die Kinder weinen* (S. 422-489). Frankfurt/M.: Suhrkamp.

Jäger, L. (2004). Der Schriftmythos. Zu den Grenzen der Literalitätshypothese. In Jäger, L. & Linz, E. (Hrsg.), *Medialität und Mentalität. Theoretische und empirische Studien zum Verhältnis von Sprache, Subjektivität und Kognition* (S. 327-345). München: Wilhelm Fink.

Janzer, C. (1991). *Die Schulklasse. Eine historisch-systematische Untersuchung.* Frankfurt/M.: Peter Lang.

Jeismann, K.-E. (1987). Schulpolitik, Schulverwaltung, Schulgesetzgebung. In Jeismann, K.-E. & Lundgreen, P. (Hrsg.), *Handbuch der deutschen Bildungsgeschichte. Band III: 1800-1870* (S. 105-122). München: Beck.

Johanek, P. (1986). Klosterstudien im 12. Jahrhundert. In Fried, J. (Hrsg.), *Schulen und Studium im sozialen Wandel des hohen und späten Mittelalters* (S. 34- 68). Sigmaringen: Jan Thorbecke.

Johansson, E. (1987). Literacy Campaigns in Sweden. In Arnove, R. F. & Graff, H. J. (Hrsg.), *National Literacy Campaigns. Historical and Comparative Perspectives* (S. 65-98). New York & London: Plenum Press.

Jörissen, B. (2014). Digitale Medialität. In Wulf, Ch. & Zirfas, J. (Hrsg), *Handbuch pädagogische Anthropologie* (S. 503-513). Wiesbaden: Springer.

Kabaum, M. (2017). Der Blick westdeutscher Schüler und Schülerinnen in den 1950er und 1960er Jahren auf Jugendkultur und die USA: Ein Vergleich ihrer Darstellungen in Schülerzeitungen. In Hüser, D. (Hrsg.), *Populärkultur transnational: Lesen, Hören, Sehen, Erleben im Europa der langen 1960er Jahre* (S. 35-73). Bielefeld: transcript.

Kaestle, C. (1983). *Pillars of the Republic. Common Schools and American Society, 1780-1860.* New York: Hill and Wang.

Kant, I. (1784/1974). *Was ist Aufklärung?* Stuttgart: Reclam.

Kant, I. (1803). *Über Pädagogik.* Königsberg: n.d.

Kesper-Biermann, S. (2018). Zwischen Sex-Revolte und ,Beziehungskram'. Geschlechterverhältnisse in Comics der 1968er Generation. In *Jahrbuch für Historische Bildungsforschung 24*, 20-49.

Kiepe, H. (1983). Die älteste deutsche Fibel. Leseunterricht und deutsche Grammatik um 1486. In Moeller, B., Patze, H. & Stackmann, K. (Hrsg.), *Studien zum städtischen Bildungswesen des späten Mittelalters und der frühen Neuzeit* (S. 453-461). Göttingen: Vandenhoeck & Ruprecht.

Kintzinger, M. (1999). Eruditus in arte. Handwerk und Bildung im Mittelalter. In Schulz, K. (Hrsg.), *Handwerk in Europa von Spätmittelalter bis zur frühen Neuzeit* (S. 155-187). München: Oldenbourg.

Kintzinger, M. (2000). A Profession But Not a Career? Schoolmasters and the Artes in Late Medieval Europe. In Couternay, W. & Miethke, J. (Hrsg.), *Universities and Schooling in Medieval Society* (S. 167-181). Leiden, Boston, Köln: Brill.

Kintzinger, M. (2003). *Wissen wird Macht. Bildung im Mittelalter.* Ostfildern: Jan Thorbecke.

Kirk, S. (1988). *Unterrichtstheorie in Bilddokumenten des 15. bis 17. Jahrhundert.* Hildesheim: Verlag August Lax.

Kittler, F. (1985/1995). *Aufschreibesysteme 1800-1900.* München: Wilhelm Fink.

Kittler, F. (1997). Kommunikationsmedien. In Wulf, Chr. (Hrsg.), *Vom Menschen. Handbuch Historische Anthropologie* (S. 649-661). Weinheim & Basel: Beltz.

Kittsteiner, H. (1991). *Die Entstehung des modernen Gewissens.* Frankfurt/M.: Suhrkamp.

Kliebard, H. (2004). Wozu Geschichte der Pädagogik? In *Zeitschrift für pädagogische Historiographie 10*, 90-96.

Kluchert, G., Horn, K.-P., Groppe, C. & Caruso, M. (2019) (Hrsg.). *Historische Bildungsforschung. Konzepte – Methoden - Forschungsfelder.* Bad Heilbrunn/Obb.: Klinkhardt.

Köhn, R. (1976). Monastisches Bildungsideal und weltgeistliches Wissenschaftsdenken. In *Miscellanea Mediaevalia 10*, 1-37.
Köhn, R. (1986). Schulbildung und Trivium im lateinischen Hochmittelalter und ihr möglicher praktischer Nutzen. In Fried, J. (Hrsg.), *Schulen und Studium im sozialen Wandel des hohen und späten Mittelalters* (S. 203-284). Sigmaringen: Jan Thorbecke.
Kost, F. (1985). *Volksschule und Disziplin. Die Disziplinierung des inner- und ausserschulischen Lebens durch die Volksschule, am Beispiel der Zürcher Schulgeschichte zwischen 1830 und 1930*. Zürich: Limmat.
Lange, H. (1967). *Schulbau und Schulverfassung der frühen Neuzeit. Zur Entstehung und Problematik des modernen Schulwesens*. Weinheim & Berlin: Beltz.
Le Cam, J.-L. (2012). Schulbücher zwischen Vorschrift, Angebot und Gebrauch: Das Beispiel des braunschweigischen Gelehrtenschulwesens im 17. Jahrhundert. In Hellekamps, S., Le Cam, J.-L. & Conrad, A. (2012). *Schulbücher und Lektüren in der vormodernen Unterrichtspraxis* (S. 121-152). Wiesbaden: VS.
Le Cœur, M. (2011). La chaire et les gradins. De la sale de classes à la sale de cours dans les lycées au XIXe siècle. In *Histoire de l'éducation 130*, 85-109.
Ledyard, G. (1997). The International Linguistic Background of the Correct Sounds for the Instruction of the People. In Kim-Renaud, Y.-K. (Hrsg.), *The Korean Alphabet. Its History and Structure* (S. 31-88). Honolulu: University of Hawai'i Press.
Lee, K.-M. (1997). The Inventor of the Korean Alphabet. In Kim-Renaud, Y.-K. (Hrsg.), *The Korean Alphabet. Its History and Structure* (S. 11-30). Honolulu: University of Hawai'i Press.
Lee, F. (2008). Technopedagogies of mass-individualization: Correspondence education in the mid twentieth century. In *History and Technology 24*(3), 239-253.
Leipoldt, J. & Morenz, S. (1953). *Heilige Schriften. Betrachtungen zur Religionsgeschichte der antiken Mittelmeerwelt*. Leipzig: Harrassowitz.
Lenzen, D. (1997). Kind. In Wulf, Chr. (Hrsg.), *Vom Menschen. Handbuch Historische Anthropologie* (S. 367-378). Weinheim: Beltz.
Lesch, E. (2001). Mediengeschichte des Hörfunks (S. 455-489). In Schanze, H. (Hrsg.), *Handbuch der Mediengeschichte*. Stuttgart: Kröner, 2001.
Leschinsky, A. & Roeder, P. M. (1983). *Schule im historischen Prozeß*. Stuttgart: Klett-Cotta.
Lévi-Strauss, C. (1955/2002). *Traurige Tropen*. Frankfurt/M.: Suhrkamp.
Liedtke, M. (2004). Der Platz für Schüler – Verlaufsformen in der Entwicklung der schulischen Sitzmöbel. In *Zeitschrift für Museum und Bildung 60*, 84-91.
Linden, S. (2007). Das sprechende Buch. Fingierte Mündlichkeit in der Schrift. In Laubinger, A., Gedderth, B. & Dobrinski, C. (Hrsg.), *Text – Bild – Schrift. Vermittlung von Information im Mittelalter* (S. 83-100). München: Fink.
Lindo, H. & Ching, E. (2012). *Modernizing Minds in El Salvador: Education Reform and the Cold War, 1960-1980*. Albuquerque: University of New Mexico Press.
Locke, J. (1693/2007). *Gedanken über Erziehung*. Stuttgart: Reclam.
Lohmann, I. (2006). Erziehung und Bildung im antiken Israel und im frühen Judentum. In J. Christes, R. Klein & Ch. Lüth (Hrsg.), *Handbuch der Erziehung und Bildung in der Antike* (S. 183-222). Darmstadt: WBG.
Ludwig, G. (1967). *Cassiodor. Über den Ursprung der abendländischen Schule*. Frankfurt/M.: Akademische Verlagsgesellschaft.
Luke, C. (1989). *Pedagogy, Printing, and Protestantism. The Discourse on Childhood*. Albany: State University of New York Press.
Luria, K. (1997). Gegenreformation und Volksfrömmigkeit. In Dupré, L. & Saliers, D. (Hrsg.), *Geschichte der christlichen Spiritualität* (S. 117-144). Band 3. Würzburg: Echter.
Makdisi, G. (1981). *The Rise of Colleges. Institutions of Learning in Islam and the West*. Edinburgh: Edinburgh University Press.
Mann, H. (1838). *Report of the Secretary of the Board of Education, on the Subject of School Houses*. Boston: Dutton and Wentworth.
Marrou, H. I. (1948/1956). *History of Education in Antiquity*. Madison: The University of Wisconsin Press.

Mateu, M., Cobo, C. & Moravec, J. (2018). Plan Ceibal: Future scenarios for technology and education – the case of the Uruguayan public education system. In *European Journal of Futures Research 6*(6), 1-12.

Mayer, C. (1996-2002). Eruditio. In Mayer, C. (Hrsg.), *Augustinus-Lexikon* (S. 1098-1114). Band 2. Basel: Schwabe & Co.

McKitterick, R. (1989). *The Carolingians and the written word*. Cambridge: Cambridge University Press.

McLuhan, M. (1962). *The Gutenberg galaxy: The making of typographic man*. Toronto: Toronto University Press, 1962.

McLuhan, M. (1964/2005). *Understanding Media. The extensions of man*. New York & London: Routledge.

Meda, J. (2016). *Mezzi di educazione di massa. Saggi di storia della cultura materiale della scuola tra XIX e XX secolo*. Mailand: FrancoAngeli.

Menzel, W. (1829/1836). *Die deutsche Literatur*. Stuttgart: Hallberg'sche Verlagshandlung.

Meyer, E. (1843). *Geschichte des Hamburgischen Schul- und Unterrichtswesen im Mittelalter*. Hamburg: Meißner.

Miethke, J. (1990). Die mittelalterlichen Universitäten und das gesprochene Wort. In *Historische Zeitschrift 251*(1), 1-44.

Mitchell, T. (1991). *Colonising Egypt*. Berkeley, Los Angeles & London: University of California Press.

Mithen, S. (1988). Looking and learning: Upper Palaeolithic art and information gathering. *World Archaeology 19*(3), 297-327.

Montessori, M. (1926). *Montessori-Erziehung für Schulkinder*. Band 1. Stuttgart: Julius Hoffmann Verlag.

Moodie, G. (2014). Gutenberg's effects on universities. In *History of Education 43*(4), 450-467.

Moreno Martínez, P. (2005). History of School Desk Development in Terms of Hygiene and Pedagogy in Spain (1838-1936). In Lawn, M. & Grosvenor, I. (Hrsg.), *Materialities of Schooling. Design, Technology, Objects, Routines* (S. 71-96). Oxford: Symposium Books.

Morrow, R. W. (2006). *Sesame Street and the Reform of Children's Television*. Baltimore: The Johns Hopkins University Press.

Müller, K. E. (1996). Initiationen. In K. E. Müller & A. K. Treml (Hrsg.), *Ethnopädagogik. Sozialisation und Erziehung in traditionellen Gesellschaften. Eine Einführung* (S. 69-91, 2. überarb. Aufl.). Berlin: Dietrich Reimer Verlag.

Müller, Th. (1998). Die Entwicklung des Schulmöbels als Industrieprodukt. In Müller, Th. & Schneider, R. (Hrsg.), *Das Klassenzimmer. Schulmöbel im 20. Jahrhundert* (S. 9-28). München & New York: Prestel.

Müller, Th. (2013). Die Entwicklung des Schulmöbels als Industrieprodukt. In Eigmüller, M. & May, H. (Hrsg.), *Griffel, Füller, Tintenkiller. Volksschulen im ländlichen Bayern 1945-1970* (S. 147-167). Bad Windsheim: Fränkisches Freilandmuseum, 2013.

Neuwirth, A. (2014). *Koranforschung – eine politische Philologie? Bibel, Koran und Islamentstehung im Spiegel spätantiker Textpolitik und moderner Philologie*. Berlin: de Gruyter.

Niethammer, V. (2016). Indoktrination oder Innovation? Der Unterrichtsfilm als neues Lehrmedium im Nationalsozialismus. In *Journal of educational media, memory, and society 8*, 30-60.

Novikoff, A. (2013). *The Medieval Culture of Disputation. Pedagogy, Practice, and Performance*. Philadelphia: University of Pennsylvania Press.

Oelkers, J. (1992). *Reformpädagogik: Eine kritische Dogmengeschichte*. Weinheim & München: Juventa.

Oelkers, J. (1995). Ja und Nein. Pestalozzis Stellung zur Französischen Revolution. In Oelkers, J. & Osterwalder, F. (Hrsg.), *Pestalozzi, Umfeld und Rezeption: Studien zur Historisierung einer Legende* (S. 148-164). Weinheim & Basel: Beltz.

Oelkers, J. (1999). Die Geschichte der Pädagogik und ihre Probleme. In *Zeitschrift für Pädagogik 45*, 461-483.

Oh, Y. K. (2013). *Engraving Virtue: The Printing History of a Premodern Korean Moral Primer*. Leiden & Boston: Brill.

Olivind, A. (1987). Mündlichkeit und Schriftlichkeit im frühen Griechentum. In *Antike und Abendland 33*(1), 29-44.

Olson, P. A. (1995). *The Journey to Wisdom. Self-Education in Patristic and Medieval Literature.* Lincoln & London: University of Nebraska Press.

Opitz, C. (1996). Erziehung und Bildung in Frauenklöstern des hohen und späten Mittelalters, 12.-15. Jahrhundert. In Kleinau, E. & Opitz, C. (Hrsg.), *Geschichte der Mädchen- und Frauenbildung.* Band 1 (S. 63-77). Frankfurt/M. & New York: Campus.

Orgeron, D., Orgeron, M. & Streible, D. (2012). A History of Learning with the Lights Off. In Orgeron, D., Orgeron, M. & Streible, D. (Hrsg.), *Learning with the Lights Off. Educational Film in the United States* (S. 15-66). Oxford: Oxford University Press.

Osterwalder, F. (2007). Volksschule – internationaler Diskurs und nationale Kontexte vor Rochow und Pestalozzi. In Schmitt, H., Horlacher, R. & Tröhler, D. (Hrsg.), *Pädagogische Volksaufklärung im 18. Jahrhundert im europäischen Kontext: Rochow und Pestalozzi im Vergleich* (S. 10-31). Bern, Stuttgart, Wien: Haupt.

Page, D. (1844). *Advancement in the Means and Methods of Public Instruction.* Boston: William D. Ticknor.

Pedersen, O. (1997). *The First Universities. Studium Generale and the Origins of University Education in Europe.* Cambridge et al.: Cambridge University Press.

Petrat, G. (1979). *Schulunterricht: Seine Sozialgeschichte in Deutschland 1750-1850.* München: Ehrenwirth.

Petrina, S. (2002). Getting a Purchase on ‚The School of Tomorrow' and its Constituent Commodities: Histories and Historiographies of Technologies. In *History of Education Quarterly 42*(1), 75-111.

Peust, C. (2006). Das Lehrstück Kemit. In *Texte aus der Umwelt des Alten Testaments* (S- 307-313). Neue Folge, Band 3: Briefe. Gütersloh: Gütersloher Verlagshaus.

Pfeiffer, J. (1982). *The Creative Explosion.* New York: Harper and Row.

Phalkey, J. & Chattapadhyay, S. (2015). The Aakash tablet and technological imaginaries of mass education in contemporary India. In *History and Technology 31*(4), 452-481.

Pinarello, M. (2015). *An Archaeological Discussion of Writing Practice. Deconstruction of the Ancient Egyptian Scribe.* London: Holden House Publications.

Pirenne, H. (1929). L'instruction des marchands au moyen âge. In *Annales d'Histoire Économique et Sociale 1*, 13-28.

Plato (ca. 370 v. Chr./2016). *Phaidros oder vom Schönen.* Stuttgart: Reclam.

Porter Berkey, J. (1992). *The Transmission of Knowledge in Medieval Cairo. A Social History of Islamic Education.* Princeton: Princeton University Press.

Porter, R. (1996). Die wissenschaftliche Revolution und die Universitäten. In Rüegg, W. (Hrsg.), *Geschichte der Universität in Europa. Band II* (S. 425-450). München: Beck.

Pouderon, B. (2003). Die frühen Christen und die griechische Kultur. In Piétri, L. (Hrsg.), *Die Geschichte des Christentums,* Band 1 (S. 863-942). Freiburg: Herder.

Rao, R. P. N. et al. (2009). Entropic Evidence for Linguistic Structure in the Indus Script. *Science* 324, S. 1165.

Raphael, M. (1993). *Prähistorische Höhlenmalerei.* Köln: Bruckner & Thünker.

Reyer, H. (2005). Kulturgeschichte in Buchstaben und Ziffern: Die Verdrängung der römischen Zahlen durch die arabischen Ziffern am Beispiel Hildesheims im 16. Jahrhundert. In *Hildesheimer Jahrbuch für Stadt und Stift Hildesheim* 77, 61-91.

Riché, P. (1962/1976). *Education and Culture in the Barbarian West. From the Sixth though the Eighth Century.* Columbia: University of South Carolina Press.

Richtel, M. (2011). A Silicon Valley School That Doesn't Compute. In *The New York Times,* 22. Oktober 2011. https://www.nytimes.com/2011/10/23/technology/at-waldorf-school-in-silicon-valley-technology-can-wait.html (23. November 2018).

Roberts, C. H. & Skeat, T. C. (1983). *The Birth of the Codex.* London: The British Academy.

Robson, E. (2001). The tablet House: A scribal school in old Babylonian Nippur. In *Revue d'assyriologie et d'archéologie orientale 93*(1), 39-66.

Roldán Vera, E. (2008). Rundfunk, Erziehung und sozialer Wandel: Die Weimarer Republik und Mexiko nach der Revolution im Vergleich. In *Jahrbuch für Historische Bildungsforschung 14*, 37-64.

Röllig, W. (1998). Das Alphabet und sein Weg zu den Griechen. In N. Dimoudis & A. Kyriatsoulis (Hrsg.), *Die Geschichte der hellenischen Sprache und Schrift* (S. 358-386). Altenburg: Verlag für Kultur und Wissenschaft.

Rollston, Ch. (2006). Scribal Education in Ancient Israel: The Old Hebrew Epigraphic Evidence. In *Bulletin of the American Schools of Oriental Research 344*, 47-74.

Rousseau, J.-J. (1762/1789). *Emil oder über die Erziehung*. 2 Bände. Braunschweig: im Verlage der Schulbuchhandlung.

Runcis, M. & Sandin, B. (2010). *Neither Fish nor Fowl. Educational Broadcasting in Sweden 1930-2000*. Lund: Nordic University Press.

Ruprecht, H. (1976). Schulreform und Mediendidaktik in den Jahren 1907-1934. In: Hildebrandt, G. (Hrsg.), *Zur Geschichte des audiovisuellen Medienwesens in Deutschland* (S. 90-114). Trier: 1976.

Saenger, P. (1997). *Space Between Words. The Origins of Silent Reading*. Stanford: Stanford University Press.

Sarmiento, D. F. (1849). *De la educación popular*. Santiago. Imprenta de Julio Belin.

Schanze, H. (2001) (Hrsg.). *Handbuch der Mediengeschichte*. Stuttgart: Kröner.

Schaper, J. (2009a). *Die Textualisierung der Religion*. Tübingen: Mohr Siebeck.

Schaper, J. (2009b). „Scriptural turn" und Monotheismus. Überlegungen zu einer (nicht ganz) neuen These. In Schaper, J. (2009), *Die Textualisierung der Religion* (S. 275-291). Tübingen: Mohr Siebeck.

Scheffler, D. (2008). *Schools and Schooling in Late Medieval Germany. Regensburg, 1250-1500*. Leiden & Boston: Brill.

Scheil, V. (1902). *Mémoires de la Délégation en Perse. Tome IV: Textes* Élamites-Sémitiques. Paris: Leroux.

Schell, R. L. (1979). Childhood as Ideology: A Reinterpretation of the Common School. In *British Journal of Educational Studies 27*(1), 7-28.

Schmandt-Besserat, D. (1997). *How Writing Came About*. Austin: The University of Texas Press.

Schmid, K. (2012). The Canon and the Cult: The Emergence of Book Religion in Ancient Israel and the Gradual Sublimation of the Temple Cult. In *Journal of Biblical Literature 131*(2), 289-305.

Schoeler, G. (1992). Schreiben und Veröffentlichen. Zu Verwendung und Funktion der Schrift in den ersten islamischen Jahrhunderten. In *Der Islam 69*(1), 1-43.

Schneider, I. (2004). Das beschirmte Kind. Zur Diskursgeschichte Kind und Fernsehen. In Schneider, I., Bartz, Chr. & Otto, I. (Hrsg.), *Medienkultur der 70er Jahre* (S. 217-229). Wiesbaden: VS.

Schonig, B. (1998). Die unbewegliche Schulbank und das bewegliche Schulkind. Zu den Auswirkungen der Lebensreformbewegung auf Möblierung und pädagogisches Leben im Klassenzimmer. In *Mitteilungen & Materialien 50*, 37-52.

Schramm, W., Nelson, L. & Betham, M. (1981). *Bold Experiment. The Story of Educational Television in American Samoa*. Stanford: Stanford University Press.

Schreber, D. (1858). *Ein ärztlicher Blick in das Schulwesen in der Absicht zu heilen, und nicht: zu verletzen*. Leipzig: Friedrich Fleischer.

Schütz, E. & Wegmann, Th. (1989). Medien. In Langewiesche, D. & Berg, Chr. (Hrsg.), *Handbuch der deutschen Bildungsgeschichte. Band V: 1918-1945* (S. 371-406). München: Beck.

Schuch, J., Tenorth, H.-E. & Welter, N. (2008). Sozialgeschichte von Bildung und Erziehung – Fragestellungen, Quellen und Methoden der historischen Bildungsforschung. In Faulstich-Wieland, H. & Faulstich, P. (Hrsg.), *Erziehungswissenschaft. Ein Grundkurs* (S. 267-290). Reinbeck: rowohlt.

Schwab, Dr. (1870). Geschichte der Schulbank. In *Evangelisches Schulblatt und deutsche Schulzeitung 22*(1), S. 27-28.

Schwanitz, D. (1999). *Bildung. Alles, was man wissen muß*. München: Goldmann.

Scribner, S. & Cole, M. (1981). *The Psychology of Literacy*. Cambridge: Harvard University Press.

Serra, M. S. (2011). *Cine, Escuela y discurso pedagógico. Articulaciones, inclusiones y objeciones en el siglo XX en Argentina*. Rosario: Teseo.

Sharma, J. (2003). Missionaries and Print Culture in Nineteenth-Century Assam: The *Orunodoi* Periodical of the American Baptist Mission. In Frykenberg, R. E. (Hrsg.), *Christians and Missionaries in India. Cross Cultural Communication since 1500* (S. 256-273). Grand Rapids & London: Eerdmans & RoutledgeCurzon.

Siegert, R. (2007). Der Volksbegriff in der deutschen Spätaufklärung. In Schmitt, H., Horlacher, R. & Tröhler, D. (Hrsg.), *Pädagogische Volksaufklärung im 18. Jahrhundert. Rochow und Pestalozzi in Vergleich* (S. 32-57). Bern, Stuttgart & Wien: Haupt.

Silverman, K. (2015). *The Miracle of Analogy or The History of Photography, Part 1*. Stanford: Stanford University Press.
Singer, E. (2005). The liberation of the child: a recurrent theme in the history of education in western societies. In *Early Child Development and Care 175*(6), 611-620.
Sommerville, C. J. (1992). *The Discovery of Childhood in Puritan England*. Athens & London: The University of Georgia Press.
Spieker, S. (2015). *Die Entstehung des modernen Erziehungsdenkens aus der europäischen Expansion*. Frankfurt/M.: Peter Lang.
Spitzer, M. (2012). *Digitale Demenz. Wie wir uns und unsere Kinder um den Verstand bringen*. München: Knaur.
Spitzer, M. (2018). *Die Smartphone-Epidemie. Gefahren für Gesundheit, Bildung und Gesellschaft*. Stuttgart: Klett-Cotta.
Stach, R. (2000). Wandbilder als didaktische Segmente der Realität. In *Paedagogica Historica 36*(1), 198-221.
Stach, R. & Müller, W. (1988). *Schulwandbilder als Spiegel des Zeitgeistes zwischen 1880 und 1980*. Opladen: Westdeutscher Verlag.
Stalder, F. (2016). *Kultur der Digitalität*. Frankfurt/M.: Suhrkamp.
Stein, P. (2010). *Schriftkultur. Eine Geschichte des Schreibens und Lesens*. Darmstadt: WBG.
Stichweh, R. (1991). *Der frühmoderne Staat und die europäische Universität. Zur Interaktion von Politik und Erziehungssystem im Prozeß ihrer Ausdifferenzierung (16.-18. Jahrhundert)*. Frankfurt/M.: Suhrkamp.
Stollberg-Rilinger, B. (2013). *Rituale*. Frankfurt/M.: Campus.
Stolz, S. A. (2015). Embodied Learning. In *Educational Philosophy and Theory* 47(5), 474-487.
Strauss, G. (1978). *Luther's House of Learning: Indoctrination of the Young in the German Reformation*. Baltimore: Johns Hopkins University Press.
Stroumsa, G. (2011). *Das Ende des Opferkults. Die religiösen Mutationen der Spätantike*. Berlin: Verlag der Weltreligionen.
Taylor, J. (2011). Tablets as Artifacts, Scribes as Artisans. In K. Redner & E. Robson (Hrsg.), *The Oxford Handbook of Cuneiform Culture* (S. 5-31). Oxford: Oxford University Press.
Teistler, G. (1999). Fibeln als Dokumente für die Entwicklung der Alphabetisierung: Ihre Entstehung und Verbreitung bis 1850. In E. Bödecker & E. Hinrichs (Hrsg.), *Alphabetisierung und Literalisierung in Deutschland in der Frühen Neuzeit* (S. 255-282). Tübingen: May Niemeyer Verlag.
Teistler, G. (2015). Der lange Aufbruch in das 19. Jahrhundert aus Sicht des Lesenlernens: Die Fibel um 1800. In Haug, Chr. & Frimmel, J. (Hrsg.), *Schulbücher um 1800* (S. 69-96). Wiesbaden: Harrassowitz.
Tenorth, H.-E. (1988/2000). *Geschichte der Erziehung: Einführung in die Grundzüge ihrer neuzeitlichen Entwicklung*. Weinheim & München: Juventa.
Terveen, F. (1959). *Dokumente zur Geschichte der Schulfilmbewegung in Deutschland*. Band 3. Emsdetten/Westf.: Lechte.
Theissen, G. (2012). Wie wurden urchristliche Texte zur Heiligen Schrift? Kanonizität als literaturgeschichtliches Phänomen. In Becer, E.-M. & Scholz, S. (Hrsg.), *Kanon in Konstruktion und Dekonstruktion: Kanonisierungsprozesse religiöser Texte von der Antike bis zur Gegenwart* (S. 423-448). Berlin & Boston: De Gruyter.
Toman, H. (2006). *Historische Belange und Funktionen von Medien im Unterricht. Grundlagen und Erfahrungen*. Baltmannsweiler: Schneider Verlag.
Traninger, A. (2012). *Disputation, Deklamation, Dialog. Medien und Gattungen europäischer Wissensvermittlungen zwischen Scholastik und Humanismus*. Stuttgart: Franz Steiner Verlag.
Treml, A. K. (1992). Über die beiden Grundverständnisse von Erziehung. *Zeitschrift für Pädagogik*, Beiheft 27, 347-360.
Treml, A. K. (2005). *Pädagogische Ideengeschichte. Ein Überblick*. Stuttgart: Kohlhammer.
Trigger, B. (2003). *Understanding Early Civilizations*. Cambridge: Cambridge University Press.
Tröhler, D. (2006). Lehrerbildung, Nation und pädagogische Historiographie. Die ‚Geschichten der Pädagogik' in Frankreich und Deutschland nach 1871. In *Zeitschrift für Pädagogik* 52(4), 540-554.

Tröhler, D. (2011). Historiographische Herausforderungen der Bildungsgeschichte. In *Bildungsgeschichte* 1(1), 9-22.
Tröhler, D. & Oelkers, J. (Hrsg.) (2001). *Über die Mittel des Lernens. Kontextuelle Studien zum staatlichen Lehrmittelwesen im Kanton Zürich des 19. Jahrhunderts.* Zürich: Pestalozzianum.
Tröhler, D., Popkewitz, Th. & Labaree, D. (2011). Children, Citizens, and Promised Lands: Comparative History of Political Cultures and Schooling in the Long 19th Century. In: Tröhler, D., Popkewitz, Th. & Labaree, D. (Hrsg.), *Schooling and the Making of Citizens in the Long Nineteenth Century. Comparative Visions* (S. 1-29). New York & London: Routledge.
Urban, W. J. (2004). Marshall McLuhan and the Book: A Reconsideration. In *Historical Studies in Education 16*(1), 139-154.
Van der Toorn, K. (2007). *Scribal Culture and the Making of the Hebrew Bible.* Cambdridge, London: Harvard University Press.
Vegge, T. (2006). *Paulus und das antike Schulwesen: Schule und Bildung des Paulus.* Berlin & New York: de Gruyter.
Veldhuis, N. (2011). Levels of Literacy. In K. Redner & E. Robson (Hrsg.), *The Oxford Handbook of Cuneiform Culture* (S. 68-89). Oxford: Oxford University Press.
Verger, J. (1993). Grundlagen. In Rüegg, W. (Hrsg.), *Geschichte der Universität in Europa.* Band 1 (S. 49-82). München: Beck.
Voigt, E. (1891). Das erste Lesebuch des Triviums in den Kloster- und Stiftschulen des Mittelalters (11.-15. Jahrhundert). In *Mitteilungen der Gesellschaft für Deutsche Erziehungs- und Schulgeschichte 1*(1), 42-53.
Volk, K. (1996). Methoden altmesopotamischer Erziehung nach Quellen der altbabylonischen Zeit. In *Saeculum 47*(2), 178-216.
von Keitz, U. (2004). Wie „Deutsche Kamerun-Bananen" ins Klassenzimmer kommen. Pädagogik und Politik des Unterrichtsfilms. In Segeberg, H. (Hrsg.), *Mediale Mobilmachung. Das Dritte Reich und der Film* (S. 71-102). München: W. Fink.
von Rochow, E. (1790). *Versuch eines Schulbuchs für Kinder der Landleute.* Berlin: bey Friedrich Nikolai.
Waquet, F. (2003). *Parler comme un livre. L'oralité et le savoir XVIe-XXe siècle.* Paris: Albin Michel.
Wendehorst, A. (1986). Wer konnte im Mittelalter lesen und schreiben? In Fried, J. (Hrsg.), *Schulen und Studium im sozialen Wandel des hohen und späten Mittelalters* (S. 9- 33). Sigmaringen: Jan Thorbecke.
Weyrauch, E. (1984). Luthers kleiner Katechismus als öffentliche Handelsware. Zu Entstehung, Druck und Verbreitung aus der Sicht des Buchhistorikers. In *Monatsschrift für Pastoraltheologie zur Vertiefung des gesamten pfarramtlichen Wirkens 9*, 368-379.
White, D. (2017). *Teacher of the Nations. Ancient Educational Traditions and Paul's Argument in Corinthians 1-4. Berlin.* De Gruyter.
Willi, A. (2005). Kadmos anethke: Zur Vermittlung der Alphabetschrift nach Griechenland. In *Museum Helveticum 62*(3), 162-171.
Winkler, H. (2008). *Basiswissen Medien.* Frankfurt/M.: Fischer Verlag.
Wriedt, K. (2005). Schulen und bürgerliches Bildungswesen in Norddeutschland im Spätmittelalter. In Wriedt, K., *Schule und Universität. Bildungsverhältnisse in norddeutschen Städten des Spätmittelalters* (S. 1-26). Leiden & Boston: Brill.
Wright, W. (1975). The Impact of the Reformation on Hessian Education. In *Church History* 44, 182-198.
Wüstemeyer, M. (1997). Re-education – die Verlierer lernen Demokratie. In Afflerbach, H. & Cornelißen, Chr. (Hrsg.), *Sieger und Besiegte. Materielle und ideelle Neuorientierung nach 1945* (S. 219-247). Tübingen: Francke.
Zabel, N. (2014). Die Lehrmaschine und der Programmierte Unterricht – Chancen und Grenzen im Bildungswesen der DDR in den 1960er und 1970er Jahren. In *Jahrbuch für Historische Bildungsforschung 20*, 123-152.
Zelzer, M. (2001). Buch und Text von August zu Karl dem Großen. In *Mitteilungen des Instituts für Österreichische Geschichtsforschung 109*, 291-314.
Zimmerman, J. (2015). *Too Hot to Handle. A Global History of Sex Education.* Princeton & Oxford: Princeton University Press.
Zymek, B. (2015). Wozu (noch) Bildungsgeschichte und historische Bildungsforschung? In *Die deutsche Schule 107*(2), 203-221.

Antworten

Es werden jeweils die Hauptpunkte einer Beantwortung angeführt und keine ausreichend formulierten Antworten.

Kapitel 1: Historische Bildungsforschung: Entstehung und Differenzierung der Erforschung der Geschichte von Bildung und Erziehung

1. Systematische Betrachtungen über die Geschichte von Bildung und Erziehung sind seit der Aufklärung belegt und diese zeigen das Bedürfnis, die damaligen Transformationen in Gesellschaft, Politik und Bildung u.a. aufgrund von geschichtlichen Narrationen zu erklären und zu verarbeiten.
2. Während in der traditionellen Ideengeschichte die Ideen von großen Männern (und wenigen Frauen) – auch Klassiker der Pädagogik genannt – im Zentrum standen, plädiert die Sozialgeschichte für die Analyse der Vergangenheit von Bildung und Erziehung unter Berücksichtigung gesamtgesellschaftlicher Kontexte und Transformationen. Demgegenüber steht die sog. Kulturgeschichte für ein sehr disparates Bündel von Untersuchungen, in denen die kulturverwandten Aspekte von Bildung und Erziehung – wie die materielle Kultur, die symbolische Dimension oder die impliziten Übereinkünften der Menschen in einem gegebenen Raum und Zeit – im Fokus stehen. Bei allen diesen Strömungen – einschließlich der neueren, moderneren Ideengeschichte – geht es um Schwerpunkte, nicht um eine komplette Ausschließung der anderen Themen oder Faktoren. So berücksichtigt wohl eine moderne Ideengeschichte der Bildung sehr wohl Fragen der gesellschaftlichen Strukturen genauso wie eine Kulturgeschichte der Bildung auch die Kraft von Ideen, auch der „Klassiker", mitthematisiert.

Kapitel 2: Distanzierung, Falsifizierung, Theoriebildung, Narrativisierung: Die Historische Bildungsforschung innerhalb der Erziehungswissenschaft

1. Geschichte meint in erster Linie nicht alles was mal dagewesen ist, sondern eher alles, woran man sich erinnert bzw. worüber Spuren des Vergangenen zu finden sind. Sowohl das individuelle als auch das kollektive Gedächtnis funktionieren über diese Selektionen. Das Fach Geschichte erforscht diese Prozesse der Vergangenheit und fokussiert somit auf bestimmte Themen und Probleme. Dies stellt auch eine Selektion dar, aber eine explizite und begründete, die durch die Fachhistoriker/innen vorgenommen wird. Bei Geschichte handelt es sich um

Narrative über Vergangenes, die auf methodisch reflektierter Forschung basieren und für das Überleben und Orientierung von Gesellschaften allen Typs eine wichtige Rolle im Hinblick auf Selbstvergewisserung, Diagnose und Kritik spielen.

2. Historische Bildungsforschung (HB) steht (gewiss nicht allein) für unterschiedliche Funktionen innerhalb der Bildungsforschung: a. Distanzierung (HB bringt distanzierende Einsichten, die in der Dringlichkeit des Handelns im Alltag nicht einfach zu erarbeiten sind); b. Zweifel/Falsifizierung (einfache und überverallgemeinerte Aussagen werden relativiert; in einigen Fällen kann man diese unreflektierte Aussagen auch als „falsch" charakterisieren), c. Theoriebildung (HB gibt Einblicke in Prozesse und Transformationen in der Zeit, die bei der Aufstellung von verallgemeinernden, begrifflich präzisen Diskursen (Theoriebildung) innerhalb der Erziehungswissenschaft mitgedacht werden sollten; d. Narrative (HB liefert Narrative/Erzählungen über Vergangenes, die die Fragmente der Vergangenheit und Erkenntnisse aus der Forschung in einen übergreifenden Bogen einfügen).

Kapitel 3: Die Medien von Erziehung und Bildung: Einführende Begriffe und Begründung der Kapitelstruktur

1. Bereits das Wort gibt die Idee einer vermittelten Kommunikation wieder. Medien stehen inmitten von Kommunikationsvorgängen.
2. Die Diskussion muss einerseits die Apparate würdigen, aber die Definition auch an Institutionen und Konstruktionen erweitert werden.
3. Menschenzentriert: Medien sind neutrale Kanäle der Kommunikation; Menschen setzen ihre kommunikativen Absichten durch Medien um / Medienzentriert: Medien formen Kommunikation mit, sie bedingen die Form der Kommunikation und wirken darauf, wie Menschen überhaupt kommunizieren; ein bestimmtes Medium formt eine bestimmte Art von Menschen mit / Ko-Evolution: Menschen und Medien entwickeln sich in wechselseitiger Bedingtheit, allerdings wuchs im Laufe der Zeit die Komplexität der Medien, besonders in der apparativen Form, so dass diese Ko-Evolution in Richtung Medien verschoben wurde.
4. Basismedien der Bildung: Diejenigen, die zwar für systematische Bildung unerlässlich sind (Buchstabe/Zahl), aber auch für die Gesamtkultur; Grundlagemedien der Bildung sind diejenigen, die für diesen besonderen Bereich grundlegend sind, aber nicht unbedingt für alle gesellschaftlichen Bereiche (Buch); Spezifizierungsmedien der Bildung: Diejenigen Medien, die bei der Entstehung und Ausdifferenzierung von systematisch aufgebauten Teilsystemen der Gesellschaft (wie Erziehung/Bildung) und nicht für alle gesellschaftlichen Bereiche von zentraler Bedeutung sind.

Kapitel 4: Schrift: Die erste ‚Bildungsrevolution' und die Ausdifferenzierung von Bildungsinstitutionen

1. Konzept der begründeten Vermutung über anthropologische Funde – sei es bezüglich der Entstehungsgeschichte der Menschheit (Paläanthropologie), sei es bezüglich der Beobachtungen von Menschen in nicht bzw. wenig gegliederten Gesellschaften (Ethnologie).
2. Konzept der Teilnahme des Kindes am gesamtgesellschaftlichen Leben; Lernen durch Imitation.
3. Obwohl in Kulturen ohne Schrift öfter ein spezifischer Erziehungsbereich definiert wird (bspw. Absonderung der Kinder bei Initiationsritualen), entstehen Schulen im Sinne eines dauerhaft separaten Raumes systematischer Wissensvermittlung erst mit der Erfindung und Weiterentwicklung der Schrift.
4. Die These stimmt in zwei Hinsichten nicht. Familiäre Erziehung bleibt von der Erfindung der Schrift weitgehend unberührt. Darüber hinaus gilt diese Schriftzentrierung für den wichtigen Bereich des beruflichen Lernens (Lehrlinge) nicht. Einzige Überschneidung ist die Ausbildung von Jungen zu professionellen Schreibern in einem Lehrverhältnis, die öfter über einen Lehrvertrag organisiert war.
5. Die These von Lévi-Strauss besagt, dass Schrift zunächst als Herrschaftsinstrument eingesetzt wurde und zur Herausbildung hierarchischer Gesellschaften beitrug. Alleinige Ursache des Aufbaus von Herrschaft ist das nicht, weil diese Gesellschaften bereits vor dem Einsatz der Schrift dabei waren, sich hierarchisch zu differenzieren.

Kapitel 5: Alphabet und Buch: Entstehung eines Grundlagemediums der Bildung in der Antike

1. Die These von Havelock besagt, dass die Transformation des Basismediums Schrift hin zu einem Alphabet die Handhabung von Schrift erheblich erleichterte, Alphabetisierung begünstigte, logisches und abstraktes Denken förderte und somit ein kultureller Aufbruch, auch griechische Aufklärung genannt, einschließlich neuer Formen des Politischen (bspw. die ältere Form der Demokratie) und des Wissens (Geburt der Philosophie) bedingte. Die Diskussion dieser These zeigte, dass die griechisch klassische Kultur genau in den Innovationsbereichen der Politik und der Philosophie weiterhin auf Mündlichkeit und nicht auf Schriftlichkeit basierte. Somit kann man nicht die Vereinfachung der Schrift durch das Alphabet kurzerhand als *die* Hauptursache für solche Veränderungen deklarieren. In diesem Lehrbuch wurde außerdem darauf aufmerksam gemacht, dass vielleicht nicht so sehr die Veränderung des Basismediums, sondern die intensivere Beschulung, d.h. die abstraktere, systematischere kognitive Arbeit auch als weiteren fördernden Faktor für diese griechische Aufklärung diskutiert werden könnte.

2. Während Rolle und Codex aufgrund der Länge der Texte als „Bücher" angesehen werden, stellen sie medienhistorisch unterschiedliche Möglichkeiten fürs Lesen und Schreiben dar. Papyrusrollen waren nicht so beständig wie Codexseiten aus tierischem Leder. Leder stand überall zur Verfügung, während Papyrus aus Ägypten importiert werden musste. Lesen auf Papyrusrollen beanspruchte beide Hände (auf- und einrollen), beim Codex hatte man freie Hände und konnte sich mit dem Finger bei der damals sehr kleinen und kontinuierlichen Schrift helfen. Mit dem Codex konnte man allein lesen und schreiben (bspw. abschreiben), beim Papyrus erforderte dies eine weitere Person. Stellen eines Buches wiederzufinden war im Codex einfacher. Codices konnten mehr Inhalt auf ihrer Fläche speichern.
3. Buchreligionen stellen kulturelle Verbindlichkeit dar. Sie sollen nicht nur die Grundlage von Religion, sondern einer Gesamtkultur bilden. Buchreligionen sind fast ausnahmslos monotheistische Religionen (ein Buch, ein Gott!). Es wurde in der Erforschung der Geschichte der Alphabetisierung die These angestellt, dass Buchreligionen besonders förderlich für eine stärkere Alphabetisierung (sei es allein Lesefähigkeit, sei es kombiniert mit Schreiben) waren. Das Kapitel zeigt, dass die Entstehung der jeweils heiligen Bücher alles andere als klar und konfliktfrei war. Die Bücher blieben auch sehr interpretationsbedürftig und waren somit für den Einsatz in Bildungszusammenhängen nicht sehr geeignet. Überhaupt zeigen Christentum und Islam lange Zeit keine besondere Neigung, die Alphabetisierung der jeweiligen Anhängerschaften zu fördern.
4. Nur das Judentum zeigt in einer spezifischen Situation – zweite Zerstörung des Tempels, Verstreuung der Juden über verschiedene Länder – die Tendenz, sich stärker über den direkten Zugang zum Text zu definieren. Als religiöse Norm – so eine Annahme, die Quellenlage ist diesbezüglich schlecht – habe sich eine torah-basierte Lesefähigkeit für alle Jungen mittelfristig durchgesetzt.
5. Im Judentum zeigt sich eine zunehmende Bedeutung des Buches bei der religiösen Unterweisung, obwohl diese weiterhin mündlich vorgetragen wurde. Nach der Zeitenwende und dem Verlust des religiösen Zentrums in Jerusalem wurde diese Tendenz verstärkt und die Lesefähigkeit bezog sich besonders auf das Heilige Buch; im Christentum wurde mit der Entgegensetzung von Geist und Buchstabe eine Entscheidung für den ‚eigentlichen Sinn' der Heiligen Schrift eingeleitet, die nicht das Lesen der Schrift, sondern das Anhören von Predigt, Lehre und Katechese ins Zentrum rückte; im Islam war sogar die Niederschrift des Korans am Anfang problematisch, zumal Schriften gefälscht werden konnten, und beim Koran handelt es sich ja nach islamischer Überlieferung um Gottes Wort selbst. Der Stamm des Worts „Koran" im Arabischen verweist auf das Rezitieren. Wiederholung, Vortrag und mündliche Weitergabe standen im Zentrum.

Kapitel 6: Vermehrung der Bücher, Vermehrung der Bildungskontexte: Das christliche Mittelalter

1. Die Bücher der antiken heidnischen Kultur waren sowohl Gegner als auch Quelle und Ressource für die Entstehung einer christlichen Bildung. Der christliche Lehrer als Weisheitslehrer mit einem lebenslangen Lehr-Lern-Verhältnis war anders als der Philosophielehrer der Antike, der im Endeffekt das autonome Denken des Schülers anstrebte.
2. Das frühe Christentum kultivierte – zumindest für Gruppen, die abgeschieden oder später in Klöstern wohnten – eine weltabgewandte Einstellung. Dies zeigte sich in den Verschiebungen innerhalb der antiken freien Künste. Für Christen spielten Medizin und Architektur als Wissensformen keine wichtige Rolle mehr. Mehr noch: Die zahlbasierten Wissensformen des *triviums* wurden nur deshalb kultiviert, weil diese den Beweis der Existenz Gottes in der Regelhaftigkeit der Welt erbrächten. Nur das sprachbasierte *quadrivium* wurde stärker tradiert, weil es schließlich unverzichtbar für die Arbeit der Christianisierung, der Missionierung und der Überredung war.
3. Christen – hier ist Augustinus zentral – wählten aus dem vorhandenen klassischen Wissen Autoren, Bücher und Positionen aus, die sie als kompatibel mit dem Christentum erachteten. Dabei schimmerte immer wieder die Idee durch, alle Bücher – wenn sie überhaupt weiterhin in Bildungsinstitutionen einzusetzen waren – stehen im Dienste der Deutung des Heiligen Buches. Für einige Christen war die komplette Ersetzung der antiken Kultur ein Ideal. Im Frühmittelalter gewann diese exklusive Richtung an Kraft, ohne freilich das gesamte Wissen der Antike ersetzen zu können.
4. Im Pastorat werden idealerweise die sehr engen, invasiven und kontrollierenden Aspekte des klösterlichen Lebens in die Außenwelt getragen. Es ging stärker um personale Gemeinschaft, um die umfassende Leitung der Seelen als um ein auf einen Inhalt basiertes Lehrverhältnis. Diese Beratungs-, Überwachungs- und Lernbeziehungen zwischen Hirte und Herde (bzw. Hirte und einzelnen Mitgliedern derselben) standen im Zentrum des „Bildungsauftrags" der Klöster – obwohl einige Klostergemeinschaften ein stärkeres Gewicht der Texte im Leben des Klosters (Kopisten und Vorleser) befürworteten. Das Programm eines allgemeinen Pastorats ca. um 600 (*regula pastoralis*) konkurrierte mit der Bedeutung von Büchern, die für das Leben von Klöstern, nicht zuletzt als wirtschaftliche Einheiten, weiterhin wichtig blieben. Parallel dazu wurde die Arbeit der christlichen Kirche zunehmend als Pastorat definiert, obwohl die personellen Ressourcen für diese enge Überwachung und Leitung *aller* Christen/innen eindeutig fehlten.
5. Ja, mittelalterliche Universitäten waren eindeutig buchzentriert. Die wichtigste Lehrform hieß nicht zufällig Vorlesung. Es mag andere Formen der Wissenstradierung und -verhandlung gegeben haben, allen voran die Disputationen, aber

diese fanden nicht nur selten statt, sondern waren auch als mündliche Argumentationskämpfe so organisiert, dass sie faktisch den „script“ eines Buches nachahmten.

6. Einschneidende Transformationen der Medienbeschaffenheit – hier die Buchseite – haben eine neue Kultur der Wissensaneignung begünstigt. Die *lectio scholastica* (akademische Vorlesung) als argumentationsbasierte Diskursform profitierte von der Trennung der geschriebenen Wörter (Ende der *scriptio continua*), von dem stärkeren Einsatz von Zeichensetzung und von der Nummerierung (bspw. von Kapiteln). Dies zusammen mit anderen Innovationen, wie der Gliederung des Textes in Absätzen, erleichterte eine eigenständige Lektüre, in der Querlesen und Überspringen von Passagen möglich wurde. Exzerpieren, die Kombination von verschiedenen Büchern in Vorlesungen, aber auch das stille Lesen im Selbststudium wurden einfacher.
7. Sie war ebenfalls eine buchzentrierte, aber der Charakter der einschlägigen Bücher war erheblich anders. Zum einen gab es die ersten praktischen Bücher für den Handel und das Handwerk (praktisches Wissen). Zum anderen gab es mit der „Buchführung“ eine komplett andersartige Form von Wissensspeicherung. Schließlich führte man mit der Verschriftlichung von arithmetischem Wissen, potenziert durch den Einsatz der neuen arabischen Zahlen, eine neue Wissensform, die der operativen, nicht rein theoretischen Mathematik, ein.
8. Die Verschriftlichung der Volkssprachen, stärker nach dem 10. Jahrhundert, ermöglichte mittelfristig die Entstehung von volkssprachlichen Schulen in den Handels- und Verwaltungsstädten. Es entstand ein neuer, noch unsystematischer Bereich der Institutionalisierung von Bildung, der bereits im Spätmittelalter eine gewisse Autonomie von kirchlichen Autoritäten, bis dahin mit der Aufsicht und Kontrolle von Bildung betraut, reklamierte. Dies bedeutete keineswegs, dass die lateinische Bildung an Bedeutung und Prestige eingebüßt hätte.
9. Der These ist zuzustimmen. In Gestalt des Schulbuches findet man im Spätmittelalter eine buchzentrierte Unterweisung in den Städten, die nicht länger auf die Universitäten beschränkt blieb. Diese Schulbücher wurden von professionellen Kopisten in Kopistenläden produziert und verkauft. Spätestens mit der Erweiterung des Einsatzes des Buches in Bildungsinstitutionen außerhalb von Universitäten ist die Charakterisierung des Buches als Grundlagemedium der institutionalisierten Bildung zu bejahen.

Kapitel 7: Quantitative und qualitative Veränderungen: Der Buchdruck als Massifizierung und Transformation der Bildung

1. Im Buchdruck wirken unterschiedliche Wissenssorten aus dem Handwerk zusammen: Papierhersteller, Buchbinder, Bleigießer, die Drucker selbst. Es handelte sich um wissensintensive Aktivitäten, die nun koordiniert werden mussten, um das Buch als Endprodukt zu ermöglichen. Die Skala dieser Produktion (gro-

ße Auflagen) bedingte, dass der Buchdruck von Beginn an eine kapitalintensive Aktivität war, die außerdem mit Fragen von Vermarktung, Vertrieb und Absatz zu tun hatte. Die Forschung spricht vom Buchdruck als Vorbild späterer Formen kapitalistischer Bewirtschaftung (Kapitalintensität, Massenabsatz, Verringerung der Stückkosten, überregionale Märkte).

2. Technisch war in Korea im 15. Jahrhundert ebenfalls der Buchdruck mit beweglichen Lettern (also, nicht als Blockdruck) analog zu Gutenberg in Mainz ausgereift. Diese Erfindung wurde jedoch gleichzeitig mit einer radikalen Vereinfachung der Schrift – vom König selbst erdacht und angeordnet – verbunden. Dies führte zu einem breiten Widerstand der in der Tradition der chinesischen Charaktere ausgebildeten Eliten. Das koreanische Alphabet hatte deshalb nur eine sehr beschränkte Verbreitung und auch der mit dem Alphabet assoziierte Buchdruck wurde nur in einzelnen staatlichen Drucken angewandt. Die allgemeine Verfügbarkeit von Buchstaben wurde nicht mit der Frage einer allgemeinen Alphabetisierung verbunden. Fazit: Verfügbarkeit von Technik allein bringt solche Veränderungen, wie in Europa, nicht zustande.
3. Luther gilt zwar als ein Autor, der zur allgemeinen Bibellesefähigkeit aufrief, aber das Konzept bestand bereits bei Erasmus, der dafür plädierte, alle Christen hätten die Pflicht „Christus Buchstaben" zu lesen. Obwohl Luther sich für eine Verbreitung von Bildung starkmachte, wurde er nach den Bauernrevolutionen von 1525 vorsichtiger und favorisierte daraufhin eher eine kontrollierte, wohldosierte Unterweisung im Christentum für die Massen. Diese mag auch eine Lesefähigkeit enthalten, aber diese Lesefähigkeit wurde nicht so stark betont wie in früheren Schriften. Für dieses neue Programm der Indoktrinierung schrieb Luther seine Katechismen.
4. Ein Katechismus ist ein in Fragen und Antworten gegliederter Text, der die Grundlagen eines Wissensbereiches – allen voran der Religion – kompakt und in vereinfachter Form wiedergibt. Es handelt sich um eine didaktisierte Textsorte, weil komplexe Inhalte in kleineren Wisseneinheiten verarbeitet werden und mit dem Frage-Antwort-Schema eine didaktische Sequenz vorgegeben ist. Katechismen wurden zwar zahlreich in Schulen für sehr lange Zeit eingesetzt, aber sie waren auch für das Selbstlernen, für die mündliche Unterweisung nach dem Gottesdienst, oder für die Wiederholung der Sätze in informellen Situationen geeignet. Das Hauptziel von Katechismen war nicht die Alphabetisierung der Bevölkerung, sondern deren religiöse Unterweisung.
5. Die These stimmt für das deutsche Reich. Dort lebten Katholiken, Lutheraner und Kalvinisten in einem relativ engen Raum, und dies bildete einen Unsicherheitsfaktor, der ein breiteres Interesse an systematischer Unterweisung und auch Alphabetisierung förderte.

Kapitel 8: Das öffentliche Kind: Ein Medium allgemeiner Pädagogisierung und Verschulung

1. Kindheit als Konstruktion über (angebliche) Charakteristika von Kindern ist ein nicht apparatives Medium der Erziehung und Bildung. In dieser Konstruktion werden Vorstellungen gespeichert, verarbeitet und weitergegeben, um allgemeine Fragen des Lernens und des Bildungsgangs in spezifisch ‚pädagogischer' Form anzugehen. Kindheit als Medium formt somit Kommunikationen im Bildung- und Erziehungsbereich nach Maßgabe der im Medium Kindheit gespeicherten Vorstellungen. Als nicht apparatives Medium kann Kindheit auch auf andere Bildungsmedien spezifizierend wirken (bspw. Kinder-Bücher).
2. Ariès behauptete, a) dass ein besonderes Verhältnis zum Kind vor der Moderne in Europa nicht bestand, Kinder wurden eher als kleine Erwachsene angesehen und b) dass Kinder in der Moderne zunehmend überwacht und kontrolliert wurden, also Kindheit wurde „pädagogisiert". Historische Forschungen zeigten, dass Kinder auch vor der Moderne als besonders fragil gesehen wurden und dass ein besonderes Verhältnis zu ihnen bestand und somit dementierte diese Forschung die erste These Ariès. Die zweite These, die Pädagogisierung von Kindheit, wurde hingegen vielfach von Forschungsarbeiten bestätigt. Insgesamt ist das Werk von Ariès für das Forschungsfeld der Geschichte der Kindheit weiterhin grundlegend.
3. Die Ur-Sünde ist bei der Geburt gegeben und tangiert alle Menschen. Als Nachkommen von Adam und Eva trage jede Person die Ur-Sünde mit sich. Kinder seien demnach auch als sündige Wesen konstruiert und eine strenge Erziehung von Kindern sei somit nicht nur gerechtfertigt, sondern sie schiene geradezu geboten, um die Seelen des Kindes durch Erziehung eventuell zu retten. Auch körperliche Züchtigung sei geboten, um den Eigensinn des Kindes zu brechen und seine Seele somit nicht endgültig zu verderben. Das kann in der Familie passieren, aber Schulen können auch auf die Sündhaftigkeit des Kindes mit ununterbrochener Aktivität und die Kultivierung von Gehorsam reagieren.
4. Die Göttlichkeit des Kindes geht von dem Kind als Gottes Geschöpf aus, das natürliche, angeborene – gute – Triebe hat. Die Schöpfung sei an sich gut, nur mit Adam und Eva, also mit menschlicher Einwirkung, sei sie beschmutzt worden. Kinder als Teil der Schöpfung seien demnach gut von Natur aus, nur eine schlechte Erziehung/Gesellschaft verderbe sie. Um diese natürliche Güte der Kinder beizubehalten, solle die Erziehung milde sein und dem Kind entgegenkommen. Letztlich solle man auch das schulische Lernen interessanter gestalten – bspw. mit Bildern in Schulbüchern bei Comenius –, so dass die natürliche Lernfreude nicht verdorben wird.
5. Die gute Natur des Kindes zeigt sich bei John Locke durch das Bild einer unbeschriebenen Wachstafel (die Ur-Sünde ist dort auch nicht eingeschrieben), die sehr viele Erziehungsmöglichkeiten öffnet. Nur das Tun der Menschen in der Erziehung entscheidet, ob jemand gut oder schlecht werde. Bei Rousseau wird

auch die Schöpfung als gut charakterisiert und Verderbnis nur als Ergebnis menschlicher Handlungen und der Gesellschaft gesehen. Demnach muss eine ‚negative Erziehung' eingesetzt werden, die darin bestand, diese nachteiligen, aber unvermeidlichen Einflüsse von anderen Menschen und von der Gesellschaft soweit wie möglich in die Zukunft zu verschieben, so dass die guten Anlagen des Kindes sich entfalten können. Diese Sicht führte u.a. zu einer Kritik des belehrenden Katechismus als Bildungsmedium und einer Präferenz für andere Texte, bspw. Fabeln.

6. Biblisch sind die Eltern grundsätzlich für Erziehung verantwortlich. Kleinere religiöse Gruppen innerhalb des Protestantismus im 17. und 18. Jahrhundert argumentierten, dass das Hauptziel der Seelenrettung des Kindes u.U. auch eine Entmachtung bzw. eine Abschwächung der Autorität der leiblichen Eltern mit sich bringe, wenn bspw. Eltern ihre Kinder nicht zur Unterweisung schicken. Somit wird Kindheit zu einem Gegenstand öffentlichen und nicht nur familiären Interesses. Auch die Aufklärung im 18. Jahrhundert argumentierte, dass die Vernunft jedes Menschen zur Entfaltung kommen sollte, da könnte auch der jeweilige „Landesvater" (Könige etc.) dafür sorgen, dass dies auch geschieht, gegebenenfalls gegen den Willen der Eltern (bspw. durch eine Schulpflicht). Das politische und ökonomische Interesse der Staaten an den Nachwuchs fand sowohl in diesen religiösen als auch in philosophischen Stellungnahmen eine Rechtfertigung.
7. Einige Aufklärer versuchten sog. verständige – d.h. die Vernunft fördernde – Lehrmittel einzuführen. Dabei sollte das Buch vielmehr das Verstehen und Nachvollziehen von Gründen fördern und nicht einfach Informationen bereitstellen bzw. abrufen. Der Brandenburgische Landadliger von Rochow schrieb bspw. den „Kinderfreund", ein Lesebuch mit lebendigen Geschichten, die die trockenen Katechismen und Fibel der Zeit ersetzen sollte. Das Buch war ein Erfolg und wurde in mehrere europäische Sprachen übersetzt.

Kapitel 9: Schulbank: Die Konsolidierung der geordneten Massenschule

1. Die Schulbank ist ein apparatives, spezifizierendes Medium von Bildung und Erziehung, weil diese bestimmte Kommunikationen erleichtert und andere unterbindet und somit dabei hilft, der Kommunikation in kollektiven Situationen eine spezifische Form zu geben. Die Schulbank speichert und gibt weiter bestimmte Vorstellungen von Kindheit, bspw. wenn die Schulbank an das wachsende Kind angepasst wird und verschiedene Größen angefertigt werden. Sie ist spezifizierend, weil hier Kinder im Hinblick auf die spezifische Umwelt der Schule angepasst werden sollten.
2. Während die erste Inklusion – im Sinne von dem projektierten Einschluss aller Mitglieder einer Gesellschaft in eine institutionelle Ordnung wie die Schule – durch die Unterrichts- bzw. Schulpflicht ermöglicht wird, verlangt die konkrete

Schularbeit eine zweite Inklusion, d.h. die Aufmerksamkeit und Teilnahme aller sich in der Schule befindenden Teilnehmer. Die zweite Inklusion wird enorm durch die Schulbank und die von ihr ermöglichte Verteilung und Fixierung der Körper im Raum begünstigt. Die Schulbank war wesentliche Grundlage für die Herstellung einer kollektiv arbeitenden Ordnung in den Klassenzimmern.

3. Obwohl der wechselseitige Unterricht unter Kindern im 19. Jahrhundert in sehr großen Räumen und Gruppen auch auf der Basis von langen Bankreihen arbeitete, war ihr Erfolg eher dem Umstand geschuldet, dass dieses System nicht nur Sitzzeiten, sondern darüber hinaus Unterrichtsmomente vorsah, in denen Kinder sich im Raum bewegen sollten, um andere Übungen im Stehen zu machen. Somit stand dieses System der Massenunterrichtung für eine Mischung aus Sitzen, Stehen und Gehen, die von den Zeitgenossen als großer Vorteil für die Kinder angesehen wurde.
4. Ärzte und Pädagogen hatten verschiedene Prioritäten bei der Verbesserung der Schulbänke. Besonders die Frage der Distanz zwischen Sitz- und Schreibfläche entzweite Ärzte und Pädagogen. Die ersten sorgten sich um die Gesundheit und gerade Stellung der Kinder beim Sitzen und favorisierten Schulbänke, in denen das Schreiben und Sitzen nicht in einer krummen Stellung erfolgen sollten. Somit sollte die Schreibfläche näher an die Kinder, möglichst ein Stück über der Sitzfläche (sog. Minusdistanz), heranrücken. Pädagogen hingegen sahen in diesen Bänken in erster Linie ein Problem für Ordnung und Disziplin, weil Kinder in solchen Bänken nicht so frei aufstehen und austreten konnten. Pädagogen favorisierten demnach Schulbänke, bei denen die Tische etwas weiter vorne lagen (sog. Plusdistanz).
5. Die Schulbank begründete die frontale Sitzordnung und somit mussten alle anderen Möbel wie Lehrertisch, aber auch Schulwandbilder, geographische Karten oder sog. Lese- und Rechenmaschinen sich in diese Struktur einfügen.
6. Für die Reformpädagogik war die Schulbank ein Symbol einer unbeweglichen und passiven Unterrichtsordnung, die es im Sinne einer aktiven Schule und Unterrichtung zu überwinden galt. Für einige Reformpädagogen (bspw. Montessori) waren alle Innovationen an der Schulbank während des 19. Jahrhunderts nur ein Herumdoktern an den Symptomen eines tiefer sitzenden Problems: die Passivität des Lernens in der alten Schule.
7. Die Schulbank, die für alle gleich war, symbolisierte für viele Beobachter die prinzipielle Gleichheit zwischen den Kindern. In Gesellschaften, die sich allmählich stärker in Richtung politischer (formeller) Gleichheit und Demokratie bewegten, stellte die Vorstellung, dass reiche und arme Kinder auf der Schulbank zusammensitzen, ein Sinnbild einer modernen, auf Leistung und nicht auf Privilegien aufgebauten Gesellschaft dar.
8. Die Schulbank konnte auch als Produkt der Industriegesellschaft gesehen werden, als Ware die ver- und gekauft wurde, auch auf transkontinentaler bzw. globaler Ebene. Insofern war die Schulbank u.U. ein Exportprodukt der Industrieländer in periphere bzw. ärmere Gesellschaften. Diese importierten und

vergleichsweise teuren Schulbänke benachteiligten die lokalen Tischler. Ex- und importierte Schulbänke symbolisierten die Abhängigkeiten einiger Ländern von den ‚entwickelten' Ländern im Bereich der institutionalisierten Bildung.

Kapitel 10: Beschleunigter Medienwandel und Bildungsentwicklung im 20. Jahrhundert

1. Der moderne Nationalismus behauptet die angeblich nötige Einheit und Selbststimmung einer „Nation". Diese war für den Einzelnen, zumal in abgelegenen Regionen, abstrakt und schwer vorstellbar. Die Idee der Nation – so eine These – wurde an der Wende vom 18. ins 19. Jahrhundert durch das Lesen von Zeitungen erheblich gefördert. Durch solche Lektüren seien Begriffe wie die unterstellten Gemeinsamkeiten aller Mitglieder einer Nation plausibel bzw. erfahrbar gemacht worden. Am Ende des 19. Jahrhunderts stand jedoch mit den neuen Bildmedien (zuerst Photographie, dann Kino) auch eine stärker emotionalisierende Vorstellung von Nation im Vordergrund, die den Aufstieg des militanten und aggressiven Nationalismus förderte.
2. Das neue Medium des Kinos wurde zunächst skeptisch rezipiert: Es sei nur ein Unterhaltungsmedium, das öfter unmoralisch Inhalte transportiere. Man müsse Kinder vor dem Kino schützen und dies geschehe am besten durch Zensur oder durch Verbot von Kinobesuchen. Andere Pädagogen sahen im Kino hingegen eine enorm wichtige didaktische Möglichkeit – alle Inhalte könne man nun interessanter und anschaulicher präsentieren – und förderten die Herstellung von für den Unterricht wertvollen Filmen. Während die erste Gruppe die Gefahren des Kinos sah, versuchte die zweite Gruppe die Potenziale des neuen Mediums in den Dienst der Schule zu stellen und dieses Medium funktional zu schulischen Zielsetzungen zu machen.
3. Der These ist grundsätzlich zuzustimmen. Das Kino blieb das gesellschaftsweite Leitmedium der ersten Hälfte des 20. Jahrhunderts und wurde – besonders, aber nicht allein – im Kontext von gesellschaftlichen Transformationen als Medium der Volksbildung und der Propaganda erfolgreich eingesetzt. Hingegen erreichten Lehrfilme und schulische Vorführungen nirgends die zentrale Stellung, die viele Optimisten sich wünschten. Lehrfilme wurden eher selten gezeigt: Apparate waren nicht einfach zu bedienen, die Kompatibilität von Lehrfilmen und Vorführungen mit dem Rest des Unterrichts schien gering zu sein.
4. Jugendkulturen entstanden verstärkt mit der Verfügbarkeit von neuen Massenmedien wie Kino, Hörfunk und dann Fernsehen. Diese boten in unterschiedlichem Ausmaß (kommerzielle) Alternativen zur dominanten Kultur. Aber die Jugendkulturen konnten auch dank des Einsatzes älterer papierbasierter Medien – wie Zeitschriften – an Bedeutung gewinnen. Die Modernisierungseffekte (bspw. sexuelle Aufklärung) sind hierbei nicht zu unterschätzen.

5. Während Lehrmaschinen apparative Vorrichtungen darstellten, die etwa dank Präsentationsfläche (dann auch Bildschirm), Griffen und Knöpfe ein Unterrichtsprogramm darboten, stand das Konzept des programmierten Unterrichts für die kleinteilig gegliederte Planung und Darstellung von Unterrichtsinhalten nach einer festen Sequenz. Der programmierte Unterricht konnte auf die Antworten des Schülers/der Schülerin reagieren und sein Programm je nach Antworten justieren. Während alle Lehrmaschinen auf der Grundlage eines Programms arbeiteten (und somit programmierter Unterricht auch die Arbeitsgrundlage der Lehrmaschinen darstellte), konnte man die Logik des programmierten Unterrichts ohne Lehrmaschinen im Klassenzimmer anwenden (bspw. durch Unterrichtsmappen mit detaillierten Vorgaben für die Durchführung des Unterrichts).
6. Bildungsfernsehen in Schulen konnte in unterschiedlicher Intensität eingesetzt werden: als gelegentliche Ergänzung des Schulprogramms, als Strukturierung der Schularbeit (El Salvador) oder als weitgehende Ersetzung der Arbeit der Lehrkraft (Samoa). Versuche, flächendeckend den Unterricht auf der Grundlage von Fernsehlektionen neu zu organisieren, schlugen nach einer Zeit fehl. Hingegen scheint der Einsatz von Fernsehen mit dem Ziel der Bildungsförderung in einzelnen Fällen (*sesame street*) erfolgreicher gewesen zu sein.
7. Entscheidend ist die Flexibilität beim Einsatz der neuen Tablets und Laptops, eine Flexibilität, die die fixierten und größeren Computer nicht ermöglichten. Mobile Geräte können Variationen der Unterrichtsarbeit (Einzelarbeit, geteilte Arbeit, Arbeit mit der gesamten Klasse) erleichtern, die an bestehende Arbeitsformen im Unterricht anschlussfähig sind.

Glossar

Abakus: Mechanisches Rechenhilfsmittel, der meist mit Kugeln auf einem Rechenbrett oder in einem Rechenrahmen durch unterschiedliche Position der einzelnen Elemente Rechnungsoperationen, auch mit großen Zahlen, erleichtert.

Aufklärung: Eine im 18. Jahrhundert europaweit gut vernetzte geistige und sozialreformerische Bewegung, die sich auf die universelle Vernunft und die Autonomie des Subjekts berief und von diesem Standpunkt aus die Kritik an althergebrachten Institutionen und Ideen formulierte.

Basismedium: Mit basalen Medien bezeichnet man insgesamt diejenigen Medien, die die Basis allgemeiner Kulturtechniken darstellen. Helmut Schanze unterscheidet sinnliche – wie Ton und Bild – von den unsinnlichen Basismedien – wie Zahlen und Buchstaben.

Buchreligion: Religionswissenschaftlicher Begriff, der diejenigen Religionen bezeichnet, die zum einen über eine oder mehrere heilige Schriften verfügen und sich an diesem/n Texten maßgeblich orientieren.

Codex: Lateinischer Name für diejenigen Bücher, die nicht mehr als Papyrusrollen, sondern als Sammlung von gebündelten Seiten (zunächst aus Tierhaut) produziert wurden.

Disputation: Wissenschaftliches Streitgespräch, das in Mittelalter eine der wichtigsten Prüfungsformen für die Erlangung von akademischen Graden darstellte.

Grundlagemedium: Mit Grundlagemedium werden Medien bezeichnet, die für einen institutionalisierten Bereich grundlegend sind (hier: Buch-Bildung).

Hagiographie: Ursprünglich die Darstellen des Lebens eines/r Heiligen/e. Im übertragenen Sinne eine zu positive und nur das Positive hervorhebende Darstellung einer Person bzw. eines Sachverhalts.

Hangulschrift: Ein im 15. Jahrhundert bewusst geplantes Alphabet (Buchstabenschrift) in Korea, das das Schreiben mit chinesischen Charakteren ersetzen sollte.

Ideogramm/Piktogramm: Zeichen eines Schriftsystems, in dem das Zeichenbild in seinem Ursprung einer Idee bzw. des Bildes eines Gegenstandes entsprechen sollte (wie etwa im Chinesischen).

Initiation: Rituell gestaltete Zulassung zu einem weiteren Lebensabschnitt, besonders zwischen Kindheit und Vollmitgliedschaft in einer Gesellschaft.

Inkunabel: Erste, vor 1500 gedruckte Bücher, auch Wiegendrücke genannt.

Katechismus: Ein Katechismus ist ein in Fragen und Antworten gegliederter Text, der die Grundlagen eines Wissensbereiches – allen voran der Religion – kompakt und in vereinfachter Form widergibt. Es handelt sich um eine didaktisierte Textsorte, weil komplexe Inhalte in kleinere Wissenseinheiten verarbeitet werden und mit dem Frage-Antwort-Schema eine didaktische Sequenz vorgibt.

Medium: Mittel der gesellschaftlichen Vernetzung mit symbolischem (d.h. zeichengebundenem) Charakter und einer technischen Dimension, die der Kommunikation eine Form geben, Raum und Zeit überwinden, mit Codes arbeiten und häufig wie selbstverständlich und ohne Überlegungen eingesetzt werden (Speicherung, Verarbeitung, Übertragung).

Pädagogisierung: Prozess der bewussteren Führung der Kindheit im Rahmen der gesellschaftlichen und kulturellen Transformationen seit dem 16. Jahrhundert. Er beinhaltet auch die Expansion von Schulangeboten, aber übersteigert diesen Bereich hinaus und erfasst auch Aspekte der familiären Erziehung.

Pastorat: Die Idee eines umfassenden Führungs- und Sorgeverhältnisses zwischen einem Hirt (Pastor) und einer Herde. Dieses Sprachbild beschrieb lange Zeit politische Verhältnisse in der Antike und hielt dann im Christentum in die westliche Kultur Einzug. Im Vordergrund steht persönliche Kommunikation und moralische Führung.

Quadrivium: Unterteilung der sieben freien Künste, die die mathematischen bzw. auf Mathematik basierten Fächer gruppierte. Diese Künste waren: Arithmetik, Geometrie, Musik und Astronomie.

Reformpädagogik: Ein breites Spektrum an Ideen, Institutionen und Vorschlägen, die eine Reform bestehender Erziehung und Schulbildung anstrebten. Reformpädagogen und -pädagoginnen vertraten unterschiedliche, manchmal gegensätzliche, Ideologien, und ihre Präferenzen für die Reform der Schule waren äußerst disparat. Allen gemeinsam war jedoch die Sicht, dass Kinder und Jugendlichen den Angelpunkt jeglicher pädagogischen Beschäftigung bilden sollten (Kinderzentrismus).

Scriptio continua: Vorherrschende Schreibweise in Altgriechenland, Rom und im Westen (bis ca. 12. Jahrhundert), in der ohne Wortunterbrechungen geschrieben wurde.

Sieben freie Künste: Die sieben freien Künste bezeichnet diejenigen Wissensformen, die von bildungsorientierten freien Männern (deshalb „frei") kultiviert werden sollten. Ursprünglich in der Antike entstanden (und zunächst mit neun Künsten), konsolidierten sie sich als Kanon von Studienfächern. Sie waren in zwei Gruppen unterteil: *trivium* und *quadrivium* (siehe Einträge hier im Glossar).

Skriptorium: Schreibstube, Teil eines Klostergebäudes, in dem sakrale und weltliche Texte handschriftlich reproduziert wurden. Es wurde auch als Wirtschaftseinheit des Klosters betrieben (Verkauf von Kopien wichtiger Werke).

Spezifizierungsmedium: Letztlich werden *Spezifizierungsmedien* eingeführt, die die Entstehung und Ausdifferenzierung moderner Bildungssysteme begleitet haben.

Textualisierung: Prozess der stärkeren Textzentrierung in Bezug auf einen Praxisbereich (bspw. in einer Religion) und somit Entwertung anderer Dimensionen dieses Bereichs (im Falle der Religion: Abwertung der Opfergabe).

Trivium: Unterteilung der sieben freien Künste, die diejenigen Fächer bezeichnete, die sprachlich und logisch ausgerichtet waren, und eine Beschäftigung mit der lateinischen Sprache förderten. Diese Künste waren Grammatik, Rhetorik und Dialektik (Logik).

Zeremonialschrift: Schriftform, die nur für religiöse Zwecke eingesetzt wurde, bspw. bei den ägyptischen Hieroglyphen.

Register